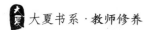大夏书系·教师修养

2019年度教育部人文社会科学研究规划项目（19YJA190001）
陕西师范大学优秀著作出版基金　　　　　　　　　　　　资助出版
中央高校基本科研业务费专项资金（GK201903105）

# 跟情绪做朋友

## 教师情绪管理与成长

陈煦海　著

华东师范大学出版社
全国百佳图书出版单位

图书在版编目（CIP）数据

跟情绪做朋友：教师情绪管理与成长 / 陈煦海著 . —上海：华东师范大学出版社，2019
ISBN 978-7-5675-9964-2

Ⅰ.①跟... Ⅱ.①陈... Ⅲ.①教师—情绪—自我控制 Ⅳ.① G443

中国版本图书馆 CIP 数据核字（2020）第 017567 号

大夏书系·教师修养

# 跟情绪做朋友：教师情绪管理与成长

| 著　　者 | 陈煦海 |
|---|---|
| 责任编辑 | 任红瑚 |
| 责任校对 | 殷艳红　杨　坤 |
| 封面设计 | 淡晓库 |

| 出版发行 | 华东师范大学出版社 |
|---|---|
| 社　　址 | 上海市中山北路 3663 号　邮编　200062 |
| 网　　址 | www.ecnupress.com.cn |
| 电　　话 | 021－60821666　行政传真　021－62572105 |
| 客服电话 | 021－62865537 |
| 邮购电话 | 021－62869887　地址　上海市中山北路 3663 号华东师范大学校内先锋路口 |
| 网　　店 | http://hdsdcbs.tmall.com |

| 印 刷 者 | 三河市龙林印务有限公司 |
|---|---|
| 开　　本 | 700×1000　16 开 |
| 插　　页 | 1 |
| 印　　张 | 15 |
| 字　　数 | 210 千字 |
| 版　　次 | 2020 年 4 月第一版 |
| 印　　次 | 2025 年 7 月第十四次 |
| 印　　数 | 41 951－42 950 |
| 书　　号 | ISBN 978-7-5675-9964-2 |
| 定　　价 | 49.80 元 |

出 版 人　王　焰

（如发现本版图书有印订质量问题，请寄回本社市场部调换或电话 021-62865537 联系）

# 目 录
## Contents

序言　教师情绪值得探究 / 1

引言　我的情绪进取之路 / 3

## 第一部分　情绪的底层逻辑

### 第1章　情绪是什么 / 3
◎ 情绪的理论概览 / 3
◎ 情绪的核心要素 / 11
◎ 情绪测量与量化 / 15
附录1　积极和消极情绪量表 / 20
附录2　自评抑郁量表 / 21
附录3　焦虑自评量表 / 22

### 第2章　情绪缘何而来 / 24
◎ 情绪客体：当欲求照进现实 / 24
◎ 情绪主体：生理与心理的双重约束 / 32
◎ 情绪过程：自动与受控的有机结合 / 40

### 第3章　情绪有什么用 / 42
◎ 四大功能学说 / 42

◎ 情绪影响认知过程 / 46
◎ 情绪调节身心健康 / 50

第 4 章　教师情绪迷思 / 56
◎ 教师的职业特点和情绪 / 56
◎ 教师情绪的诱因和作用 / 61
◎ 教师情绪能力 / 71

# 第二部分　积攒跟情绪做朋友的本钱

第 5 章　要事第一，高效利用时间 / 77
◎ 忙碌，却悔恨？ / 77
◎ 巧用"四象限法则" / 85
◎ 遵循"20-80 法则" / 90

第 6 章　深度工作，充分发掘脑力 / 94
◎ 纷繁的世界，脑力有限 / 94
◎ 摒弃浮浅，深度工作 / 101
◎ 琐事外包，清单助力 / 107

第 7 章　活在当下，获取心流体验 / 110
　　◎ 悔恨过去，忧虑未来？ / 110
　　◎ 确立目标，有序逼近 / 114
　　◎ 即时反馈，掌控精进人生 / 117
　　◎ 积极进取，追寻远大愿景 / 120

第 8 章　经营关系，获得社会支持 / 124
　　◎ 一个人在奋斗？ / 124
　　◎ 利用社会比较，找准平衡点 / 131
　　◎ 培养同理心，建立人际信任 / 135
　　◎ 利用博弈论，呵护亲密关系 / 141

# 第三部分　练就跟情绪做朋友的胸怀

第 9 章　认识自我，接纳自我 / 153
　　◎ 基因、大脑和社会 / 153
　　◎ 认知偏差与非理性 / 161
　　◎ 心理的反作用力 / 168
　　◎ 接纳与改变 / 174

第 10 章　放空自己，善待他人 / 176
　　◎ 真　诚 / 177
　　◎ 感　恩 / 183
　　◎ 宽　容 / 186

第 11 章　认知重构，知行合一 / 190
　　◎ 认知图式与扭曲 / 190
　　◎ 认知重构与心理治疗 / 196
　　◎ 思维是起点，行动是关键 / 201

第 12 章　合理宣泄，重拾平衡 / 203
　　◎ 倾　诉 / 204
　　◎ 表达性写作 / 207
　　◎ 幽　默 / 211
　　◎ 运　动 / 215

结语　让两种相反的思想同时存在 / 219

参考文献 / 225

# 序言　教师情绪值得探究

这个月初，我收到煦海从西安寄来即将付梓的书稿《跟情绪做朋友：教师情绪管理与成长》，并希望我能为这本书写个序，我欣然应允了。通读了这本书稿之后，我觉得它有两个显著特点。

第一个特点是力求突出实用价值。

"人非草木，孰能无情？"只要人是活着的，他／她就会生活在情绪的世界里，体验着各种各样的情绪。我国现代心理学家林传鼎对《说文》中描述情绪的词汇做过内容分析，结果表明，人类的情绪可分为18类，即安静、喜悦、恨怒、哀怜、悲痛、忧愁、忿急、烦闷、恐惧、惊骇、恭敬、抚爱、憎恶、贪欲、嫉妒、傲慢、惭愧、耻辱（林传鼎，1944）。20世纪80年代钱巍和倪文杰主编的《最佳心理描写词典》（中国国际广播出版社，1988年版）一书，汇集了古今中外文学作品中脍炙人口的心理描写片段，涉及185种心理活动，除去像专注、分心、感觉、想象、回忆、谋划、推测等18种属于认知活动外，其余167种均属于情绪活动，而这些认知活动也不可能与情绪活动相分离。教师肩负着传道、授业、解惑、教书育人的重任，他们的情绪世界很值得我们关注，而市面上竟没有见到过有这样的书。

煦海说："19岁起我就开始做教师了，为人师的成就感和愉悦感是驱我前行的动力，而为人师的愤怒、沮丧，乃至无聊，又是阻我前行的障碍。所以，涉猎情绪基础研究的我逐渐意识到'从情绪科学研究者的角度阐述一下教师情绪管理与成长'该是我能做的一点实事，更何况自己是教师，（我的）妻子是教师，周边的很多朋友也是教师。于是，我决定写作本书。"出于对教师情绪世界的关切，这本书的写作以当事人的视角去体验、去求索，并不只是简单罗列情绪管理的技巧，而是把情绪管理放到了"资源不足，生命有限"的人生修养里去思考，科学探讨情绪，不图降服情绪，但求与情绪合作共赢。这充分体现了一位中国年轻的心理学者对教师情绪管理与成长的责任担当。

我认为，这本书对教师情绪管理与成长是很有实用价值的。

第二个特点是力求科学地加以论证。

情绪对我们的生活质量具有决定性的意义。我们都希望自己过上幸福的生活，最大限度地发挥情绪的积极作用，并且尽可能减少它的消极作用。煦海认为要和情绪做朋友有两个要诀：一是要在现实生活中积攒起和情绪做朋友的本钱；二是要修炼自身，练就和情绪做朋友的胸怀。为了阐述这两个问题，他在本书安排了三部分内容：一是描述人类情绪的底层逻辑，说明情绪是什么，从哪里来，有什么用；二是阐述和情绪做朋友的务实方法，包括高效利用时间、深度工作、寻求心流和构建社会支持，让自己成为高效能人士；三是阐述和情绪做朋友的务虚技巧，包括接纳自我、善待他人、认知重构和合理宣泄，让自己内心笃定而澄明。

在这样三部分内容的安排里，作者力求基于科学逻辑和实证证据，通过虚实相生、软硬结合，"此心不动，随机而动"的知行合一的训练，让读者掌握和情绪做朋友的技艺。此外作者还介绍了诸如社会比较、自我认知、时间管理、深度工作、博弈论和非暴力沟通等看似和情绪管理关联不大，却可能在底层牵引着我们情绪体验的前沿实证研究。

情绪世界丰富多彩，情绪在教师的生活中无处不在，从而为我们的研究开辟了广阔的天地。我们可以研究教师的情绪体验、情绪行为、情绪表达、情绪识别、情绪唤醒等情绪世界，也可以研究情绪与教师社会生活的方方面面：情绪与教育、情绪与教学、情绪与运动、情绪与休闲、情绪与健康、情绪与家庭、情绪与人际关系等等。在这些教师情绪心理研究课题中，最值得我们探究的是情绪与教师正确价值观的关系。因为教师只有树立起正确的价值观，才能积攒起和情绪做朋友的本钱和胸怀，才能点燃学生心灵的真善美，养成高尚情操，使他们成为幸福的进取者。这是我的期待。

黄希庭<br>西南大学 2019 年 7 月

# 引言　我的情绪进取之路

2017年，在南加州冬日的暖阳里，我决定开启这本书的征程，写自己作为教师的情绪求索之路。

## 一

19岁那年，当我的同学收拾好行囊去大学里体验山外的世界的时候，我也收拾好了行囊，准备去全县最偏远的村小开启我的教师生涯。其时，我很平静，因为情绪的冲突杀伐早在我16岁时就经历了，加上三年的中等师范生活有如温水煮蛙，我心里早就勾画好了自己的未来：山洼里，小河旁，瓦房一间，黑板一块，桌子几张，稚童数名，教师一人……更何况我的历史老师的描摹有如水墨画般美妙：三两节课后，一二棵树间，吊床一张，啤酒一瓶，吉他一把，更有小河对岸的黄牛，不时地摆动着尾巴。

可那美妙的图景终究没有来，村小全科教师的落寞变成了小镇英语教师的惶恐：学三年，忘三年，凑合凑合教三年？最难以消受的是，同一个李雷和韩梅梅的故事，一天就得用蹩脚的口语重复教四次，一周32节课下来，像我这样19岁的小伙儿也累趴在床上，腰疼难耐，脑子却是空的，只好让复读机叽叽歪歪地响着，响着"疯狂英语"，响着"Youth is not a time of life, it is a state of mind…"响着"Oceans apart day after day, and I slowly go insane…"还好，付出偶有收获，"初中生"教初中生的事慢慢就玩通畅了，学校安排换班教学的时候居然有原班学生聚集，挽留我。现在回想起来，初为人师的苦乐真切依旧。

后来我离开了，去进修英语，学习心理学，虽暂别了讲台，可情绪从不曾离去。因为听不懂全英文授课而羞赧、忧虑、奋发……因为发表一篇论文而期待、担忧、喜悦……后来博士论文干脆做了与情绪相关的研究，去探索语音情绪理解的认知神经机制。就这样，我就不单是个情绪的经历者了，还是个冷静的情绪研究者。静观情绪的乐趣远超我的预期，所以，我的学术生涯大抵也就扎根在情绪里了，现在我的研究兴趣就是探索情绪在人类行为和人格养成中的作用。这些主动的研习让我游历于诸种有关情绪的著述中，逐渐明白了情绪的一些底层逻辑。

当我再上讲台的时候，下面的学生换成了大学生，虽多了一点相对的自由，但情绪还一直相伴左右。一面要传道授业：因融洽的课堂互动而快乐，因卡壳"挂黑板"而羞愧，因学生的迷茫而愧惜……一面要为"人类创造新知识"：为寻找研究思路而彻夜难眠，为申请项目而担惊受怕，为偶有所得而欣慰奋发……结婚生子后，家的形象也愈发生动起来，它常庇护我的心灵，让我快乐宁静，偶又陷我于争执，让我烦扰愁苦。

## 二

浸入情绪的生活终让我理解了情绪对人生的重要性，我想就这个话题做一点更贴近现实的工作，于是去中学做中学生"社会情绪学习"（social emotion learning）的现场实验研究。结果有点尴尬，除了完成几篇硕士论文外，既难准确评估对学生的促进作用，也难有相关论述见刊，这对一个菜鸟研究者并不是什么好事。我只好换个思路改做教师情绪研究，以为如果教师的社会情绪能力好了，那对学生的影响就规模化了！有点"擒贼先擒王"的意味。再加上我的家人和许多朋友也都是教师，作为一个心理学从业者，我或主动或被动都得去玩味作为教师的情绪体验。于是，我回溯分析了教师情绪的相关文献，并针对教师情绪开展了一些调查研究，指导完成了几篇硕士学位论文，正式开启了教师情绪研究。学术研究之外，我也承接了一些有关"教师情绪管理与压力应对"的讲座邀请，去聊聊自己的体会和感悟，说说我们的发现和研究……偶有听者给点掌声，我就飘飘然，以为这是一条"愉悦自己，帮助他人"的道路，因而在教师情绪的路上走得越来越实诚了。

为了多一点掌声，也为了自己能在情绪世界里游刃有余，我扎进书堆里，希望在先贤的著述里找到突围之门。我慢慢理解"物竞天择，适者生存"的演化铁律摆在那里，我们那些为了更好生存繁衍的欲求就无可回避；而在适应的征程上，丰满的欲求总会跌进稀缺的现实，接受"资源永不够，生命总有限"的检验；在欲求照进现实的过程中，情绪不经意间出现在我们的面前。所以，占有更多资源，在人类食物链上占据优势位置以满足我们那些主动或被动的欲求是人生的第一要务。朱重八，那个曾以吃口饱饭为理想的放牛娃，在生活的洪流里搏击，成为了洪武大帝；马云，那个数学仅得1分的高考学子，在互联网的风口被高高吹起，登上福布斯中国富豪榜的首位；如我这般混迹于大学里教书，做了钱钟书先生笔下的"丫鬟"，顺理成章地就想要谋个"小妾"之位，当然心里觊觎的还是"正室"……这等进取的精神本已是基因铭刻在我们灵魂里的东西，有时候还被社会推波助澜，说什么"不想当将军的士兵不是个好兵"……

在这条功利的攀爬之路上看情绪，它不过是我们征服现实、满足欲求的副产品。欲求永远在，现实总稀缺，而我们的纹状体、杏仁核、前额叶等一干掌管情绪的脑结构总是时刻待命，多巴胺、肾上腺素、皮质醇等一众与情绪关联的化学物质也整装待发。如果现实妥妥地满足了我们的欲求，我们就由衷地快乐；但若是我们的欲求那么强，遭遇的现实却那么差，除非我们已成圣贤，不然我们的情绪就好不了。当然，也正是这些或好或坏的情绪驱使我们前行，即使是不好受的情绪，也可以让我们重振旗鼓，再次出发，或是让我们偃旗息鼓，悄悄地把自己挂在树枝上（洪武大帝就曾想这么干，未遂）。

如此看来，在食物链上攀爬的状况就是影响我们情绪的第一因素。所以，我们务必修炼攀爬食物链的硬功夫。不过，攀爬食物链的苦楚却难以回避，我们攀爬的结果或上或下，我们的起始层级和所获机会也不尽相同，一味强调食物链的攀爬会让我们耗尽心力，将人生推入死胡同，坠入负性情绪的深渊。还好，如科普作家万维钢所讲，我们还可以有其他的阶梯可以进取，比如智识链和幸福链。这两个阶梯和食物链的阶梯既有很大的相关性，又保有一定的独立性。它们受人的初始层级和机遇桎梏的程度也没有食物链那么强,给了我们较大的发挥主观能动性的空间。比如智识,读书思考而已,无需巨量财富就可以让自己快乐不已;而幸福,如戴维·布鲁克斯(2016)说,"幸福只是我们在追求道德目标和培养高尚品格的过程中意外收获的副产品",只要我们满足于我们生活中的那些"小确幸",幸福也会汹涌而来。跟攀爬食物链比起来,在智识和幸福上的进取或算不上什么硬功夫,但却是切切实实的软实力,更重要的是,它可以增加我们认知的灵活度,释放我们的认知资源,增进我们的心理健康,助推我们攀爬食物链的表现。

如果说攀爬食物链的事我们无从回避,那我们就只能尽力掌握一些硬本事,免于让丰满的欲求总惨败于骨感的现实。同时,在智识链和幸福链的进取上我们却拥有较大的主动权,我们应该借此增加自己心智的灵活性,用智识和幸福助推我们在食物链上的攀爬。而情绪,它就在那里,基于我们在几条阶梯上的攀爬表现,不经意间就进入了我们的世界里。

基于这些思考,我为本书设定的主题是"在这个资源稀缺的世界里,我们不要想当主子凌驾于情绪之上,而是摆正了身段去跟情绪做朋友"。为此,本书主要包括三个方面的内容:一是描述人类情绪的底层逻辑,解决情绪是什么、从哪里来、有什么用、教师情绪有何独特性等问题;二是阐述和情绪做朋友的务实方法,包括高效利用时间、深度工作、寻求心流和构建社会支持,让自己成为高效能人士,积攒和情绪做朋友的本钱;三是阐述和情绪做朋友的务虚技巧,包括接纳自我、认知重构、合理宣泄和感恩宽容,让自己内心笃定而澄明,练就与情绪做朋友的胸怀。

我以为,在理解情绪底层逻辑的基础上,通过虚实相生、软硬结合的努力,做到"此心不动,随机而动",就可以理直气壮、不卑不亢地去和情绪做朋友。显然,这个思路是预防性的,有点中医"治未病"的意味。其实,我知道"做扁鹊长兄"[①]的想法是何其狂妄,但我不是临床心理学工作者,尚

---

[①] 魏文侯曰:"子昆三人其孰最善为医?"扁鹊曰:"长兄最善,中兄次之,扁鹊最为下。"魏文侯曰:"可得闻邪?"扁鹊曰:"长兄于病视神,未有形而除之,故名不出于家。中兄治病,其在毫毛,故名不出于闾。若扁鹊者,镵血脉,投毒药,副肌肤,闲而名出闻于诸侯。"——《鹖冠子·卷下·世贤第十六》

不具备"治已病"的能耐,"治未病"或许应该是我作为基础心理学研究者略能出力的地方。

## 三

惭愧的是,这本书里我鲜有创造新知识,充其量只是做一回知识的搬运工。教师生活的喜、怒、哀、乐让我沉醉,让我迷惘,我在生活中体悟,在书堆里求索。慢慢地,我发现了这些书海里的"珍珠",然后就用一根细线把它们串了起来。这本该是私密的事情,只适合自己把玩,但因为那些"你懂的"原因,不得不拿出来以供观瞻。既然你来,就可以随手拿走,至少可以批评我串珍珠的技艺。但是我想,如果你也和我一样,在情绪的汪洋大海里时而乘风破浪,时而孤苦无援,你就应该亲自去拾那些珍珠,串自己的链子。其实,那些珍珠总在那里,璀璨夺目。

我力求注明每一颗"珍珠"的出处,以便你在它的出处找到它的详细阐述。如果你关注务实的技艺,想要用有限的时间和精力争取与情绪做朋友的主动权,那就去读读史蒂芬·柯维等人的《要事第一:最新的时间管理方法和实用的时间控制技巧》,卡尔·纽波特的《深度工作:如何有效使用每一点脑力》,特奥·康普诺利的《慢思考:大脑超载时代的思考学》,米哈里·契克森米哈赖的《心流:最优体验心理学》,道格拉斯·斯通等人的《高难度谈话》。如果你要扩展自己心智的空间,那就去会会斯蒂芬·平克的《白板》,理查德·道金斯的《自私的基因》,尤瓦尔·赫拉利的《人类简史》,德斯蒙德·图图的《宽恕》,塞利格曼的《认识自己,接纳自己》。如果你像我这样,还喜欢去探索情绪的底层逻辑,那就得去琢磨施塔等人的《情绪心理学》,丹尼尔·卡尼曼的《思考,快与慢》,乔瓦尼·弗契多的《情绪是什么》,安东尼奥·达马西奥的《笛卡尔的错误:情绪、推理和大脑》,埃亚尔·温特的《狡猾的情感:为何愤怒、嫉妒、偏见让我们的决策更理性》,西恩·贝洛克的《具身认知:身体如何影响思维和行为》,莉莎·费德曼·巴瑞特的《情绪》,乔纳森·海特的《象与骑象人》。如果你还想刨根问底,那就去征服那些期刊论文吧,回到知识创造的第一线,体味一番探索与发现的快乐。

## 四

  我不确定这些我从教师的视角串起来的链子有多少教师特异性，但我是从教师情绪出发的，所以书名中还是写上了"教师"二字。我国教育向来"重知轻情"，从未对学生的社会情绪能力给予足够的重视，也鲜有针对教师情绪的著述。2018年初我以"教师情绪"为关键词搜索当当网和亚马逊两大网络售书平台，仅见刘衍玲等人所著的《中小学教师的情绪工作研究》和王道阳等人所著的《优秀教师情绪管理的智慧》两本书与教师情绪相关，前者是有关教师情绪劳动的研究报告，后者介绍了一些教师情绪管理技巧。后又获悉，2018年10月北京师范大学朱小蔓教授主编的"教师情感表达与师生关系构建丛书"出版，这是教师情感表达的操作手册。和这些著作相比，我以为本书的不同之处有两点：

  一是以当事人的视角去体验与求索，并不只是罗列情绪管理技巧，而是把情绪管理放到了"资源不足，生命有限"的经济学格局里去思考（薛兆丰，2018），希望通过虚实相生、软硬结合的努力，不求降服情绪，但求与情绪相安无事，合作共赢。

  二是本书并不想做一本"心灵鸡汤"式的成功学指南，因为仅是勾兑一钵没有"干货"的心灵鸡汤喝下去，即使暂时让我们好受一点，也难以经受住时间的考验，只有基于科学逻辑和实证证据基础上的知行合一的训练才能真正提升我们与情绪做朋友的技艺，所以本书所有观点均引自严肃的学术著作或学术期刊。

  我的这点浅见难免贻笑大方，不管怎样，你既然来了，我们就开始情绪之旅吧。

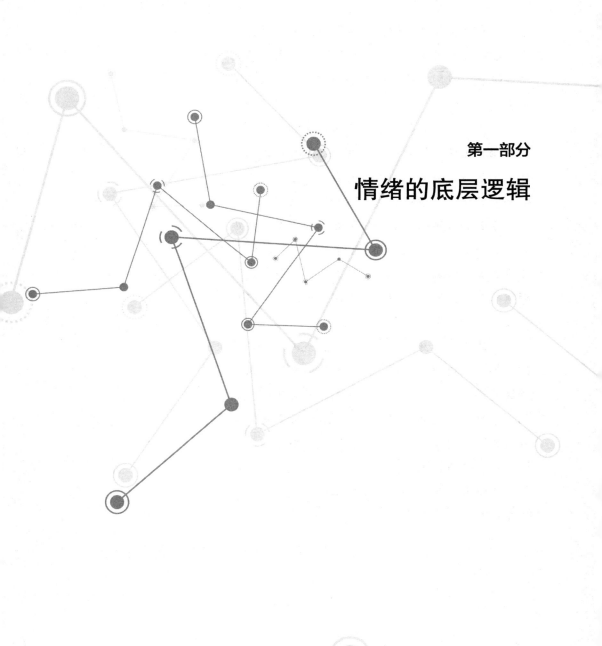

第一部分

# 情绪的底层逻辑

开启教师生涯的时候，我因不能上大学而无奈，因新生活开启而希冀，因逃离山村到小镇教书而惊喜，也因要用初中学的那点英语去教初中生而惶恐……

两年的小镇教师生活，我因繁重的工作而困乏衰竭，因课堂的融洽并以为自己累有所值而快乐，因学生认可并聚集挽留而自豪，也会为学生破坏课堂纪律而愤怒，为教不好学生而沮丧……

今天在这终南山下的校园里，我因书稿迟迟难成而羞赧，因不自觉的拖延而悔恨，因课堂上学生会心的微笑而欢喜，也为有些学生的迷茫而焦急，还为自己目标达成受阻而愤懑、懊丧和奋发……

如此想来，身为教师的我一直就沉浸在情绪的世界里。这就是所谓"人非草木，孰能无情"，情绪充斥着我们的生活，无时无刻不在影响着我们。有时候，它是五彩阳光，让我们享受生活的缤纷；有时候，它是人生梦魇，摧毁生活的美好，让我们坠入无边黑暗。

情绪有如此魔力，它到底遵循什么样的底层逻辑呢？

# 第 1 章 情绪是什么

## 情绪的理论概览

情绪一直是人们关注和研究的对象。柏拉图在《理想国》中指出，人的灵魂有理性、激情和欲望三个部分，并借蒂迈欧之口说：理性是主人，激情是仆人。而英国哲学家大卫·休谟则反其道行之："理性只能是激情的奴隶，除了侍奉和服从激情，不能假装自己还有别的差事。"随着心理学、神经科学的发展，大量研究者认为情绪与理智并不只是"主仆"式的对立关系，它们相辅相成，协同作用，有时候理智可以指导情绪，不让它肆意妄为，有时候理智又成了情绪的辩护律师，努力为情绪的抉择辩护。

在情绪与理智关系的思辨背后，隐藏的共识是，情绪是一种无可回避的心理现象，在人类的生存和繁衍中发挥着重要的作用。最早提出情绪的适应性价值的是达尔文，他在《人类和动物的表情》一书中论述了情绪在生物演化中的作用，指出情绪是演化的适应性工具。后续研究者继承了达尔文的思想，比如汤姆基斯（Tomkins，1962）提出"情绪是有机体的基本动机，是一组有组织的反应，当这组反应激活时，能够同时使大量身体器官（例如面部、心脏、内分泌系统等）做出相应的反应模式"；伊泽德（Izard，1991）也强调情绪的适应性，认为情绪是人类祖先在适应自然环境挑战过程中形成的，旨在调动个体身心应对所遭遇的挑战。

虽说学界均同意情绪是人类的关键心理现象，却没有一个公认的定义。据普卢特契克（Plutchik，2001）的统计，心理学界至少有 90 种不同的情绪定义。

鉴于本书"跟情绪做朋友"的宗旨，我们或可从心理过程的角度来理解情绪。心理学家把"心理"简洁地定义为"人脑对客观现实的主观反应"（彭聃龄，2004）。这个定义中，心理的主体是"人脑"（或可扩大到神经系统），客体是"客观现实"（包括自然风光或社会活动等外在刺激，也可以是痉挛、心跳等内在刺激），结果是"主观反应"（包括认识、体验、行为等）。由此类推，作为心理现象的一种，情绪不过是怀有不同的愿望和需要的主体遭遇客观现实时的主观反应而已。以我做教师的情绪来看：

> 我认真备了课，精心设置每一个梗，怀着热切的期待来到课堂上，想给学生带来轻松愉快的知识盛宴。若是我的课堂其乐融融，学生和我都忘却了时间的流逝，那我就心情愉悦，成就感如野草般疯长；若是我们的课堂死气沉沉，学生和我都不时看看墙上的时钟，等待下课那一刻的欢愉，那我就心情沮丧，还会因为学生的不好而愤怒，因为自己的不对而惶恐。除了这些主观体验，那些与我的主观体验相对应的生理唤醒和行为表现也不请自来。比如愉悦时我的心跳平缓，肌肉紧张消失，面带微笑，思维敏捷，讲课也流畅。若是因为自己的失误感到羞愧，那心跳就会加快，肌肉紧张，思维迟钝，讲课也没有那么流畅，甚至一不小心就"挂黑板"了。

所以，不管人们如何给情绪下定义，从过程的视角来看，情绪就是人们在遭遇内外刺激之后的主观体验和行为反应，是包含主观体验、认知评价、生理反应和表达性行为的动力系统（Scherer & Moors，2019）。

事实上，情绪研究者大多认可情绪是主观体验、生理唤醒和外在行为表现组成的心理集合（Gross & Barrett，2011）。不过，研究者对情绪"主体、客体和结果"的关系以及主观体验、认知评价、生理反应几个要素的关注点不同，就会对情绪给出不同的解释。综观现有情绪研究，大致有生理取向、评价取向和建构取向，回溯这些情绪理论可以加深我们对情绪的理解。

### 1. 生理取向

情绪生理理论关注主体遭遇客体后的生理反应（如心跳加快、手心出汗等),认为情绪是"伴随对刺激物的知觉而直接产生的身体变化,以及我们对这些身体变化的感受"(James,1884)。著名的詹姆斯-兰格理论就是这一取向的代表。这种理论把我们通常认为的"因失败产生悲伤然后痛哭;遇到熊时因害怕而颤栗逃跑"颠倒过来,认为实际上的顺序应该是"因痛哭而悲伤,因为颤栗逃跑而害怕"。

该理论强调"情绪是对刺激引起的生理变化的体验",显然有违大众对情绪的理解——对情绪性事件的主观体验才让我们有了生理变化和行为。但你若以为这种观点没有合理性,那你就错了!

许多实证研究支持这一学说。比如有研究者让实验参与者用牙齿或者嘴唇咬着铅笔分别对漫画的好笑程度进行评价(如图1-1所示),结果发现用牙齿咬着铅笔评分时就会认为漫画好笑得多。为什么会是这样?因为用牙齿咬紧铅笔的时候,面部已经做出了欢乐的表情,受试者就体验到好笑和欢乐了;相反,当受试者用嘴唇咬紧铅笔的时候,面部表情是"苦大仇深",这个时候看漫画就没有那么有趣了(Strack,Martin,& Stepper,1988)。

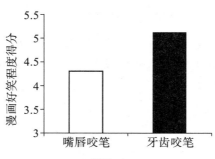

图1-1

近年来支持詹姆斯-兰格理论的证据越来越多。"具身认知"就为该理论提供了强有力的支持,其核心观点是:人的心理状态会被人的生理体验塑造,心理和生理之间有强烈的联系(贝洛克,2016)。我们来看看著名的吊桥实验:

达顿和阿伦(Dutton & Aron,1974)让一位漂亮的女助手分别在一座坚固而低矮的石桥上和一座摇晃而危险的吊桥上对受试者进行简短的问卷调查，并让他们根据一张图片编一个小故事。然后女助手把自己的名字和电话号码都告诉了每一个受试者，称如果他们想进一步了解实验或者跟她联系，就可以给她打电话。

  结果发现：与石桥上的受试者相比，在摇晃而危险的吊桥上参加实验的受试者给女助手打电话的人数更多，而且他们所编撰的故事中也含有更多情爱的色彩。

  从逻辑上讲，女孩还是那个女孩，仅是邂逅的地点不同而已，女孩的吸引力不该有显著差异。可事实是在吊桥上邂逅的受试者更多被女孩吸引，这被称作吊桥效应。为什么会有吊桥效应？道理很简单，当受试者站在摇晃的吊桥上时，紧张了，出汗了，心跳加速了，肾上腺素分泌增多了，他们以为这些反应都是女孩引起的，以为自己心动了，但这其实是受试者因吊桥引起的生理激活塑造了他们的被吸引的体验。

  当我们遭遇现实时，我们的身体也是重要的经历者。如具身认知所强调的那样，心理体验不过是生理体验塑造的结果，这非常贴切地支持了詹姆斯-兰格情绪理论。也是出于这样的原因，有些心理学工作者会推荐人们早晨刷牙时要对镜子里的自己露出八颗牙齿，强迫自己先做出一个开心的外在行为，进而让这个生理体验塑造自己的心理体验，开启快乐的一天。

### 2. 评价取向

  情绪生理理论关注情绪产生的必然性和意识水平的不可控性，把情绪主体置于后知后觉和被动解释的位置上。那对于情绪体验，我们还有主动权吗？

  答案是肯定的。最直观的证据就是同样的情绪刺激会引起情绪主体不同的情绪感受——如果把他人的言论理解为侮辱或轻蔑，我们就会愤怒；如果将他人的言论理解为攻击的前兆，我们就会恐惧；如果把他人的言论理解为善意的诤言，我们可能心生感激。这种理论取向可以追溯到古希腊哲学家亚里士多德，他认为我们的感受来自我们对世界的看法以及我们与周围人的关系，比如愤怒来自"他人是否蔑视我们"的评价。沙赫特和辛格（1962）著名的肾上腺素实验很好地证明了认知评价的重要性。

> 研究者给受试者注射肾上腺素（一种会引起心跳加快、血压升高、手发抖、脸发热等跟高兴或愤怒相关的生理反应的药物），但告诉他们这是一种复合维生素，目的是测定这种新药对视力的影响。
>
> 受试者分为三组：正确告知组被告知他们注射这种新药会出现心跳加快、手发抖、脸发热等反应；错误告知组被告知他们注射这种新药可能会有发麻、发痒、轻微头痛的感受；无告知组则不被告知任何信息。
>
> 然后，受试者被安排进入两种实验情境：一种是欣快的环境，实验助手（受过训练的假受试者，他和受试者一起接受实验处理和参加实验）同受试者一起唱歌、玩耍和跳舞；另一种是愤怒的环境，实验助手当着受试者的面对主试要他填写的调查表表示极大的愤怒，不断咒骂、斥责并把调查表撕得粉碎。
>
> 实验后，研究者让受试者报告当时的内心体验，结果发现错误告知组的受试者在欣快的环境中就报告高兴，而在愤怒环境中就报告愤怒；而正确告知组的反应不容易受环境气氛的影响；无告知组的反应则介于上述两组之间。

在这个实验中，正确告知组虽然由于注射肾上腺素产生了情绪相关的生理反应，但由于已明知这些生理反应是药物引起，对生理反应已有正确的认知，便不会依赖环境线索去评价自己的生理反应和标定自己的情绪；而错误告知组对药物引起的生理唤醒没有正确的认知，就依仗环境线索进行解释，判断自己是欢乐还是愤怒；无告知组什么信息也没有，只能完全按自己的评价作出反应，受环境影响的程度就介于正确告知组与错误告知组之间。所以，这个实验说明仅是生理唤醒不足以引起人的情绪体验，人对生理唤醒的解释和评价在人的情绪产生中也起着决定性的作用。于是沙赫特和辛格认为，情绪是认知因素和生理唤醒状态两者交互作用的产物。

沙赫特和辛格的情绪理论是评价取向的，认为情绪反应产生的前提是对事件的评价。这种取向的情绪理论很多，比如阿诺德认为情绪是对趋向知觉为有益的、离开知觉为有害的东西的一种体验倾向（Arnold，1950）；拉扎鲁斯认为情绪是来自正在进行着的环境中好的或不好的信息的生理反应的组织，它依赖于短时的或持续的评价（Lazarus，1984）；埃利斯认为引起人们情绪困扰（consequences，C）的并不是外界发生的事件（activating events，A），而是人们对事件的态度、看法和信念等认知内容（beliefs，B），因此要改变情绪困扰不应致力于改变外界事件（有的事件根本就改变不了），而是应该改变认知（Ellis & Grieger，1986）。

### 3. 建构取向

认知评价理论强调对外部环境的评价是情绪产生的直接原因，将认知评价作为情绪反应的核心。相较生理取向的詹姆斯-兰格理论，认知评价理论认可人在情绪产生过程中的能动性，认为情绪主体并不是情绪活动的消极体验者和解释者，在一定程度上对自己的情绪体验具有掌控权。生理取向和评价取向的情绪理论都认为情绪是情绪刺激诱发的反应，并没有凸显人类情绪大多发生于社会交互活动和社会关系中的事实。

为此，有研究者提出情绪并不是简单的与生俱来的刺激-反应联结，而是情绪主体基于当时的生理反应、认知评价和行为倾向进行主动建构的过程和结果（Boiger & Mesquita，2012）。这样，情绪更多地受到人们所处的文化背景和生活经验的影响，也需要依仗一定的社会文化系统才能获得其功能意义，因而只有在社会水平上加以分析才能充分地理解情绪的意义（Barrett，2017）。这就是建构取向的情绪理论，我们可从如下这个研究来看建构取向情绪理论的洞见。

研究者让受试者根据位于屏幕中央的卡通面孔的表情（高兴，悲伤和愤怒）评估目标人物的高兴、悲伤和愤怒程度。在目标面孔的周围有四张面孔，这些面孔的表情可能与中央面孔的表情一致或不一致。结果发现，日本受试者的情绪评估受到周围面孔情绪的影响，而美国受试者的情绪评估并不受周围面孔情绪的影响。用眼动仪追踪这些被试的眼动轨迹发现，相较于美国受试者，日本受试者更多观看周围面孔（Masuda et al., 2008）。

这个实验说明人们对情绪的识别受其背景的影响，而成长于不同文化下的被试在识别情绪时受背景影响的程度不同。个人主义文化下的美国受试者在识别目标情绪时受背景影响较小，而集体文化下的日本受试者在识别情绪时就更多地考量情绪所处背景的影响。也就是说，面对同样的情绪刺激，个体会结合自己的文化背景和生活经验进行评价和建构，形成自己的情绪理解。

情绪建构论和认知评价理论都强调情绪主体在情绪反应中的主观能动性，但它更为激进了一点，不只强调评价的作用，认为情绪都是人们结合个人背景和经验建构出来的，这种理论还强调要在社会互动和人际关系中考量情绪，关注情绪和社会互动的相互依存关系。

比较三种取向的情绪理论，相同之处在于都认可情绪是主体遭遇某种诱发事件而引起的，都包含了某种生理唤醒、行为表现和主观体验几个核心成分。不同之处在于情绪产生的过程，生理取向强调诱发事件引起生理唤醒决定了个体经历的情绪体验，情绪主体在情绪过程中并无多大主动权；评价取向认为在诱发事件引起生理唤醒之后，情绪主体对事件的认知评价也是情绪体验的重要前提条件；而建构取向则认为情绪是在一定社会背景下，情绪主体基于诱发事件、生理唤醒和认知评价主动建构的过程，这个过程并非静止不变的，而是一个动态的、交互的过程。

下面用这三种情绪理论来分析某个中学教师遇到的情绪事件。

初一学生小辉趁 X 老师不注意，在教室间走动查看学生作业的时候，在 X 老师的后背贴了一张"我是小狗"的纸条。

根据生理取向的情绪理论，X 老师一见这个纸条就触发了他"愤怒"反应模式，马上就血压升高、双目圆睁、双眉紧蹙、恨不得朝那个学生破口大骂，整个过程中 X 老师基本没有什么控制感。

依照评价取向的情绪理论，X老师见到这个纸条后会多想一层——这调皮的学生不过是孩子，只是想报复自己的批评，并借此博得同学的关注，自己若任由愤怒爆发，当场破口大骂，自己就失态了，这调皮的家伙就得逞了——有了这些认知评价，尽管X老师愤怒的生理唤醒上来了，但马上又被认知评价给压下去了，愤怒的情感体验也就减轻了些，怒目而视、破口大骂的外显行为更是没有表现出来。

按照建构取向的情绪理论，X老师遭遇这个事件后，他会结合自己过去的生活经验、对自己的评价，以及与学生的关系和学生的特点，学校和当前社会的要求，整体建构自己的情绪体验。若是自己的生活经验让自己对这类侮辱极为敏感，而自己又惮于学校的规定和社会舆论的威力，硬生生地把自己的愤怒压了下去，但那感觉还是在那里，和小辉之间总是心存芥蒂，或许下意识地又生出些事端来。

总体来看，三种情绪理论都有其合理性，生理取向关注了情绪产生的无可回避性，暗合休谟的观点；建构取向则强调了情绪的社会性，关注情绪主体在情绪过程中的主动性；而评价取向则介于生理取向和建构取向之间，关注生理唤醒和认知评价的协同作用。

在综合这些情绪理论的基础上，有学者尝试给情绪一个泛化的概念。比如傅小兰（2016）将情绪定义为"情绪是往往伴随着生理唤醒和外部表现的主观体验"。这个定义将情绪的要义包含了进去，简洁明快。不过这个定义失去了情绪的过程性特点，没有体现情绪的无可回避性和可调控性。鉴于本书的主题是"跟情绪做朋友"，情绪的无可回避性和适度可控性是"跟情绪做朋友"的基础，所以我给"情绪"的定义是：带有一定愿望和需要的情绪主体在遭遇客观现实时的主观体验、生理唤醒和行为表现。或者说，情绪就是个体的欲望照进现实时个体的主观感受和行为表现，当客观现实符合主体的愿望和需要时，就会引起肯定、积极的情绪，当客观现实不符合主体的愿望和需要时，就会产生消极、否定的情绪。

这个情绪定义也是宽泛的，从某种程度上涵盖了情感、感情、激情、心境等许多意义相近的术语。事实上，这些术语意义相近，有些时候研究者并不作细致区分。为了方便本书在后文的阐述，简要辨析如下。

在描述情绪时，有的使用情绪，有的使用情感，二者混用的情况也屡见不鲜。有人认为情感是情绪过程的主观体验，常用来描述人的社会性高级情感；而情绪是情感性反应的过程，侧重指向短暂但强烈的体验感受，既适用于人类，也适用于动物；而感情是情绪、情感等的统称（黄希庭，2007；孟昭兰，2005）。在情绪过程中，还有激情和心境的区别。前者是一种强烈的、爆发性的、为时短促的情绪状态，比如重大事件之后的狂喜、惨遭失败后的绝望、亲人突然离世引起的极度悲哀、突如其来的危险所带来的异常恐惧等等；而后者是指强度较低但持续时间较长的情感，它是一种微弱而持久的情感，如绵绵柔情、闷闷不乐、耿耿于怀等。

简洁起见，本书不对上述概念进行细致区分，统一使用情绪一词，一是因为情绪既可以在一定程度上涵盖这些术语所指；二是因为在这些相关术语中，情绪是使用频率最高的词汇，更符合人们的日常生活经验。

## 情绪的核心要素

情绪有三个核心要素：主观体验、行为表现、生理唤醒。

1. 主观体验

主观体验是指个体对不同情绪状态的主观感受，比如愉快、愤怒、忧愁或悲伤等。主观体验是情绪不可或缺的组成部分，我们在日常生活中谈论的情绪往往指的就是个体的主观体验。主观体验可在多个层面发生，可以是感觉水平，也可以是认知水平；可以是能用语词描述的意识水平，也可以是无法用语词描述的无意识水平。主观体验和其他情绪要素具有一致性，比如婴儿天生就具有一些主观体验及其相应的表情，随着表情类别数目的增长，与之相一致的体验也随之增加，而表情和体验的不一致则是后天习得的结果（Izard，1991）。

在描述情绪的主观体验的时候有两种取向。一种认为情绪是个体在演化过程中发展出来的对外部刺激的适应性反应，因而情绪可以分为几种彼此独立的、有限的基本情绪，称作基本情绪论。这种取向认为基本情绪是人和动物所共有的、先天的、不学而能的，且具有泛文化的共性。每种基本情绪有共同的原型或模式，在个体发展的早期就已出现，每一种基本情绪有独特的生理机制和外部表现。这种取向往往用一些具体的、独立的形容词来描述情绪体验：比如在我国古代典籍《礼记》中有喜、怒、哀、惧、爱、恶、欲七种情绪体验，伊泽德（Izard，1991）则把情绪分为快乐、悲伤、愤怒、恐惧、厌恶、惊讶、兴趣、害羞、自罪感和蔑视10种，而埃克曼（Ekman，1971）则提出了6种基本情绪：快乐、悲伤、愤怒、恐惧、厌恶和惊讶。

除了基本情绪外，该取向还认为基本情绪的结合可以构成复合情绪，比如愤怒、厌恶、轻蔑这三种基本情绪可以组成敌意，而恐惧、内疚、痛苦、愤怒的复合就成了焦虑。基本情绪论用高兴、愤怒、悲伤等具体情绪来描述主观体验的方法与我们的生活经验一致，生活中我们也常用这种方法来描述我们的情绪体验。2015年的迪士尼动画片《头脑特工队》就以乐乐（joy）、忧忧（sadness）、怒怒（anger）、厌厌（disgust）和怕怕（fear）几个角色来描述主人公的情绪。

另一种取向则并不将情绪分成独立的、具体的类别，而是把它当作一个连续体，从一端向另一端逐步变化，即情绪维度论。比如在描述自己的情绪体验时，可以在愉悦度这个维度上报告自己的愉悦分数，得出从消极到积极这个连续体上的得分，也可以在唤醒度这个维度就自己的唤醒水平评分，得出从放松到紧张这个连续体上的得分。这种情绪评价方法可追溯到心理学之父威廉·冯特，他认为情绪由愉快—不愉快、兴奋—沉静、紧张—松弛三对元素组成，每对元素都可以在两极之间有程度上的变化。继冯特三维观点之后，普拉切克（Plutchik，1980）提出，情绪具有强度、相似性和两极性三个维度，并用一个倒锥体来说明三个维度之间的关系。

目前运用较多的是拉塞尔（Russell，1980）提出的情绪的环形模型，他认为情绪可以分为愉悦度和唤醒度。愉悦度指积极或消极的情绪状态，比如兴奋、爱、平静就是积极情绪，而羞愧、无趣、厌烦就是消极情绪。唤醒度指生理活动和心理警觉的水平差异，低唤醒如睡眠、厌倦、放松等，而高唤醒如清醒、紧张等。愉悦和唤醒分别是圆环的两个主轴，各种情绪较为均匀地分布在圆环中，即为情绪的环形结构模型。

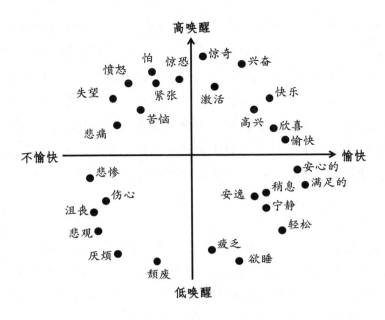

图1-2 情绪环形模型（Russell，1980）

2. 生理唤醒

生理唤醒指情绪产生时个体的生理激活，它包括自主神经系统和中枢神经系统的活动变化，以及内分泌物质释放的改变。情绪研究者一直致力于探索情绪体验和生理唤醒之间的对应关系，目前已基本确认人类体验的不同情绪在皮肤电、血压、心率变异性和瞳孔大小等生理指标上存在一定的差异性，比如情绪主体在恐惧时心跳加速、呼吸急促、皮肤电升高、瞳孔放大、浑身发凉（Levenson，2014）。不同情绪也可能有特异性的中枢神经回路，比如恐惧和杏仁核的活动相关，而厌恶则更多是脑岛活动的结果（Vytal & Hamann，2010）。基本情绪论认为每一种情绪都有其特异性的生理唤醒特征，但也有研究认为基本情绪并不与特定的自主神经活动模式相连，不同的基本情绪产生了相似的神经生理反应，而不同的神经生理活动也能出现在相同的基本情绪中（Cacioppo, Berntson, Larsen, Poehlmann, & Ito，2000）。

情绪的生理唤醒主要是由自主神经系统控制的，自主神经系统由交感神经和副交感神经这对拮抗的分支系统构成。交感神经系统负责在遭遇情绪刺激时的兴奋反应，副交感神经系统负责兴奋反应后的平复，两个分支系统的协同作用保证了人们在兴奋与平静间的平衡。自主神经系统在很大程度上不受高级中枢的控制，体现出很大的自主性，这在生理层面决定了情绪的自动性和不可控性。同时，中枢神经系统的眶额皮层、杏仁核、脑岛和纹状体等情绪相关脑区与自主神经系统存在关联，在一定程度上调控情绪的生理唤醒，又在生理层面保证了情绪生理唤醒的适度可控性。

3. 外部表现

外部表现是经历情绪时的外在行为表现，可以通过面部特征、身体姿态和语音语调的变化表现出来，分别称作面部表情、姿态表情和语调表情。面部表情是眼部肌肉、颜面肌肉和口部肌肉变化组成的模式。例如，愤怒时皱眉、眼睛变狭窄、咬紧牙关、面部发红；高兴时额眉平展、面颊上提、嘴角上翘。姿态表情包括身体表情和手势表情，在不同的情绪状态下，身体姿态会发生不同的变化，如恐惧时"紧缩双肩"，无奈时"双手一摊"，高兴时"手舞足蹈"。语调表情是通过言语的频率、节奏和速度等方面的变化来表达的，如高兴时语调高昂、语速轻快，而悲伤时语音比较低沉，语速较慢。

几种表情都可能是一个动态过程，经历中性——出现表情动作——表情动作最大化——消退——中性的过程，这个动态过程持续的时间可长可短，长的持续1到4秒，而短的可能只有几十毫秒，即所谓微表情。根据埃克曼的观点，表情（特别是微表情）和生理唤醒一样具有不随意性，可以作为探测个体情绪和动机的窗口之一。事实上，俗语"进门看脸色"说的就是这个道理，提示人们可以通过表情推测主人的情绪和心态。近些年表情识别已应用在临床治疗、国家安全、司法实践和教育教学中。

情绪三要素之间存在着某种对应关系。主观体验会引起相应的外部表情和生理唤醒，外部表现也会引起相应的生理唤醒和主观体验。埃克曼等人（1983）就用面部操作任务诱发受试者的情绪，证明面部表情和生理唤醒之间存在一定的对应关系。

埃克曼等人（1983）让受试者用面部肌肉来表达愉快、发怒、惊奇、恐惧、悲伤或厌恶等情绪，并让他们用一面镜子辅助自己确定自己面部表情的模式，要求他们把每一种表情保持10秒钟，同时对他们的生理反应情况进行测量。结果发现，各种面部表情的生理反应存在明显差异：保持发怒和恐惧的表情时，受试者的心率都会加快；保持发怒的表情时，受试者的皮肤温度会上升；保持恐惧的表情时，受试者的皮肤温度则会下降。

三者之间的对应关系为我们客观地描述情绪提供了可能，比如分析受试者的生理唤醒和外在表现可以帮助我们验证和推断他们的主观体验。主观体验需依仗受试者的主观报告，生理唤醒和外在表现相对客观，能更为客观地描述个体的情绪。但是，情绪三要素之间的对应关系也是相对的，不同的情绪体验可能激起同样的生理唤醒，如爱、愤怒和恐惧，都使心率加快。有研究者认为单用面部表情并不能区分强度高的积极情绪和消极情绪（Strack et al., 1988）。所以在情绪研究和应用中，综合使用情绪三要素来描述和分析情绪才是比较可靠的方法。

## 情绪测量与量化

自达尔文出版《人类和动物的表情》起，情绪研究就跨过了单纯的思辨，进入科学心理学的视野，力求遵循可操作性、可重复性和可证伪性几大原则进行科学研究。满足科学研究原则的重要一环就是操作化和量化情绪，而情绪的操作化和量化相对来说是比较困难的，这或许是情绪研究在心理学研究中发展相对较晚的原因。

近些年情绪理论和测量情绪的手段都取得了长足的进展，促使情绪成了心理学的研究热点。如前所述，情绪有主观体验、生理唤醒和外在表现几个要素，它们都可以作为测量情绪的出发点。主观体验是情绪的核心特征，因而有研究者认为测量情绪只能从体验者的第一视角对他的感受，如高兴、愤怒、悲伤等，进行主观报告，面部表情和生理唤醒等都不能代替对体验的直接报告（Barrett, Mesquita, Ochsner, & Gross, 2007）。

主观体验的测量方法就是对自己的主观感受进行自我报告，即所谓"内省法"。这是心理学研究最古老的研究方法之一，科学心理学的创始人冯特和美国现代心理学之父詹姆斯都重视使用内省法。冯特强调内省的作用，他所倡导的心理物理法的重要的研究手段就是给受试者一个刺激（比如给胃里灌入不同热度的水），再让受试者报告自己的主观感受。而詹姆斯曾经说过"内省观察是我们需要优先并要一直使用的研究方法"（James, 1884）。100多年后的今天，让受试者报告主观体验仍然是情绪研究不可或缺的手段。

比如常用的情绪单项测量就是要求被试对某个情绪体验进行分级，比如问受试者"你感觉愉快吗"，受试者可以在如下的量尺上勾选即刻的愉快程度。其中数字越小代表愉快程度越低，数字越大代表愉快程度越高。为了形象化，也可以将数字换成可视化的图形，比如从自然渐变到高兴的卡通脸谱等。

愉快：1……2……3……4……5……6……7……8……9
　　　一点也不　　　　　　　　　　　　　非常强烈

在实际的情绪测量中，可以要求受试者就多个情绪项目进行评分，然后加和同质的项目，计算受试者的情绪体验。比如常用的沃森和特里根（Watson & Tellegen, 1985）编制的积极和消极情绪量表（见附录1），就是让个体就自己此刻的情绪体验进行自我报告，然后计算受试者的积极和消极情绪的分数。

复合情绪的测量稍微复杂一些，因为诸如自豪、焦虑和抑郁等复合情绪都是多种基本情绪的组合。对于这些复合情绪的测量需要经过严密的理论构建，弄清其包含的维度，然后有针对性地编制题项进行测量。比如，自豪是个体把成功事件或积极事件归因于自身能力或努力的结果时产生的一种积极的主观情绪体验，可分为对唤起自豪的事件进行内部的、不稳定的、可控归因而引起的真实自豪，以及对唤起自豪的事件进行内部的、稳定的、不可控的归因而引起的自大自豪。有研究者根据这样的维度划分，编制了真实自豪和自大自豪量表。焦虑是个体受到威胁和处于危险情景中的退缩或逃避的体验,是恐惧、痛苦、愤怒、羞愧和内疚复合而成的情绪体验,日常和临床研究使用最多的焦虑量表是状态焦虑量表(见附录2)。抑郁是愤怒、悲伤、忧愁、自罪感和羞愧等复合而成的复杂情绪,它比任何单一负性情绪体验都更为强烈和持久。测量抑郁的量表较多,其中常用的包括抑郁自评量表(见附录3)和流调中心抑郁量表等。

不过,积极和消极情绪量表的测量建立在个体回忆的基础上,难免受到个体回忆影响,使其准确性受到影响(Stone et al., 1998)。为了克服这些局限性,米哈里·契克森米哈赖等人提出了经验取样法,通过一部传呼机在随机的时间点提示被试,要求其报告此时此刻的内部体验(Hurlburt & Heavey, 2002)。例如"传呼机声音发出时你的内心想法是什么?"。这种方法让被试在随机的时刻点报告自己的主观体验,可以避免回忆的影响,并且用多次测量的结果来描述个体的主观体验,能够较好地刻画个体的情绪特点。在今天移动互联网时代,基于经验取样的情绪测量使用越来越多。此外,让受试者写日记,然后对他们的日记进行分析的"日记法"也可以在一定程度上克服回忆等因素的影响,这都是近年来兴起的情绪主观体验的量化手段(Bolger, Davis, & Rafaeli, 2003)。

不管是基于常规量表的自我报告,还是基于日常经验取样和日记法的自我报告,都面临过分依赖于个体主观报告、缺乏客观性的问题。已有研究提示人类并不善于探究自己的内心想法,尼斯比特和威尔逊(Nisbett & Wilson, 1977)在实验中,要求被试选择一些他们喜欢的物体并报告选择某一物体的原因,被试往往只能报告一些自己认为合理的原因,比如物体的外在特征(看上去漂亮等),而不能报告引起偏好的真正原因,这说明主观报告的准确性低,对内部认知过程的任何内省有可能不准确或不可信。所以,仅依靠个体的主观体验来量化个体的情绪是有风险的,需要引入一些客观的量化方法作为佐证。

一个相对客观的测量手段就是对外部行为进行测量。许多研究者,尤其是生理取向的学者,认为情绪是由一些简单的反射行为(如趋近和回避)演化而来的,其中含有人类和动物共有的一些有利于生存的行为反应。比如遭遇袭击时，人和动物都会表现出相似的惊恐反应。当终于实现了期盼已久的目标，人们往往会眉开眼笑、手舞足蹈；而当苦心追求的目标一再被外力阻挠，屡次失败时，那就会有挫败感，忧郁与沮丧也挂在了脸上，两眼无光，黯然神伤。由于情绪体验与外部行为之间的对应关系，所以通过观察个体的外在行为表现，就可以推测其情绪体验。

达尔文是最早用外显行为观察法来研究人类和动物外显行为的科学家。在《人类和动物的表情》一书中，达尔文提出情绪具有跨文化的一致性，在不同国家和地区，相同的面部表情能够表达相同的情绪。埃克曼继承了达尔文的思想，对巴布亚新几内亚的一个与世隔绝的原始部落进行情绪表达与情绪识别的研究。他给这些未被现代文明影响的部落成员呈现由白人演员表达的各种情绪图片，要求他们辨认图片的情绪，发现这些原始部落成员正确辨认情绪的能力远超随机水平（Ekman, Sorenson, & Friesen, 1969），这说明人类能够无师自通地识别跨文化的情绪表现。同时他拍摄下部落成员表达的高兴、悲伤、恐惧等面部表情让美国学生完成情绪识别，结果发现这些部落成员的情绪表现方式与欧美人的情绪表现方式相似，美国学生也能以远高于随机水平的概率识别。这些结果有力支持了面部表情的跨文化一致性，也证明了通过观察外在行为表现来量化情绪的可靠性。

在这些研究的基础上，埃克曼定义了6种基本人类表情：高兴、生气、吃惊、恐惧、厌恶和悲伤，确定了识别对象的类别，然后建立了面部动作编码系统，让人们可以根据编码系统划分的一系列面部肌肉动作单元来描述人脸动作，再通过人脸运动和表情的关系检测人脸面部细微表情。随着计算机技术和人工智能技术及其相关学科的迅猛发展，人类表情的自动识别已基本可以实现，只要从给定的静态图像或动态视频序列中分离出特定的表情状态，就可以确定被识别对象的情绪。

除了外在表现，测量生理唤醒是另一种较为客观的情绪量化手段。前文我们曾经提到，人们遭受某种情绪时，会有相应的生理变化（呼吸、脉搏、频率、血压和皮肤湿度等）随之出现。而且这种生理变化往往是由自主神经系统主导的，具有很高的自主性，人们难以有意识地加以控制和掩饰。有这样的事实基础，只需要记录个体的生理唤醒特征，比如呼吸、脉搏、瞳孔大小和皮肤电等特征，就可以对个体的情绪状态进行一定程度的量化了。通常研究者会选取多个生理指标来测量情绪活动中的自主神经系统的激活状况，包括心血管活动、呼吸、皮电活动和瞳孔变化等等。这些测量仅需要一台多导生理记录仪就可以完成了。事实上，生活中的许多可穿戴设备以及测谎仪也是基于这样的逻辑设计的。

同样地，还可以通过测量中枢神经系统的活动来推测个体的情绪状态。早期情绪心理学家认为边缘系统（limbic system）与情绪的体验和表达相关（Papez，1937），不同脑区活动的状况与个体的情绪存在一定的对应关系，比如恐惧引起杏仁核激活，而厌恶则与脑岛激活相关。此外，人在经历某种情绪时，大脑产生的电位也表现出一些相应的特征，通过记录和分析脑电的特征，也可以达到量化个体情绪的目的。

近年来脑功能成像技术的迅猛发展，特别是功能磁共振成像（functional magnetic resonance imaging，fMRI）、脑电图（electroencephalography，EEG）和近红外光学成像（near infrared spectroscopy，NIRS）等技术的发展，大大推进了人们对情绪的中枢神经系统反应的测量。其中，fMRI通过测量被试处于某种状态时各个脑区的血氧含量变化来确定脑区激活状况，无创且具有极高的空间分辨率，是探索情绪所对应脑区和脑网络的重要工具；而EEG则测量受试者在经历情绪活动时脑的电位活动，有极高的时间分辨率，又经济实惠，也是测量情绪的重要工具。

总之，我们可以从主观体验、外部表现和生理唤醒几个层面对情绪进行量化与测量。主观体验是情绪的核心特征，让个体报告主观感受是必不可少的，但是情绪研究不能仅依赖主观报告，对生理变化和外部行为进行测量才能保证情绪测量结果的客观性。反过来，仅是对生理变化和外部行为进行测量也不足以完整量化情绪，因为即使外部行为、生理唤醒与情绪之间存在某种对应关系，但是这种关系并不是绝对的一一对应关系，有必要综合三个角度的测量而从整体上量化情绪。

# 附录1 积极和消极情绪量表
## （The Positive and Negative Affect Scale，PANAS）

该量表由沃森（Watson，1988年）年等人编制，黄丽等人（2003）汉化并确定它在中国人群中的适用性。量表由20个描述不同情绪的形容词组成，要求受试者根据自己近1到2周的实际情况在相应的等级上画圈。其中条目1、3、5、9、10、12、14、16、17、19的分数加和为积极情绪得分，其余条目加和的得分为消极情绪得分，得分越高代表该情绪体验越强。

| 问卷条目 | 极不符合 | 不符合 | 中等程度 | 符合 | 非常符合 |
| --- | --- | --- | --- | --- | --- |
| 1. 感兴趣的 | 1 | 2 | 3 | 4 | 5 |
| 2. 心烦的 | 1 | 2 | 3 | 4 | 5 |
| 3. 精神活力高的 | 1 | 2 | 3 | 4 | 5 |
| 4. 心神不宁的 | 1 | 2 | 3 | 4 | 5 |
| 5. 劲头足的 | 1 | 2 | 3 | 4 | 5 |
| 6. 内疚的 | 1 | 2 | 3 | 4 | 5 |
| 7. 恐惧的 | 1 | 2 | 3 | 4 | 5 |
| 8. 敌意的 | 1 | 2 | 3 | 4 | 5 |
| 9. 热情的 | 1 | 2 | 3 | 4 | 5 |
| 10. 自豪的 | 1 | 2 | 3 | 4 | 5 |
| 11. 易怒的 | 1 | 2 | 3 | 4 | 5 |
| 12. 警觉性高的 | 1 | 2 | 3 | 4 | 5 |
| 13. 害羞的 | 1 | 2 | 3 | 4 | 5 |
| 14. 备受鼓舞的 | 1 | 2 | 3 | 4 | 5 |
| 15. 紧张的 | 1 | 2 | 3 | 4 | 5 |

续表

| 问卷条目 | 极不符合 | 不符合 | 中等程度 | 符合 | 非常符合 |
|---|---|---|---|---|---|
| 16. 意志坚定的 | 1 | 2 | 3 | 4 | 5 |
| 17. 注意力集中的 | 1 | 2 | 3 | 4 | 5 |
| 18. 坐立不安的 | 1 | 2 | 3 | 4 | 5 |
| 19. 有活力的 | 1 | 2 | 3 | 4 | 5 |
| 20. 害怕的 | 1 | 2 | 3 | 4 | 5 |

## 附录 2 自评抑郁量表
## （Self-Rating Depression Scale，SDS）

该量表由曾（Zung，1965）编制，由 20 个条目构成，要求受试者根据自己在过去一周的情况在相应的等级上画圈，其中第 2、5、6、11、12、14、16、17、18 和 20 是用正性词陈述的，需反向计分，其余 10 项是用负性词陈述的，正向记分。勾选后，累积各条目的分数用下列公式计算抑郁严重指数：

$$抑郁严重度指数 = 各条目累计分 / 80$$

指数范围为 0.25 到 1.0，指数越高，抑郁程度越重，评分指数在 0.5 以下者为无抑郁，0.50–0.59 为轻微到轻度抑郁，0.60–0.69 为中至重度抑郁，0.70 以上为重度抑郁。

| | 很少 | 有时 | 经常 | 持续 |
|---|---|---|---|---|
| 1. 我觉得闷闷不乐，情绪低沉 | 1 | 2 | 3 | 4 |
| 2. 我觉得一天之中早晨最好 | 1 | 2 | 3 | 4 |
| 3. 我一阵阵哭出来或觉得想哭 | 1 | 2 | 3 | 4 |
| 4. 我晚上睡眠不好 | 1 | 2 | 3 | 4 |
| 5. 我吃得跟平常一样多 | 1 | 2 | 3 | 4 |

续表

|  | 很少 | 有时 | 经常 | 持续 |
|---|---|---|---|---|
| 6. 我与异性密切接触时和以往一样感到愉快 | 1 | 2 | 3 | 4 |
| 7. 我发觉我的体重在下降 | 1 | 2 | 3 | 4 |
| 8. 我有便秘的苦恼 | 1 | 2 | 3 | 4 |
| 9. 我心跳比平常快 | 1 | 2 | 3 | 4 |
| 10. 我无缘无故地感到疲乏 | 1 | 2 | 3 | 4 |
| 11. 我的头脑跟平常一样清楚 | 1 | 2 | 3 | 4 |
| 12. 我觉得经常做的事情并没有困难 | 1 | 2 | 3 | 4 |
| 13. 我觉得不安而平静不下来 | 1 | 2 | 3 | 4 |
| 14. 我对将来抱有希望 | 1 | 2 | 3 | 4 |
| 15. 我比平常容易生气激动 | 1 | 2 | 3 | 4 |
| 16. 我觉得作出决定是容易的 | 1 | 2 | 3 | 4 |
| 17. 我觉得自己是个有用的人，有人需要我 | 1 | 2 | 3 | 4 |
| 18. 我的生活过得很有意思 | 1 | 2 | 3 | 4 |
| 19. 我认为如果我死了，别人会生活得好些 | 1 | 2 | 3 | 4 |
| 20. 平常感兴趣的事我仍然照样感兴趣 | 1 | 2 | 3 | 4 |

## 附录3 焦虑自评量表
## （Self-Rating Anxiety Scale，SAS）

该量表由曾（Zung，1971）编制，由20个条目构成，要求受试者根据自己在过去一周的情况在相应的等级上画圈，其中第5、9、13、17和19需反向计分。累积各条目之和可得受试者的焦虑分数，再乘以1.25，然后取整数部分为标准分,标准分越高,焦虑越严重,一般来说,焦虑总分低于 50 分者为正常;50–60 者为轻度,61–70 者是中度,70 以上者是重度焦虑。

|  | 很少 | 有时 | 经常 | 持续 |
|---|---|---|---|---|
| 1. 我觉得比平时容易紧张和着急 | 1 | 2 | 3 | 4 |
| 2. 我无缘无故地感到害怕 | 1 | 2 | 3 | 4 |
| 3. 我容易心里烦乱或觉得惊恐 | 1 | 2 | 3 | 4 |
| 4. 我觉得我可能将要发疯 | 1 | 2 | 3 | 4 |
| 5. 我觉得一切都很好,也不会发生什么不幸 | 1 | 2 | 3 | 4 |
| 6. 我手脚发抖打颤 | 1 | 2 | 3 | 4 |
| 7. 我因为头痛、头颈痛和背痛而苦恼 | 1 | 2 | 3 | 4 |
| 8. 我感觉容易衰弱和疲乏 | 1 | 2 | 3 | 4 |
| 9. 我觉得心平气和,并且容易安静坐着 | 1 | 2 | 3 | 4 |
| 10. 我觉得心跳得很快 | 1 | 2 | 3 | 4 |
| 11. 我因为一阵阵头晕而苦恼 | 1 | 2 | 3 | 4 |
| 12. 我有晕倒发作,或觉得要晕倒似的 | 1 | 2 | 3 | 4 |
| 13. 我呼气吸气都感到很容易 | 1 | 2 | 3 | 4 |
| 14. 我的手脚麻木和刺痛 | 1 | 2 | 3 | 4 |
| 15. 我因为胃痛和消化不良而苦恼 | 1 | 2 | 3 | 4 |
| 16. 我常常要小便 | 1 | 2 | 3 | 4 |
| 17. 我的手常常是干燥温暖的 | 1 | 2 | 3 | 4 |
| 18. 我脸红发热 | 1 | 2 | 3 | 4 |
| 19. 我容易入睡,并且一夜睡得很好 | 1 | 2 | 3 | 4 |
| 20. 我做噩梦 | 1 | 2 | 3 | 4 |

# 第 2 章  情绪缘何而来

在第 1 章我们从情绪产生过程的角度提出情绪是带有一定愿望和需要的情绪主体在遭遇客观现实时的主观体验、生理唤醒和行为表现。这就是说，只要我们在现实中追寻和满足我们的欲求，情绪体验自然而然就来了，与主观体验相应的生理唤醒和行为表现也随之而来。这个过程包含情绪客体、情绪主体和情绪过程几个要素，这一章我们就从这几个角度探讨情绪缘何而来。

### 情绪客体：当欲求照进现实

从情绪的定义来看，仅是客观现实并不能引起我们的情绪体验，只有这个客观现实通过情绪主体的欲求与情绪主体发生关联时，它才能引起我们的情绪体验。所以，真正诱发情绪的客体不是外在现实本身，而是主体的欲求与客观现实的匹配关系。

比如第 1 章中的例子——X 老师被学生趁其不注意给贴了"我是小狗"的纸条——若我不是那个教师，我顶多站在局外人的角度谴责世风日下，尊师之道不存，或是遥想他日自己或也有此遭遇，有点愤慨，有点担忧，情绪激活的程度不会很强烈；若我就是那位教师，那我的情绪体验就很强烈了，因为学生的这个行为摧毁了我的好多欲求：为人师表的尊严，在学生中的威望，付出即有回报的预设，自己是个好老师的自我认知……我那些美好的欲求冷不丁地跌倒在这张"我是小狗"的纸条之上，让我如何不愤怒？如何不伤悲？如何不沮丧？

所以，我们应该从两个角度来讨论情绪客体，一是我们的欲求，二是客观现实的特点。

讨论我们作为人的欲求，其实就需要讨论"人来到这个世界的目的是什么"这样一个根本问题。我检索了网络上的说法，总结起来大概有如下几种回答：

一是为了享乐。一如香港电影里街坊常说的"人活着，最重要的就是快乐啦"，认为人活着就应当努力追求个人的现实的快乐。这种享乐主义学说可以追溯到古希腊昔勒尼学派的哲学家亚里斯提卜，他声称感官快乐和个人享受是人生所追求的目的，寻求肉体感官快乐是人的本性，也是人的天职。虽说这种学说放在今天的价值体系里衡量显得有些俗气，但是对享乐的追求总也无可回避，你看人们那些无穷无尽的欲求——金钱、地位、名誉、爱情、健康、友情——哪个跟享乐没有关系呢？

二是为了责任。为了繁殖下一代，为了孝敬父母，男人要养家糊口，女人要生儿育女。像理查德·道金斯（2012）在《自私的基因》里所论述的那样，人活着不过是着了基因的道儿，给基因做了一回免费的公共汽车。乔斯坦·贾德（1999）的《苏菲的世界》中也有类似的论述：地球是航行在宇宙中燃烧的太阳四周的大船，而我们每个人则是载满基因航行过生命的一条小船，当我们安全地把船上的货品运到下一个港口时，我们也就此了结了。为着如此冷酷的理由，仿佛我们不该那么卖力。可是，事实是我们一旦上了道，就要负责到底，为了适应和发展，为了生存和繁衍，在各种"责任"的大业上，兢兢业业，死而后已。

三是为了自己的人生目标。毕淑敏在《给人生加个意义》里说人生起初是没有意义的，但是我们每一个人要为自己确立一个意义。这种意义因人而异，可以是解码世界的规律，为人类福祉做贡献，活着就是为了改变世界；也可以是为了发挥自己的潜能，活着就是为了自我实现。总之，我们不能只为了给基因做载体来这世界浮光掠影地走一遭，也不能追随世俗的享乐而蝇营狗苟地虚度光阴，我们需要找到一个比自我更宏大的意义。我们不只是为了自己，而是要超越自己，用某种特殊的使命感和信念赋予自己的生命更有价值的意义。

四是为了一种无法具体化的虚无，是史铁生说的那样：既然死是已成定局的事，那么我们大可不必着急，只好活着。除去为基因做载体的无奈，为世俗享乐而奔波的浅薄，为宏大目标而努力的高尚，我们就是为了活着而活着。我们被抛入这个世界，没有选择，也没有被赋予意义，只是被动地存在，但我们仍需要对抗虚无。可仅仅是这个"只好活着"的欲求，也够我们尽数折腰了。

这四种目的未必是标准答案，其实我们也不需要一个标准答案，但我们比较确定的事实是：不管什么目的，我们总想好好地在这世界走一遭。要完成这样的夙愿，我们就得去面对那些在生存和发展的过程中感受到的生理和心理上的欲求。

心理学不直接讨论欲求，而是用更易操作化的需要来代替欲求。需要往往以内部的缺乏或不平衡状态表现出来，是有机体对内部环境或外部生活条件的稳定要求，总是指向某个客观条件并得以满足。需要是个体生存和发展的重要条件，只有满足了这些需要，个体才可能得以健康成长。如儿童有吃喝拉撒的需要，若是这些生理上的需要得不到满足时，他的身体就会发育不良；儿童还有安全和爱的需要，如果他没有从养育者那里获得足够的爱，他的个性的健康成长就会受到影响，难以形成健康的依恋关系，可能变得孤僻、不善交际等。

需要可以依照不同的标准进行划分。依照需要发展的过程来分，可以分为天生的生物性需要和后天习得的社会性需要。生物性需要包括饮食、运动、休息、睡眠、排泄和繁衍后代等，它主要是由机体内部某些生理不平衡状态引起，对有机体维持生命、延续后代有重要意义。人和动物都有生物性需要，但是具体内容会有所区别，满足需要的对象和手段也不一样，主要是因为人的生物性需要也打上了社会的烙印。比如同样是满足进食需要，狗的做法是只要见着可吃的东西，不管三七二十一吃了再说；而人就不只受机体的饥饿所驱使了，还要受社会风俗、习惯和礼仪的约束，在大庭广众、宾朋满座的情况下，人即使饥肠辘辘，也不会狼吞虎咽地进食。

社会性需要是个体在社会生活中习得的、与人的社会生活相联系的需要，包括劳动的需要、交往的需要、归属的需要、审美的需要和自我实现的需要等等。这种需要是人类特有的需要，受到个体所处的文化背景、社会风俗以及生活经验的影响。这些需要虽不像生物性需要那样得不到满足就会导致机体的死亡，但也会引起个体的痛苦、沮丧和焦虑等情绪体验，甚至会引发生理疾病。在高度社会化的人类生活中，社会性需要在人类的生存和繁衍中的意义更加重要，有时候甚至可以压倒生物性需要而存在，比如传说中的伯夷、叔齐不食周粟饿死首阳山，饥民不吃嗟来之食等故事就是很好的例子。

按照需要满足的对象来分，可以分为物质需要和精神需要。物质需要主要指个体对衣、食、住、行的需要，这种需要指向社会的物质产品，并且以占有这些产品来获得满足。如对工作和劳动条件的需要，对日常生活必需品的需要，对住房和交通条件的需要等。这种需要和生物性需要具有很大程度的重叠，是个体机体得以存续的基础。精神需要主要指个体对文化、艺术、科学知识、道德观念、政治信仰、宗教信仰、社会交往等活动的需求。例如，人们对事业理想的追求、知识的渴求、艺术的欣赏、爱的追求等就是精神需要。这种需要的满足要通过一定的文化、艺术产品或社会文化活动得以实现，目的是达到精神上的享受和满足。

不过，物质需要与精神需要并不一定是互相排斥的，有时候物质需要也蕴含着某种精神需要，比如进食，我们并不只要求填饱肚子或是营养丰富，我们还追求雅致的就餐环境、良好的就餐氛围等等；同时，精神需要的满足也离不开物质产品，比如满足艺术欣赏的需要，不能没有乐器、表演者的服饰及表演场地等。

除了对需要进行简单的归类之外，理解各种需要的特点以及彼此之间的关系对于我们理解情绪来源也颇具启示意义。美国人本主义心理学家马斯洛提出了层次需要论（见图 2-1）。他认为需要由低级到高级，可分为生理需要、安全需要、归属与爱的需要、尊重的需要和自我实现的需要五个层次，这些需要满足是由低层次向高层次逐次发展的，层次越低的需要强度越大。人们优先满足较低层次的需要，再依次满足较高层次的需要。

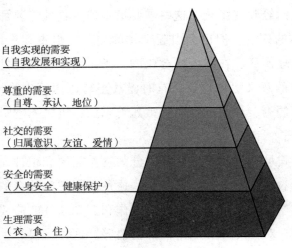

图 2-1 马斯洛层次需要模型

马斯洛的层次需要论也凸显了个体需要的永不匮乏性，也就是说只要活着，总有新的需要等着你去满足。吃饱穿暖了，你就开始渴望爱情和友谊；等你有了归属和爱，你又开始追逐尊重与地位。你想要更多的钱、更大的房子、更好的车子、更高的位子……你是一个"梦想追逐者"。就像清人钱德苍在诗歌《不知足》中戏谑的那样，人们的欲望和需要是无限的：

**不知足**

终日奔波只为饥，方才一饱便思衣。

衣食两般皆具足，又想娇容美貌妻。

娶得美妻生下子，恨无田地少根基。

买到田园多广阔，出入无船少马骑。

槽头扣了骡和马，叹无官职被人欺。

县丞主簿还嫌小，又要朝中挂紫衣。

做了皇帝求仙术，更想登天跨鹤飞。

若要世人心里足，除是南柯一梦西。

即使我们信奉知足常乐的人生哲学，追求"弱水三千，我只取一瓢饮""广厦万间，栖身不过方寸之地"也无济于事。作为一种群居动物，我们注定要在人群里寻求生存，我们的幸福感并不只取决于占有物质资源本身，还取决于他人的态度。弱水三千，人人均仅需一瓢而饮，但你若是霸占了水源，你就可以对别人予取予求，反之，你就很容易成为别人予取予求的对象。在这个"物竞天择，适者生存"的世界上，任何缺乏竞争冲动的物种都难逃灭亡的厄运。所以，我们的需要并不仅仅是物质资源本身，更是我们在社会金字塔中的位置。

马斯洛的需要层次理论系统地探讨了需要的实质、结构以及发生发展的规律，在实践中有着重要影响，比如许多企业家就是依据该理论制定满足职工需要的措施，以调动职工的工作积极性。在教育教学工作中，需要层次理论也大有用武之地，比如充分考虑每个人都有自主性、胜任感和关系感这三种基本心理需要（Deci & Ryan，2000），用合适的手段满足他们的内部需求，促进外部动机的内化，就可促进教育工作的开展。

一言以蔽之，我们总是带着某种欲求或需要来这世界上走一遭的。即使我们对这需要还不自知，它也在那里；或者我们就想无欲无求，而"想无欲无求"本身就是一种需要。面对永续的需要，我们无从逃遁，但也正是需要把我们与客观现实联系起来。客观现实要么满足我们的需要，让我们的人生目标得以实现，要么不满足我们的需要，阻碍我们人生意义的达成，就是这个需要照进现实的过程让我们体验情绪、唤醒生理和表现行为。

欲求总是很丰满，现实却永远都骨感，因为现实的基本特征是"稀缺"。

稀缺不仅指资源不足，更指相对于人们无限多样、不断上升的欲求来说，用以满足这些欲求的有用的资源总是相对不足的。我们所需要的资源不仅仅是有形的，还包括无形的。住房不仅需要坚固和舒适，还要更好的景观和学区，好地段是稀缺的；节日里想跟家人团聚，时间是稀缺的；好吃的东西太多了，肠胃容量是有限的，健康是稀缺的……

如赫拉利（2017）的《未来简史》所写的那样，人类为了满足自身需要，走出非洲，殖民新大陆，灭绝其他物种，现在连一直威胁人类的两大恶魔——战争和瘟疫——也基本战胜了，但欲望之路并没有终结，人们还要在成为"神人"和"长生不老"的征程上搏击。不过，人们依旧得面对稀缺：只有少部分人能够享用生物技术以升级生理和认知，走向"神人"之路。而大多数人，就只能是像郝景芳（2016）在其科幻小说《北京折叠》

所描述的那样，成为无用之人苟活于第三层空间，一天最多清醒六小时，从事那些刻意为他们留下的职业——清道夫。

其实无需历史和未来的宏大视角，现实的每一刻我们都在体验优质资源的稀缺。我想吃香的喝辣的，可收入就那么一点，贫穷是物质的稀缺；我想舒舒服服地带着孩子去享受旖旎春光，但是书稿还没有写完，忙碌是时间的稀缺；我曾想邀三五好友自驾美国西部，可孤身一人在南加州的实验室里，只能辜负加州明媚的阳光，孤独是人际关系的稀缺。现实的稀缺本已经很残酷了，可还有人在人为地制造稀缺——新版的手机会限量发售，你若想体验"人无我有"的优越感就得深夜排队等候；尽管地球的钻石储量丰富，但你若想追随"钻石恒久远，一颗永流传"，弄一颗钻石来宣誓爱情，就得钻进商家限量生产的局。

除了资源不足，人类面临的另一个稀缺现实是时间有限。人的一生短短几十年，即便长命百岁，最终还是要走向死亡这个归宿。当欲望的无限遭遇时间的有限，如果仅是执著于欲望的一端，注定要留有遗憾。更何况在时间的长河里总存在着不确定性，那些看似在情理之中、预期之内的事情，一不小心又游离到了预期之外。

现实的稀缺还表现为关系的稀缺。现代世界一般奉行着自由主义的行为准则：只要不触犯别人，自己基本可以为所欲为。可是我们哪能不触犯别人呢？如果大家都在攀爬社会金字塔的阶梯，争夺相对位置的优越性基本就是零和博弈。但是，博弈并不代表我们可以离开别人，即使竞争，人们也是彼此依赖的，且不说别人能给你带来什么实在的好处，没有了他人住茅屋的窘境，你住别墅的优越感又如何能体现呢？

更何况在现代世界里，我们基本没有任何生活事务是不依赖他人、独自完成的。连一只小小的铅笔，也是成千上万人合作的结果，因为它需要特殊木材做笔杆，用石墨、黏土和石蜡做笔芯，用蓖麻油做油漆，用黄铜和橡胶做橡皮，原料来自世界各地，工艺也非常复杂。而且生产这些原料的工人也需要生活，需要满足他们的物质需要和精神需要。如此延展开去，人类就是一张彼此关联、相互依赖的大网，我们离不开别人，我们必须跟别人结伴，跟别人交易，跟别人合作，甚至跟别人竞争，我们的生活才会好起来。必须合作又会形成一个稀缺的陷阱，因为世界上没有任何一个人是绝对信得过的，即使别人不是要刻意欺骗你，他们掌握的信息不同，总会知道一些你所不知道的事情，难免做出一些你无法控制的行为。所以，只要社会有一个以上的人，人与人之间就存在知情不告、尔虞我诈、过河拆桥和互不信任等现象。

更要命的是，如穆来纳森等人（2014）在《稀缺》一书中所描述的那样，一旦人们专注于自己面临的稀缺，慨叹"唉，我怎么这么穷""啊，我没有时间了，来不及了""我好孤独，大家都不喜欢我，他们又不理我了"的时候，你就陷入稀缺思维了。稀缺会让你思维的"带宽"降低，仿佛被拉入"管子"之中，造成管窥心态，缩小了你的视野，削弱了你的判断力。雪上加霜的是，有研究还发现稀缺心态不光是限制了你的想象力，还可以遗传给下一代，让你的子孙后代继续稀缺（Cooper，2017）。在著名的斯坦福棉花糖实验中，人们津津乐道的是那些能抵抗即时满足、延迟吃糖的孩子在成人后更为成功，却忽略了那些选择即时满足的孩子大概率来自低收入家庭，即时满足对他们来说或是理性选择，因为他们的经验是此刻不吃，等一会儿就没有了。如此循环，稀缺不仅限制了自己的想象力，或许还会局限下一代的想象力。

既然情绪是"欲求"照进"现实"的必然产物，那我们就可以参照著名经济学家萨谬尔森（2008）的幸福公式（幸福 = 效用 / 欲望）[①] 来说明我们情绪的来源：情绪 = 现实 / 欲望。现实与欲望越匹配，体验积极情绪的可能性和强度都越高，若是二者相去甚远，那就更可能体验消极情绪。因为现实的稀缺和欲望的无限，我们体验积极情绪的概率是比较小的，所以说到情绪，我们常常想到的是消极情绪。当然，或许也正是因为如此，那一点积极情绪才弥足珍贵，我们对积极情绪的追寻才使得人类文明不断演化和提升。

此外，这个情绪公式里也蕴含着管理情绪的秘诀：在稀缺的现实中你

---

[①] 效用可近似看作你的个人财富，幸福可近似看作满足感，它是现实生活状态和心里期待的比较，效用和欲望两者落差越大，幸福感越差。

掌握的资源越多，你可能拥有更多积极情绪；在无尽的欲望中你渴求的越少，你遭受消极情绪困扰的可能性就越小。前一种路子是实干家的策略，在欲望不增的情形下就会拥有更多积极情绪。后一种策略是修行者的思路，将自己的欲求放到最低，吟诵着"菩提本无树，明镜亦非台；本来无一物，何处惹尘埃！"以求内心的澄明，就比始终"身是菩提树，心如明镜台，时时勤拂拭，勿使惹尘埃"的用心强多了，在现实状况恒定的情况下，受消极情绪困扰的概率就小多了。

总之，需要无止境，资源总稀缺，情绪永远在。

## 情绪主体：生理与心理的双重约束

如果说心理是人脑对客观现实的主观反应，心理是人脑的机能，人脑是心理的载体，那么作为心理的核心成分，情绪也是人脑对客观现实的主观反应，情绪是人脑的机能，人脑是情绪的载体。不过，这里的"人脑"是一个象征的用法，它指代了中枢神经系统、自主神经系统和内分泌系统几个部分。三个系统中，中枢神经系统特别是脑，是核心，所以人们常用脑来指代情绪的生理基础，意指情绪产生要以一定的生理基础为载体。人的主观反应则说明情绪的产生并不是简单的刺激—反应联结，从刺激到反应的过程中情绪主体有一定的主动性，人的知识和经验为情绪提供了心理层面的约束。

### 情绪的中枢神经机制

神经系统是由神经元和神经胶质细胞构成的复杂机能系统。如果把神经系统比作国家的行政系统，那么由脑和脊髓构成的中枢神经系统就相当于国务院和省级政府，负责大政方针和高级事务的处理；而由12对脑神经和31对脊神经组成的周围神经系统就是上两级政府派出的组织和下设的机构，它们负责完成上级交办的任务和处理一些基本的事务。人脑大约包含860多亿个神经元（Lent, Azevedo, Andrade-Moraes, & Pinto, 2012），根据脑的结构和功能，可以将脑由下至上分为延髓、脑桥、中脑、小脑、间脑、端脑六个部分（如图 2-2 所示）。

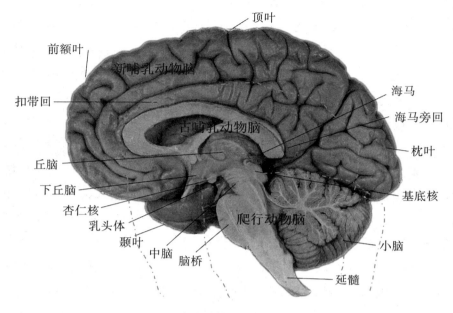

图 2-2　人脑矢状面图及"三脑假说"

动物脑的复杂度与其在种系上的排位有对应关系。麦克莱恩（MacLean，1990）根据动物演化水平和脑结构的匹配性，提出"三脑假说"，把人脑分为爬行动物脑、古哺乳动物脑和新哺乳动物脑三个部分，生动形象的命名突出了人类特定行为与脑结构之间的联系。

低层级的延髓、脑桥、中脑、小脑和基底核是爬行动物就已具备的脑结构。人类的这些脑结构依然执行着爬行动物水平的功能，负责一些反射水平的生理机能，调控着心跳、呼吸、睡眠和觉醒等维持个体生命的重要生理功能。麦克莱恩（1990）把这部分脑结构命名为"爬行动物脑"。在爬行动物脑的控制下，人类在维持生命基本机能的事务上依然跟蛇和蜥蜴一般死板、偏执、冲动和贪婪。爬行动物脑负责的机能简单却和生命有关，基本不受意识控制，若是现实妨碍这些机能的实现，个体的情绪往往也不受意识管控而爆发。

从爬行动物脑往上是由丘脑、下丘脑、海马、海马旁回、扣带回、乳头体以及杏仁核等脑结构构成的间脑，合称为边缘系统。这个水平的脑结构是老鼠等大部分低等哺乳动物拥有的，它们的工作模式也仍然停留在"古哺乳动物"水平，麦克莱恩（1990）称这部分脑结构为"古哺乳动物脑"。这个部分的脑结构上连大脑皮层，下接脑干和小脑，完成各个脑结构之间的信息交换。主要参与调节本能和情感行为，是承载情绪的关键脑区。

再往上就是大脑皮层了，这是高级哺乳动物中才出现的脑结构，又称新皮层。按细胞与纤维排列情况，自皮层表面到髓质大致可分为六层。人类大脑中，新皮层占据了整个脑容量的三分之二，与一般高级哺乳动物相比，人类新皮层中的前额叶皮层尤其发达，这些皮层控制着计划、判断、创造等高级认知功能，还能调节低级中枢（爬行动物脑和古哺乳动物脑）的自发反应。麦克莱恩认为这个部分的脑结构负责执行高级哺乳动物水平的机能，把这部分脑命名为"新哺乳动物脑"。

麦克莱恩（1990）的"三脑模型"虽是一个简单化的模型，但它很好地说明了不同信息在脑中处理的特点："爬行动物脑"处理诸如心跳、呼吸、睡眠这类反射性行为；"古哺乳动物脑"则负责初级情绪、繁衍后代等早期哺乳动物所具备的行为；"新哺乳动物脑"控制语言、推理、计划和道德判断等高级认知功能。

这个模型和情绪的神经环路也基本契合，情绪刺激信息从感官经丘脑皮质首先到达杏仁核，立即触发先天性的粗略情绪反应。比如看到一条像蛇模样的东西，就会自动产生恐惧的生理反应，然后迅速避开危险，这就是情绪低通路。同时，刺激从感官经丘脑皮质传递到前额叶等高级区域进行加工，然后再向下传递到杏仁核，产生精细的情绪以及对刺激事件意义的意识。情绪信息还会从感觉皮质传递到额叶内嗅皮质及海马，在海马启动与当前信息有关的早先储存的信息，根据先前经验对当前情绪信息建构情绪。比如研究一下到底是绳子还是蛇，如果发现是绳子，就会向古动物脑发出信号，要求其停止过激反应，这就是情绪的高通路。所以，当遇到外界刺激时，我们是依靠爬行动物脑和古哺乳动物脑自动地做出情绪反应，然后再依靠大脑新皮层进行分析和判断，做出较为理性的判断，调节皮层下组织的自动情绪反应。

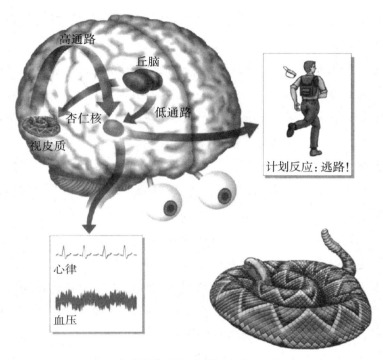

图 2-3 人类情绪高低通路图（LeDoux，1998）

### 情绪的自主神经机制

自主神经系统是情绪中枢神经机制的重要配合者。自主神经系统是周围神经系统的一部分，控制着内脏和血管平滑肌、心肌和腺体等，负责调控葡萄糖、脂肪和电解质的代谢，参与心跳、呼吸、睡眠等生命攸关的活动。其高级中枢在下丘脑，可通过由下丘脑核发出的下行传导束指挥脑干和脊髓的自主性神经中枢，再通过植物性神经调节内脏活动。自主神经系统的外周部分是从延髓和脊髓发出、分布在内脏和其他效应器的神经纤维，它们是自主神经系统调节行为的最后执行者。自主神经系统的构成保证了其活动的自主性，不受中枢神经系统的有意识控制，因而也称作植物性神经系统或不随意神经系统。

由于自主神经系统控制着心跳和呼吸等生命攸关的活动，其自主性保证这些活动在任何情况下都得以持续，不会因为高级神经系统一时的瞎指挥（比如不想活了）就立马关停心跳和呼吸，一命呜呼。同时，自主神经系统的自主性也决定了个体遭遇情绪刺激时反应的必然性——比如高速行驶的你突然遭遇别车，你立马就会心跳加速，呼吸急促，皮肤电升高，瞳孔放大，脏话脱口而出……至于你想做个文明人，默念"世界如此美好，我却如此暴躁，这样不好，不好！"只能是后话。这个情绪诱发事件是生命攸关的事，自主神经系统总是先情绪一把再说。

自主神经系统还分为交感神经系统和副交感神经系统，二者的拮抗机制保证了个体在兴奋与平静间平衡。交感神经系统负责在遭遇情绪刺激后迅速产生情绪反应：瞳孔放大，心跳加快，冠状动脉扩张，血压上升，支气管舒张，胃肠蠕动减弱，膀胱壁肌肉松弛，唾液分泌减少，汗腺分泌汗液，皮肤电升高等。而副交感神经系统则负责在情绪反应之后，让个体逐渐平静下来，增进胃肠的活动和消化腺的分泌，保持身体的能量，缩小瞳孔以减少刺激，促进肝糖原的生成，减慢心跳，降低血压，缩小支气管，以节省不必要的消耗，保证身体的生理平衡。

这种拮抗机制让个体处于动态的平衡中，一旦这种平衡被打破，就会出现自主神经系统功能失调。若交感神经功能异常增强，循环系统的机能就会亢进，便出现了心悸、憋气、血压升高的症状；相反，若交感神经功能减弱，副交感神经持续兴奋，便会引起消化不良、食欲不振、容易疲劳等症状。

总之，由皮层下组织主导的自主神经系统保证了个体遭遇情绪刺激后的自主情绪反应，而交感神经和副交感神经的拮抗机制则保证个体在兴奋与安静间维持动态平衡，很好地支撑了情绪中枢控制的双通路机制。

情绪的生化机制

如果说人不过是一堆由碳酸钙支撑的碳水化合物，那人的心理就不过是一些电化学活动。自然，人的情绪也不过是一些电化学活动而已。神经递质是神经系统电化学活动的关键物质，包括多巴胺、肾上腺素、血清素、去甲肾上腺素、内啡肽、乙酰胆碱和谷氨酸等等。有很多神经递质都与情绪相关。

其一是多巴胺，这是一种与奖赏、兴奋和欣快感关联的神经递质，当大脑预见到某种行为会带来奖赏的时候，它就会分泌多巴胺，让人体充满渴望和期待，并积极地执行这种行动。多巴胺是我们在得到奖赏和满足时产生积极情绪的关键物质，斯金纳的操作性条件反射、即时反馈等心理现象均依赖于多巴胺的作用。

其二是肾上腺素，这是一种与紧张和兴奋感相关的神经递质，它可以增加生理和心理唤醒，提高情绪和警戒水平，并为行动做好准备。我们经历激烈情绪体验的时候往往伴随着肾上腺素分泌增加，前文提到的"吊桥效应"和"肾上腺素实验"，都有肾上腺素在其中起着重要作用。

其三是内啡肽，一种由垂体和下丘脑分泌的氨基化合物，它能与吗啡受体结合，产生跟吗啡一样的镇痛效果和欣快感。它所带来的欣快感没有多巴胺那么强烈，但持续更久，也更稳定，可以让人的身心处于轻松、平和的状态。长跑、攀岩等需要长时付出的行为给人带来的积极体验就可能源于这些活动促使下丘脑和垂体释放了内啡肽。

情绪生化机制的另一个部分是内分泌系统的激素控制。相较于神经系统的精准控制，内分泌系统对情绪的调控是弥散性的。内分泌系统由内分泌腺和分布于其他器官的内分泌细胞组成，这些分泌物直接进入毛细血管，通过血液调节人的心理和行为。它与神经系统相辅相成，共同调节机体的生长发育和各种代谢，维持内环境的稳定，并影响行为和控制生殖等。

内分泌细胞分泌的激素，按其化学性质分为含氮激素（包括氨基酸衍生物、胺类、肽类和蛋白质类激素）和类固醇激素两大类。每种激素作用于一定器官或器官内的某类细胞，称为激素的靶器官或靶细胞。靶细胞具有与相应激素相结合的受体，受体与相应激素结合后产生效应。

内分泌系统的核心是由下丘脑－垂体－靶器官构成的三级系统。下丘脑是高级中枢，负责分泌各种促激素给垂体，调节垂体的工作强度。垂体则分泌促激素作用于甲状腺、甲状旁腺、肾上腺、垂体、松果体、胰岛、胸腺和性腺等靶器官，让靶器官分泌相关激素调节个体的心理和行为。这三级系统组成了团队，共同为人体日常健康生命活动负责。如果其中一个掉链子，或逞个人英雄主义，那么团队工作便会被打乱，人们就会出现各种疾病，同时引起情绪问题。

其中，下丘脑、脑垂体和肾上腺三者构成的系统是神经内分泌系统的关键部分，称作下丘脑－垂体－肾上腺轴（The hypothalamic–pituitary–adrenal axis，HPA 轴）。皮质醇是作用于 HPA 轴的关键激素，主要任务是让个体在遇到危险、挑战时进入应激状态，调动足够的心理能量对抗危险和伤害。所以皮质醇是应激状态的重要指标之一，若是皮质醇缺乏，就会让个体在灾难和危险面前更加脆弱；如果个体的皮质醇分泌持续过多，那就会让个体处于持续应激状态，也不利于个体的身心健康。

除了皮质醇这种激素外，其他激素也影响个体的心理和行为。比如甲状腺激素，分泌过多就是甲亢，会让人处于亢奋状态，甚至暴躁，分泌过少就是甲减，整个人萎靡不振。再比如垂体分泌的催产素，可以让人们更加在意、更加享受与他人相处时的舒适感，增加个体的亲社会行为和幸福感，而且这种幸福感不同于肾上腺素或多巴胺带来的强烈爽快感，而是一种长时间的归宿感和温馨感。

总之，我们的中枢神经系统、自主神经系统和内分泌系统总是整装待发，一旦遭遇情绪刺激，情绪反应就自然启动，它们共同为我们的情绪活动提供了生理基础，同时也形成了生理层面的约束。一方面，这些生理基础保证了我们对情绪刺激有及时、迅速和自动的反应，让我们见到猛兽模样的东西就逃跑，不至于成为捕食者的美食。另一方面，这些生理基础又让我们能够回望整个情绪事件，对情绪事件进行评估，让我们不至于因为虚惊的情绪刺激而终日惶惶，永远做情绪的奴隶。这种生理层面的现实就决定了不管你喜欢还是不喜欢，情绪总在那里，你逃不了，躲不掉，也无法完全"驯化"它；同时也让你拥有一些主动权，事前事后的合理调控也能减少情绪的消极影响，促进情绪的积极功能。

情绪的心理约束

我们人类和低等动物的区别就在于我们能够依靠高级皮层回望情绪，对自主的情绪反应进行调节和控制。但这种控制未必每次都是正确的，比如边缘系统中的扣带回可以锁死注意力，导致对某些细节非理性的恐惧，强迫症可能就是源于扣带回对某些线索极其过敏,而创伤后应激障碍则与边缘系统对某些刺激过于敏感,将正常事件也解读为与强情绪事件相关。同时,由于高级的大脑皮层有了思维和想象的能力,人就很难仅仅关注当下,还会不断回望过去,展望未来,因为过去碌碌无为而悔恨,因为未来的遥不可及而担忧,再难享受低等动物那简单的快乐。

低等动物的情绪世界是简单的,比如对鳄鱼来说,它的中枢系统就是爬行脑,它所能感知的范围就是它的整个世界,不过方圆几十米而已。一旦有入侵者出现,鳄鱼只需简单的五种反应即可:如果入侵者比它体积更为庞大,它就溜掉(Flee);如果入侵者是同性的鳄鱼,那它就与之搏斗(Fight);如果入侵者是异性的鳄鱼,且时机恰当,那它就与之交配(Fuck);如果入侵者体积够小且不是同类,那它就捕而食之(Feed);如果入侵者不属于以上四种情况,那它就原地纹丝不动,毫无反应(Freeze)。鳄鱼的世界很简单,只凭基于直觉的5F就够了,直接而高效,当然也无所谓幸福与快乐。

我们也无法复制非洲大草原上狮子的幸福,它的中枢神经系统已经到了"古哺乳动物脑"的水平了,行为不再仅由直觉反射控制,为了满足进食的需要,它会寻找猎物的资讯,进而以最有效的手段获取猎物。不过,一旦吃饱喝足,它就躺在太阳下,把注意力集中在温暖的阳光上,不会考虑当时不存在的可能性,不会想象其他更好的选择,也不会担心失败。它真正地享受不恋过去,不惧未来,没有一点精神熵①。

我们有了高度发达的前额叶,无法复制鳄鱼和狮子的简单幸福,难免因当下而愤懑,因过去而悔恨,为未来而担忧……不过,也正是依靠这个会"回望过去,展望未来"的高级神经中枢,我们在这个星球上所向披靡,成为了这个地球的主宰。我们偶尔羡慕的鳄鱼和狮子,不过是我们为了照顾生物多样性而刻意保护的对象。

这些高级中枢讲的"故事"其实就是我们的心理建构,它可以在心理层

---

① 精神熵,即人的精神趋于混乱、涣散、无序的状态。由积极心理学家米哈里·契克森米哈赖借鉴热力学中的"熵"提出的,是"心流"的对立面,具体参见第7章。

面为我们的情绪提供心理和社会的约束。如第 1 章所述,情绪并不是简单的与生俱来的刺激—反应联结,作为情绪主体的我们会根据自身知识经验、社会背景和现实需求进行主动建构,最终形成自己的情绪体验。这样看来,个体的心智水平、所拥有的生活经验、所处的文化背景,都会约束个体经历的情绪。而且人们经历的情绪在大概率上是在一定社会背景下由社会刺激引起的,他人的心理与行为也会影响和约束个体经历的情绪(Barrett,2017)。

总之,情绪主体在生理和心理层面筹备了情绪产生的基础,也从生理和心理两个角度为我们经历的情绪提供了双重约束。

### 情绪过程:自动与受控的有机结合

我们生理和心理的筹备已然就绪,一旦我们的欲求照进现实,我们的情绪体验就来了。跟以往情绪定义从结果角度去探讨情绪不同,我们强调情绪是一个过程,因为只有从过程角度把情绪在时间维度上展开,我们才拥有更多审视和调控情绪的机会。这里我们以谢勒等人(Scherer et al., 2019)的情绪过程模型来加以说明。

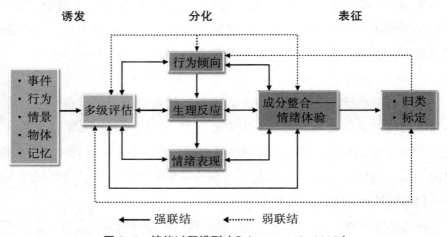

图 2-4　情绪过程模型(Scherer et al., 2019)

如图 2-4 所示,情绪过程分为诱发、分化和表征三个阶段。外在的事件、情景、物体、自己和他人的行为与记忆均可成为情绪的诱发刺激,个体识别这些刺激后就会进行多层面的评估解读，此为诱发阶段。个体进而产生某种行为倾向，诱发生理反应，或是做出情绪表现，此为分化阶段。然后个体会把这些情绪相关物整合起来体验某种情绪，最后还会进行情绪归类和情绪标定，此为表征阶段。在这些过程中，各个阶段还存在单向或是双向的联结，比如从情绪诱发刺激到多层评估是单向联结，但是多层评估到生理反应、行为倾向和情绪表现就是双向强联结，而情绪归类和标定与多层评估之间存在双向的弱联结。

从过程的角度理解情绪可给情绪主体管控情绪留下很大的空间。著名的情绪调节模型就是建立在情绪是个过程的基础上：个体可对自己将要遭遇的人和事做出回避的或接近的选择，就是情境选择；也可以改变和修正诱发情绪的情境的某一个方面和特点，从而使情绪发生改变，就是情境修正；也可以有选择地注意情境中的多方面，就是注意的分配；或者对情绪情景的意义进行不同解读，就是认知重评；最后是对已经激发的情绪进行调整或抑制，就是反应调整。

情绪是一个动态发展的过程。欲求与现实之间的关系，加之情绪的神经控制和激素控制，让情绪发展过程在很大程度上是自动的。前文介绍的生理取向情绪理论就强调了这一点。再加上情绪是物种演化、适应环境的结果，对于人类的生存和繁衍具有积极的意义，所以，接纳情绪产生的必然性和自动性是我们调控和管理情绪的先决条件，这让我们只能放下身段去和情绪做朋友。

但人类的情绪并不像低等动物那样只停留在自动化发展的水平，还有受控加工和主动建构的一面。建构取向的情绪理论就强调了这一点。在人类情绪的神经控制中，高度发达的大脑皮层让人类可以在情绪诱发之后回望情绪诱发过程，进而重构情绪过程。由于经验和社会情境对情绪过程的影响，人们可能在情绪诱发之前就能够有意识地对情绪进行建构。所以，高度发展的大脑皮层好比给自动化的情绪过程安装了制动系统，让情绪可以在我们的主动调控下发展，这让我们有能力不完全受情绪所驱使，可以以积极的姿态去和情绪做朋友。

# 第 3 章　情绪有什么用

情绪是人类演化的产物，达尔文在《人类和动物的表情》里如是说。不管是积极情绪还是消极情绪，都有其独特的价值。生活中我们往往喜好积极情绪，就像动画片《头脑特工队》描述的那样：积极情绪"乐乐"总想独占主人的记忆，尽力不让消极情绪"怒怒"、"忧忧"、"怕怕"和"厌厌"染指。但到了故事最后，"乐乐"才意识到，每一种情绪都是有用的，只有他们齐心协力，每一种情绪都发挥作用，才能让主人幸福生活，形成缤纷的记忆。

## 四大功能学说

一般认为，情绪有信号功能、适应功能、动机功能和组织功能。

### 1. 信号功能

在演化的洪流中，情绪是一种重要的信号，它既可以调控个体的认知，也可以指引个体的行为，还可以引导个体做出适应性的改变。作为一种强有力的信号，情绪可以在个体内或人际间发挥信号功能。

情绪是人际间传递信息的关键手段。婴儿在不具备言语交流能力的时候，渴了饿了，哭；尿了拉了，哭；冷了热了，还是哭！但是养育者可以根据哭声提供相应抚育，就是因为哭声传递的情绪给养育者提供了信息。反过来，婴儿也会根据养育者的情绪表现来决定自己的行为。

索斯等人（Sorce et al., 1985）把 1 岁的婴儿放在大约 76 厘米宽的视崖①上。他们的母亲则在视崖的另一端等待，有时母亲做出害怕的表情，有时则看起来兴高采烈。结果发现，当婴儿看到母亲害怕的表情时，他们会拒绝再向前爬；而当看到母亲高兴的表情时，大部分婴儿会再次检查悬崖并爬过去。

这说明1岁的婴儿能够根据母亲的面部表情来校准自己的行为。在成人世界里，情绪仍然是传递信息的关键信号。微笑意味着大家干得不错，正朝着共同的目标前进；愤怒代表着目标受阻，而且这种困境是对方的原因造成的；同样是目标受阻，若自己是失败的原因，那就会表现出愧疚。所以，只要识别个体传达出来的情绪信息，就可以推知他人行为的状况和原因，进而指导自己做出正确的反应。

范克莱夫等人（Van Kleef et al., 2010）提出"情绪即社会信息"（Emotion as Social Information）模型，认为他人情绪可以通过个体的情感反应和推断加工两种方式影响个体行为。他人的情绪表现会通过渲染和启动等方式引起个体的情感反应，然后基于这种情感反应进行启发式决策。如有研究让两人完成仿真气球②冒险任务，其中一人为气球充气，另一人则表现出焦虑或中性情绪。结果发现，当同伴表现出焦虑情绪时，个体会更早放弃为气球充气，规避风险（Parkinson et al., 2012）。其次，对方的情绪表现会被当作一种社会信息引起个体的推断加工。比如，囚徒困境博弈有合作和欺骗两种行为选择，若对方在合作的同时表现高兴，或在欺骗的同时表现内疚，可推知对方合作意向强，我们就更多选择合作；相反，若是对方合作了却表现内疚，或欺骗了还表现高兴，那意味着对方可信度低，我们就更多选择欺骗（de Melo, Carnevale, Read, & Gratch, 2014）。

---

① 视崖是一种用来评估婴儿深度知觉的平台式装置：一张1.2米高的桌子，桌面是一块透明的厚玻璃。桌子的一半是用红白图案组成的结实桌面，另一半有同样的图案，但图案设在桌面下的地板上。在二者交界处，红白图案垂直降到地面，看起来像是深渊，但实际上玻璃是贯穿整个桌面的。

② 仿真气球任务是一种风险决策任务，要求受试者按键逐渐吹大计算机屏幕上呈现的仿真气球，每吹一次气球都有一定的收益，同时增加气球爆破的风险。气球越大，收益越大，被吹爆的风险也越高，吹爆后该气球的收益为零。

所以，正确识别和合理表现情绪是一种能力，其实这就是情绪智力[①]的关键组成部分。不过一些重要的、真正能够代表个体真实动机的情绪表现并非长时间地呈现在那里等待着你去解读，而是转瞬即逝的，即所谓的微表情。情绪研究专家埃克曼认为，微表情才真正编码了个体的行为动机，准确解码微表情可以帮助人们提升"读心术"。微表情识别在安保、司法和侦探等领域都有应用，也可以应用于教育教学活动中。一个有良好情绪识别能力的教师可以根据学生的面部表情判断他的情绪状况，推断自己上课的效果，进而采取相应的教学措施。

情绪在人际间的信号功能备受重视，相较之下，情绪在个体内的信号作用则不那么受关注。这可能源于情绪在个体内的信号功能在潜意识层面发挥作用，并不引起人们的注意。其实，实现目标后的满足、收到礼物后的欣喜、前程迷茫的忧虑以及计划遇阻后的沮丧都是一种信号，它们指引我们或继续原来的行为，或寻求改变。遭遇过创伤的个体可能会害怕某个特定的事物或场景，因而自然而然地回避这些场景，甚至表现出强迫症或恐怖症等情感障碍，这也是一个情绪信号。在心理治疗中，循着这个信号去找到那个特定的事件或场景，然后与之和解，往往成了解决问题的关键，这是基于精神分析的心理治疗的常见策略。在生活中，比如因工作压力而导致工作倦怠，甚至躯体性的症状，将这些情绪信号识别出来，容忍它们存在并让它们在意识层面流动，也可促进解决问题。比如，有研究在考试前让个体写出自己的焦虑，就可以缓解负性情绪，从而提高考试成绩（Ramirez & Beilock，2011）。

2. 适应功能

因挑战或困境而来的消极情绪让个体警醒，诱发"战或逃"的反应，让机体存活下去；因机遇或奖赏而引起的积极情绪让个体幸福，驱使个体沿着情绪的指引继续前行。所以，情绪是演化的产物，是人类适应这个世

---

[①] 情绪智力是觉知和表达情绪、利用情绪促进思维、理解情绪和情绪知识，以及有效调控情绪并促进情绪认知成长的能力（Mayer, Salovey & Caruso, 2004）。

界的重要工具。

许多具有适应意义的表情得以保存下来,并且表现出跨物种的一致性。婴儿的许多表情与生俱来,就是为了通过哭或笑的表情以便养育者提供相应的养育行为,满足他们的需要。达尔文早就发现了这个现象,他指出随着人类社会的发展,许多表情动作被赋予了新的社会意义,正确运用这些表情就能让个体更好地适应社会。

除了基于传递信息层面的适应功能,情绪体验本身也能够帮助有机体做出与环境相适宜的行为反应,从而促进个体的生存和发展。小目标的达成会让个体由衷的高兴,体验无与伦比的快感,这种快乐会指引个体向下一个小目标前进;当目标受到阻碍,我们就难免忧虑或沮丧,甚至愤怒也来了,这种糟糕的体验是我们需要调整的信号,它会指引我们停下来想一想,做一些改变,朝新的目标努力。不管怎样,情绪会为个体提供与目标导向相关的评估,告知个体根据评估结果采取适应性的行为。

3. 动机功能

情绪是个体动机系统的一个基本组成部分,能够激发和维持个体的行为,起着动机功能。它能激励人的活动,提高人的活动效率。适度的情绪兴奋,可以使身心处于活动最佳状态,推动人们有效地完成任务。情绪唤醒水平和绩效之间存在着倒 U 型曲线的关系:适度的紧张和焦虑能促使人积极地思考和解决问题,太低或太高的唤醒水平都会损害工作效率。

同时,情绪对于生理内驱力也具有放大信号的作用,成为驱使人的行为的强大动力。《红楼梦》中的贾瑞忍不住看"风月宝鉴"的正面,结果在快乐中殁了。奥尔兹等人(Olds et al., 1958)用老鼠重演了贾瑞的故事,老鼠一按杠杆就刺激老鼠的伏隔核,使老鼠产生强烈的欣快感。这些老鼠就会疯狂地、持续地按压杠杆,直到衰竭为止。这些行为成瘾者往往就为飘飘欲仙的那一刻,一切在所不惜,其实就是因为被强烈情绪驱使了。

除了欣快感对人类行为的驱使,生活中其他情绪也是驱使个体行为的动机。比如自豪、移情和感激能够激发个体的亲社会行为;而内疚和羞耻与青少年犯罪、吸毒和酗酒等不良行为存在显著负相关。我们还常说"知之者不如好之者，好之者不如乐之者"，也是说兴趣这种情绪可以驱动个体的学习行为，成为学习探索的动机。

4. 组织功能

情绪可以通过不同的方式对注意、记忆和决策等心理过程起组织作用。一般来说，当个体处在积极、乐观的情绪状态时，容易注意事物的美好方面，行为比较开放，愿意接纳外界的事物；而当个体处于消极情绪状态时，容易失望、悲观，放弃自己的愿望，甚至产生攻击性行为。但并不是说只有积极情绪会促进认知，消极情绪也可能起到积极的组织作用，比如，负性情绪可以提高人们记忆的准确性，减少错误记忆的可能性（Storbeck & Clore，2005）。

情绪还会调节决策行为，费尔普斯等人（Phelps et al.，2014）指出决策过程本身产生的情绪和伴随决策过程但并非决策过程本身诱发的情绪都会调控决策行为，前者本身就包含在决策的效用计算之中，后者则会蔓延到主观效用的评估中，由一个多重调节的神经网络支撑情绪对决策的调控。

## 情绪影响认知过程

在传统哲学思想中，代表感性的情绪与代表理性的认知是对立的。柏拉图认为理性存在于人的头脑中，是永恒的灵魂，而情感存在于躯体内，不是不朽的灵魂。理性与情感是主人与仆人的关系，情感应当作为仆人从属于理性这个主人。而英国哲学家大卫·休谟则认为理性只能是激情的奴隶，除了侍奉和服从激情，不能假装自己还有别的差事。中国先哲荀子在《荀子·正名》提出"性者，天之就也。情者，性之质也。欲者，情之应也。以所欲为可得而求之，情之所必不免也。……欲虽不可去，求可节也"，认为性、情、欲是天生而不可避免的，但又不能顺其发展，因此只能用礼乐来节制它，既要满足情欲，又要节制情欲。

认知与情绪对立的格局一度把情绪作为洪水猛兽来防范，一如中世纪欧洲的禁欲主义和我国明代朱熹的"存天理，灭人欲"。但近年来的研究发现，情绪和认知发展并非彼此独立，而是彼此联系、相互作用的（Pessoa，2008）。所谓情绪的动机功能和组织功能就是情绪作用于认知过程的不同阶段。

首先，情绪影响注意。人的注意资源是有限的，因而只能选择与当前任务相关的信息进行加工，同时抑制无关信息的干扰。在这个前提下，个体注意资源的多寡、注意选择和指向的灵活性就是其目标达成的关键环节。研究表明，情绪性刺激更容易捕获个体的注意资源（Yiend，Barnicot，& Koster，2013），特别是对一些负性情绪刺激形成注意偏向（Huang & Luo，2006）。个体的情绪状态也会影响个体的注意加工特点，比如卡尔沃等人（Calvo et al.，2005）发现高焦虑个体有更强的注意偏向。反过来，注意训练则可以调节情绪，比如使用分心策略就可以有效地减轻被试的抑郁情绪（Kross & Ayduk，2011）。

其次，情绪影响学习和记忆。布兰德等人（Brand et al.，2007）的实验可证明这一点。

> 布兰德等人先让受试者回忆高兴或者悲伤的生活事件，诱发他们的积极和消极情绪，再学习解决三个或者四个盘子的河内塔问题[①]并达到精通，然后要求他们解决需要近距离迁移的五个盘子的河内塔问题和需要远距离迁移的问题。结果发现，消极情绪组的受试者的迁移效应低于积极情绪组。随后他们用其他类型的学习也重复了这一结果，消极情绪组相较于积极情绪组受试者需要更多练习才能达到精通水平，而且迁移任务中的成绩也较差。

除了外显的学习外，情绪还会影响个体的内隐学习效果。奈史密斯等人（Naismith et al.，2006）发现抑郁症患者的内隐序列学习成绩明显低于正常被试的学习成绩，并且这一成绩与自我报告的情绪障碍和焦虑特质的得分显著相关。情绪的唤醒度也影响学习记忆，比如高情绪唤醒词比中性词语在再认时成绩更好（Sharot，Delgado，& Phelps，2004），而且这种记忆增

---

① 河内塔，源于印度的古老益智游戏，有三根柱子，其中一根柱子上从下往上按照大小顺序摞着数个圆盘，要求玩家将圆盘从下面开始按大小顺序重新摆放在另一根柱子上，并规定任何时候在小圆盘上都不能放大圆盘，且在三根柱子之间一次只能移动一个圆盘。

强效应在一年后依然显著（Dolcos, LaBar, & Cabeza, 2005）。

情绪对学习记忆的影响还表现在情绪一致性效应上，即人们倾向于回忆更多与情绪相一致的内容，即心情沮丧时更多回忆生活中痛苦的经历，而开心时则更多回忆幸福的时刻。积极情绪可以促进积极信息的加工和回忆，消极情绪则让消极信息的加工和回忆更为容易（Matt, Vázquez, & Campbell, 1992）。

事实上，情绪与动机相似，对学习的影响符合耶克斯—多德森定律：动机的最佳水平会随着学习任务难度的不同而变化。在学习比较简单的任务时，动机水平较高（情绪激活高）时成绩最佳；在学习难度中等的任务时，动机水平适中（情绪激活中等）时成绩最佳；而在学习比较复杂的任务时，动机水平较低（情绪激活低）时成绩最佳。

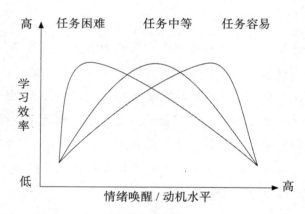

图3-1 情绪激活度与学习效率的关系（Yerkes & Dodson, 1908）

情绪常常被排除在决策这一高级认知过程之外，因为人们一直在"理性人"假说下研究决策。在经历了预期效用理论（Neuman & Morgenstern, 1953）、有限理性理论（Simon, 1956）和前景理论（Kahneman & Tversky, 1979）的衍变之后，决策研究才冲破绝对理性模型视情绪为洪水猛兽的藩篱，强调情绪是影响决策的关键因素（Lerner, Li, Valdesolo, & Kassam, 2015）。达马斯西沃等人（Damasio et al., 1996）发现内侧前额叶受损的个体不能体验正常人所体验的情感，成了纯粹的"理性人"。按照理性人假说，这些病人的决策效率应该是最高的，可是事实却相反，这些人陷入思考的怪圈，没有了决策的动因，也没法做出最优决策。达马斯西沃等人认为情绪会形成一个躯体标志，进而影响决策：消极的躯体标志与个体想象中未来的决策结果相联系时，产生预警；积极的躯体标志与个体对决策未来结果的想象相联系时，产生激励。躯体标志可以提高决策过程的准确性和效率，这种标志的缺乏或阻断会对决策结果产生消极的影响，降低决策的效能。随后，有很多研究探索情绪影响决策的方式，卢姆斯等人（Loomes et al.，1982）提出预期决策结果产生的后悔和失望可能影响个体的决策，个体的这些预期情绪会改变效用函数。梅勒斯等人（Mellers et al.，1999）则将情绪作为一个效用因子纳入效用计算。洛温斯特恩等人（Loewenstein et al.，2001）则认为决策过程不仅存在受认知评估影响的预期情绪，还存在不受认知评估影响的即时情绪，两种情绪通过不同的方式对决策过程产生影响。

决策不仅受到个体自身情绪的影响，还受到他人情绪的影响。范克莱夫等人（2004）发现谈判对手表现愤怒比表现高兴会让个体做出更多让步，而且再次与曾经表现愤怒的对手谈判时仍会让步（Van Kleef & De Dreu，2010）。情绪表现还影响其他议价行为，范迪克等人（Van Dijk et al.，2008）让两名受试者玩分钱游戏，其中一人为提议者，负责以自己的分配方案将10元钱分给自己和另一位受试者，另一人为接受者，可以接受提议者给出的分配方案分掉10元钱，或是拒绝提议者给出的分配方案，则两人均拿不到钱（即最后通牒博弈）。研究人员发现接受者对提议者给出的分配方案表现出愤怒后，下次分配时提议者会给出更公平的分配方案。但若提议者知道接受者并不清楚可用于分配的钱的额度，就会给表现愤怒的接受者更多不公平分配。在囚徒困境博弈中合作且表现高兴，相较欺骗却表现高兴，被试会做出更多合作的决策，说明个体会将对方情绪表现纳入推断并做相应决策（de Melo et al.，2014）。

总之，我们生活的主业是征服现实以实现我们的欲求，这个过程包含了注意、记忆、思维和决策等活动，而情绪正是这个过程的副产品。可是情绪不管是作为一种动机，一种信号，还是行动的组织者，它时刻都在影响我们在这个过程中的表现。

## 情绪调节身心健康

人们很早就发现了情绪与身心健康的紧密关系。《黄帝内经·素问》中的七情（即喜、怒、忧、思、悲、恐、惊）均与身心健康相关——怒则气上，伤肝；喜则气缓，伤心；悲则气消，伤肺；恐则气下，伤肾；思则气结，伤脾。

现代医学也有充分的临床资料和实验证据证明情绪活动可以通过影响神经系统、内分泌系统和免疫系统的生理功能而导致疾病。比如，罗森曼等人（Rosenman et al., 1974）发现A型性格者冠心病的发病率是B型者的2倍以上。这很可能就跟他们的情绪特征相关，A型性格者富有竞争性、很易不耐烦、有时间紧迫感、言语和举止粗鲁、有旺盛的精力和过度的敌意；而B型性格者则心境平静、随遇而安、不争强好胜、做事不慌不忙。A型性格者的下丘脑兴奋性较高，易导致交感神经系统亢进，诱发冠脉痉挛、血液黏度升高、血脂代谢紊乱，加速胆固醇类物质的沉积，进而引发冠心病。

另有研究发现，经常处于压抑或敌意的人的血液中去甲肾上腺素含量比正常人高出30%以上，这种交感神经系统激活的反应会增加血管内壁损伤和连续的动脉粥样硬化物质的累积，进而引起心血管疾病（McClure et al., 2001）。此外，不良情绪还是癌症的致病因子，有研究表明具有紧张、易怒、焦虑情绪的人群的癌症发生率比常人高2.3倍（尚鹤睿等人，2008），拥有心胸开阔、坦荡豁达、乐观幽默、感情外露等积极情绪特质，可以增强自身神经系统、内分泌系统和免疫系统的自我保护机制，而沉闷忧郁、心胸狭窄、厌世悲观和暴躁易怒等消极情绪特征则会摧毁人体的自我保护机制。

除了跟躯体疾病相关，情绪还和焦虑症和抑郁症等心理障碍有密切联系。事实上，这两种障碍也称作情感障碍，情绪异常是其主因。根据《精神疾病的诊断与统计手册》，焦虑症是指"对未来预期的危险或不幸事件的担心，并伴随着一种烦躁不安的情绪及紧张的躯体症状"。焦虑作为一种情绪状态，主要表现为对某件事情的担心和紧张。比如某老师要参加公开课比赛，但自己还没有准备好，就会紧张焦虑。但若是抓紧时间准备，把公开课这事应付过去了，焦虑感就减轻或消除了。这样的焦虑情绪不算焦虑症，称为生理性焦虑，是一种保护性反应，有利于个体的成长和发展。但当焦虑的严重程度和客观事件或处境明显不符，且持续时间过长时，就变成了病理性焦虑，就成焦虑症了。如果个体长期经历高度应激，人们迫于现实要求，需要做出调整，而这种调整又超出他的适应能力，或是应激强度超出他的可承受限度，就会引起焦虑症状。

抑郁症是另一种常见的情感障碍，是一种以显著而持久的心境低落为主要临床特征的心理障碍。其心境低落的状况与其处境不相称，情绪可从闷闷不乐到悲痛欲绝，自卑抑郁，甚至悲观厌世，还常见自杀企图或行为。迄今，抑郁症的病因还不是非常清楚，但一般认为是环境应激事件、生物因素及认知因素这三者共同作用的结果。抑郁症不同于抑郁情绪，后者是一种与挫折和伤害相伴的正常情绪表现，往往只是一时的情绪低落。不过，持续的情绪低落既是抑郁症的临床表现，也是抑郁症的直接诱发因素，如果抑郁情绪持续时间超过2周以上，那就可能是抑郁症了。

总之，情绪和多种心身疾病有关联，所以人们提出了"生物—心理—社会"的医学模式，关注生理、心理和社会因素对人类健康的影响。在这个系统中，情绪是最重要的中介因素。如前所述，我们更多关注的是负性情绪不利于健康的一面，但情绪在大多数时候都是自适应的，是为个体身心发展服务的。事实上，像愤怒、恐惧和绝望这些情绪在有些时候也能促进个体健康。遭遇刺激后的短暂情绪反应并不会对身体健康造成多大负面影响，只是情绪反应过度才会启动神经系统、内分泌系统以及免疫系统的反应，长期的心身反应才会引发机能性疾病。事实上，适度的消极情绪让我们在"物竞天择"的世界里活下来，而适度的积极情绪会让我们活得更好。

情绪在身心系统的调节作用主要是通过应激反应完成的。人活着就要征服现实以满足自身的欲求，而现实的稀缺往往打破身心的稳态平衡，给个体带来了压力。这个打破稳态平衡的刺激就是应激源，它既可以源于外在现实而变得更糟糕，也可以源于内在欲望而变得更强烈。现实与欲望的失衡就会引起个体的压力感，压力一旦过度，就会导致身心系统的一系列连锁反应，先是强烈的情绪反应，再就是躯体性病变，甚至引起端粒[①]变短，缩短寿命（Blackburn & Epel，2017）。

坎农最早关注应激与情绪的关系，他认为所有的生理指标都有其理想的水平（正常的体温、血糖浓度、心率等），而生理调节的目的就是要达到一个稳态平衡。任何打破稳态平衡的事物即是"应激"，而应激反应就是神经和内分泌适应、重新建立起稳态平衡的过程。赛利亚（Selye，1946）发现应激让皮质醇、内啡肽、催产素和加压素等激素分泌增多，而雌激素、生长激素和胰岛素等能量储存激素分泌减少，长期应激与消化系统溃疡、肾上腺扩大和免疫器官萎缩等疾病相关，说明应激与疾病存在关联。

积极心理学的创始人之一塞利格曼，进一步揭示了与疾病关联的应激的特性，即这些应激往往引起不可预知性、不可控性以及糟糕至极等认知，而这些认知会引起疾病（Seligman & Meyer，1970）。他们的研究将狗置于不可预期、不可控制的应激环境下，狗就形成了习得性无助，即使可以逃脱应激环境时也会放弃，进一步加重应激反应，会导致消化系统溃疡等疾病。

但是，应激并不一定总是导致疾病，其间还有重要的调节因素。拉扎勒斯等人（Lazarus et al.，1966）发现应激致病并非与应激事件直接对应，是否会启动应激的病理过程受个体的认知因素调节。在布莱克本的新书《端粒效应》中也有类似的提法。应激与疾病的关联，关键不在于压力本身，而在于对压力的感受，或者说并不是对压力的反应导致了端粒变短，而是对"压力的反应"的反应导致了端粒缩短（Blackburn & Epel，2017）。

总之，应激与身心疾病之间存在关联，而情绪是调控二者关系的关键因素。有哪些情绪会强化二者之间的关系呢？布莱克本等人在《端粒效应》一书中总结了几种会强化应激与疾病之间关系、缩短端粒的情绪。

第一个是恐惧。面对急性应激，比如你独自走在丛林中，手无寸铁，突然跳出一只猛虎要吃掉你。此时你受到了威胁，感到非常恐惧，血管收缩，血流量减少，心率加快，血压升高，迷走神经活动下降，表情僵硬，甚至无

---

[①] 端粒，存在于真核细胞线状染色体末端的一小段DNA-蛋白质复合体，在决定动植物细胞的寿命中起着重要作用，随着细胞分裂次数越多，其端粒磨损越多，细胞寿命越短。

法移动。这种恐惧的体验会强化应激与疾病之间的连接，缩短端粒。然而，若是面对猛虎你不但不害怕，反而觉得得到了扬名立万的机会，那你的心率仍会增高，可是血管不会收缩，而且血液中含氧量会提高，更多的血液流向大脑和四肢，全身的资源都被你调动起来，准备战斗。你感到兴奋，却没有恐惧，这样，应激与疾病之间的连接就被消解了。当然，这样可能也增加了你被吃掉的风险，因为并非每个人都是武松。不恐惧，做勇敢的挑战者，那是要本钱的。那怎样成为"武松"呢？这是本书后两部分要介绍的内容。

第二个是悲观。悲观就是因自我感觉失调而产生的不安情绪，表现为心理上的自我指责、安全感缺失和对预期的负性思维方式（对未来总是往坏处想），常表现为躁狂、抑郁、心跳加速、气喘不接，或神经衰弱、神情恍惚等。比如同是走一条没有走过的小路，正常人可能意在探索，预期某种未知的惊喜；而悲观的人就会认为这条路可能危机四伏，或有野兽，或有坏人，他总能敏锐地把一切从坏的角度来解释。当然，只有乐观者面对突然蹦出的猛虎才有干掉老虎、扬名立万的想法，悲观者只会在心里默念：完了，完了，这下死定了，任由恐惧来袭。塞利格曼在《培养乐观的孩子》里详述了悲观的负面影响，认为悲观是强化应激与疾病关系的关键情绪，呼吁要培养乐观的孩子（2010a）。

第三个是敌意。敌意是指较长时间对周围的人和事物持有敌对心理，自我中心思维表现更明显，易于将与自己预期不同的行为都解释为跟自己作对，从而产生紧张、冲突的心理状态。布莱克本举了个生活中常见的例子：

> 一个中年男子，性格比较强势。最近工作有点不顺利，身边的人跟他配合得也不是很好，他看哪儿都觉得不对。工作了一天，他带着不满回到家里。妻子正在做饭，而他注意到厨房的桌子上摆着很多没有用的广告。他想，早上走的时候妻子答应要把这些没用的广告扔掉的，她怎么没扔呢？"妻子太懒了"，他就去指责她。

这就是敌意的明显表现。他忽略了妻子正在为他做饭的事实，用敌意去解释妻子未丢垃圾的行为，认为她懒，是在跟自己作对。如果用敌意来面对这个世界，把任何一个同自己预期不相符的事件都解读为与自己作对，那只能感到这个世界越来越不美好。放纵自己的"自我中心思维",只能让自己跟周围人的关系变差,陷入更放纵的生活方式,比如贪吃、抽烟、喝酒,这就越发强化了应激与疾病之间的连接,也会缩短端粒,缩短寿命。

第四个是"冗思",英文叫"rumination",也翻译为"沉思",指的是对一件负面的事情耿耿于怀,明知这件事想也没用、不值得再想,可还是无法停止想它。人是最擅长胡思乱想的,有人做过严肃的大规模研究,人们在一天中 50% 的时间内,想的事都不是正在经历的事。这就是不能活在当下,为过去悔恨,为未来担忧。在这种糟糕的情绪体验里回旋思考,永远找不到出口,长此下去就可能离抑郁症不远了。这种情绪也会强化应激与身心疾病的连接。

如上一些情绪特征会增加应激与身心疾病的连接。那有没有某些情绪特征可以减少应激与身心疾病之间的连接呢?答案是:有。

第一个是乐观。乐观是悲观的反面,指无论在什么情况下,即使情况再糟,内心都坚信坏的总会过去,好的一定会到来,是一种积极的生活态度和性格特征。有人认为乐观是气质性的,是一种人格特质,与遗传基因有关,不大会因为环境而改变。而积极心理学的创始人马丁·塞利格曼认为乐观并非一种普遍的人格特质,而是一种解释风格。蟑螂哥哥哭着对爸爸说:"生活还有什么意思,别人都说我是害虫。"而蟑螂弟弟则高兴地对父母亲说:"别人对我真好,见到我都和我打招呼——Hi,虫!"同样的遭遇,看问题的角度不一样,解释问题的方法也不同,哥哥看到了否定与威胁,弟弟却能看到乐观与友好。

这种乐观更多是后天养成的,可以通过专门的训练养成,特别是对解释风格的训练。解释风格就像大脑里有个喋喋不休的说话者,遇到坏事、好事总会喋喋不休解释一番,而这种解释有三个重要的方面:永久性、普遍性和人格化。如果你遇到坏事就解释为永久性的,普遍存在的,而且是你的固有特征,那你就是悲观的人,如果你解释为暂时的,仅局限于当前这件事,而并非你的固有特点,你努力一下就有改观,那么恭喜你,你就是乐观主义者。

第二个是开放。开放是个体遭遇应激后的一种认知风格,这种风格可以理解和容忍所遭遇的情景，并且持有探索的好奇心。开放的个体偏爱抽象思维，兴趣广泛，而封闭的个体就讲求实际，偏爱常规，比较传统和保守。显然，开放的个体可能把压力解读为挑战，而封闭的个体就更多解读为威胁了，甚至抱有敌意。有研究报告，高开放性、高宜人性的个体在完成心理应激任务（比如临时演讲任务等）时有较少的应激情绪体验（Bibbey，Carroll，Roseboom，Phillips，& de Rooij，2013）。

第三个是"玩"性。如果把人生当作一场游戏，我们遭遇的每一个压力都不过是整个游戏中的一个任务而已。我们知道，压力和绩效是一个倒 U 型的关系：压力过高或过低，绩效都不会好，最关键的是找到压力 – 挑战的平衡点。这时候就需要有玩家的"玩"性。怎样才是好的玩性呢，就是不把遭遇压力看作"有限游戏"，而是放在更长更大的时空里审视，把"有限游戏"变成"无限游戏"。纽约大学教授詹姆斯·卡斯写过一本书叫《有限和无限游戏》，认为世界上的游戏无外乎两种：一种是有限游戏，另一种是无限游戏。有限游戏以取胜为目的，无限游戏以延续游戏为目的。有限游戏包括在无限游戏中。人如果只是在有限游戏里徘徊，难免会因过去的失败而悔恨，为未来游戏的成败而担忧。在有限游戏的世界里，我们的玩兴易被成败裹挟。比如一个在办公室被领导臭骂的员工，肯定容易因为这件事的消极反馈而沮丧，但当他意识到这只是他职业发展这个无限游戏里的一个有限游戏，心情就不会沮丧太久。一个人如果能意识到工作是有限游戏，而事业和家庭是无限游戏，那他对于当前的困境，也就能够站得更高，拥有一份淡定与从容。

所以，以玩的心态去面对压力，一边投入，一边放松，在每一个"有限游戏"里深深入戏，全力玩好当下这一局，但始终知道当下只是"无限游戏"的一环，就会增加自己的心理弹性，让自己快速从应激事件引起的心血管唤醒反应中恢复，这样压力对身心健康的威胁就小多了。

读到这里，或许你最想知道的就是如何管控消极情绪，提升积极情绪。其实这也是本书的目的所在。下一章我们还要说一说教师情绪的独特性，第二部分和第三部分我们就讲具体方法了，如果你想直接看点实战的东西，那就跳过下一章，直接去读第二、三部分吧。

# 第 4 章  教师情绪迷思

教育就好比坐过山车，刚享受过阳光灿烂和成功的温暖，随之而来的往往是抑郁和沮丧的深谷。

——斯科特，萨顿（Scott & Sutton，2009）

## 教师的职业特点和情绪

所谓教师情绪，就是教师所体验的情绪，也就是教师的欲求照进现实时，需要与现实的匹配关系引起的主观体验、生理唤醒和行为表现。这在教师情绪研究中也基本是共识（Fried, Mansfield, & Dobozy, 2015）。不过，教师是个特殊群体，他们的劳动对象是活生生的人——学生，他们个人的成就与发展往往需要借助学生来体现，他们的劳动则对学生的成长有举足轻重的影响。对于社会的人来说，人与人之间的交互活动是诱发情绪的关键因素，而教师则需要与学生的互动来成就彼此，这也决定了教师不得不常常与情绪相伴。具体而言，教师的哪些职业特点决定了他们的情绪呢？

### 1. 师生互动性

教师的工作对象是人，而且是正处于心智发展关键期的学生。这样的工作属性决定了教师工作的互动性，师生互动的情况是诱发教师情绪的关键因素，而教师的情绪表现反过来又会影响学生。若是教师和学生有积极的情绪互动，学生收获成长，教师收获快乐，学生的发展可以成就教师，而教师的积极情绪也增进学生成长。反之，若是师生陷入消极互动，学生厌恶和害怕教师，教师讨厌和嫌弃学生，则教学目标难以达成，学生发展停滞甚至后退，教师的职业理想也无从谈起。

人是社会的人，因此人的情绪很多时候都是互动性的，但没有一个职业的情绪互动有教师这么高。即使是其他服务行业，比如医生、护士，他们与"客户"的情绪互动都是相对短暂的，而且彼此的影响大多只局限于医患交流的那一段时间。而师生的情绪互动一般都持续数年，而且总是涉及发展攸关的问题，要么彼此成就，要么彼此伤害。

2. 角色多样性

教师虽是一个职业，却同时扮演了多个角色。

首先，教师是传道者，所谓"道之所存，师之所存"。教师负有传递国家和民族的传统美德和价值观念的使命。在价值多元的现代社会，教师传道者的角色日显重要，他们需要引导学生成为最好的自己，还要帮助学生形成居于社会主导地位的价值观。教师是授业者，需要将自己掌握的知识技能以特定的方式传授给学生，并帮助他们解决学习中的困惑，启发他们的智慧，成为对社会有用的建设者。教师还得是学生的朋友，需要从朋友的角度跟学生聊学习和生活，分担痛苦与忧伤，分享欢乐与幸福。有时候只有这样的角度才能帮助学生成长。

其次，教师是管理者，他们需要肩负起教育教学管理的职责，包括确定目标、建立班集体、制定和贯彻规章制度、维持班级纪律、组织班级活动和协调人际关系等，并对教育教学活动进行控制、检查和评价。教师是研究者，需要对教育教学活动中遇到的新问题进行持续不断的研究，寻找新的教育教学方法，以一种变化发展的态度来对待自己的工作对象和工作内容，要不断学习、不断反思和不断创新。教师还是各自家庭的一员，是儿女，是配偶，是父母，需要用做教师的薪水在物质上支撑一个家，还需要用一份爱心在精神上支撑一个家。

角色众多，冲突难免，有冲突就容易诱发情绪。若是把各种角色协调好了，学生尊敬，领导支持，家长信任，家庭和睦，教师就自信、进取和乐观，会更大概率生活在积极情绪之中。那些成功的教师大多如此，他们生活在良性循环的轨道上，不经意间就功成名就，抵达了幸福的彼岸。要是一招有失，补救乏力，则陷入了学生、学校和家庭的拉扯之中，就像坐跷跷板，一头终于压下去了，另一头又翘起来了，学生反对，领导打压，家长怀疑，家属埋怨，教师就只能时而愤怒，时而悔恨，时而沮丧，挣扎在恶性循环的漩涡里，任由消极情绪侵袭。

### 3. 榜样示范性

从传统社会的"天地君亲师"，到今天的"灵魂工程师"，教师都肩负着文化与文明传承的特殊职责，带有某种神圣性。今天，知识趋于技能化，教育"技能培养"的功用性日趋凸显，教师的"职业性"更加突出，师者的神圣光环也逐渐褪去。有人甚至提出"务实"的看法，以为教育就是一种花钱购买服务的消费行为，教师和公务员、医生、售货员和公交车司机一样，不过是一种普通职业而已。但不管教育如何发展，教师传承文明的使命总不至于消逝。再加上学生具有向师性，教师的言行是学生学习和模仿的榜样，其言论、行为、为人处世的态度对学生具有示范的作用，会发生潜移默化的影响。正如夸美纽斯所说，教师的职务是用自己的榜样教育学生。家长和社会把孩子托付给教师，就意味着教师承担了责任，这不能简单等同于花钱消费的交易。

教师的职业神圣性也会是教师情绪的重要触发点。一方面，教师可以因为其职业神圣感，因为他们对学生的积极影响而自豪，从而收获更多的快乐。另一方面，这也给社会契机，付报酬时谈职业，要奉献时讲情怀。虽然国家法律明文规定"教师薪资不低于或高于同等公务员水平"，但仍有不少教师陷入追讨工资的境地。所以，教师的职业特点决定他们总得坐情绪的过山车，在情绪的世界里周旋。那么，教师会体验哪些情绪呢？

快乐。这是教师最常见的积极情绪之一。教师有很多快乐的源泉，学生取得的成绩，学生对教师的谢意，成功地上一堂课，等等，都可以成为教师快乐的源泉。有实证研究发现快乐是教师教学生活中的主导情绪，如贝克尔（Becker, 2015）报告教师体验的快乐情绪占89%，弗伦泽尔等人（Frenzel et al., 2009）发现快乐情绪占79%，这说明教师大多数情况下都是快乐的。

自豪。有些教师会把自己学生所取得的成绩在朋友圈里晒出来，这大概就是自豪的表现。自豪是跟快乐相近的情感，往往是因为自己取得了某种成就，或是跟自己有亲密联系的人取得了某种成就而引起的。不管是教师本人，还是他的学生取得了某种成就都会让教师体验自豪。在弗伦泽尔等人（2009）基于经验取样的研究中，教师自豪的比率达到了61%，可以说自豪是教师体验的第二大积极情绪。

激情。激情是教师生活中常见的情绪，既指教师从事教育教学活动时情感充沛（Keller, Hoy, Goetz, & Frenzel, 2016），又指教师对教学工作持有的热忱和兴奋感（Kunter, Frenzel, Nagy, Baumert, & Pekrun, 2011）。热情和快乐有一定的重叠性和共变性。教师的快乐可能通过富有激情的教学方式，比如姿势、语调、眼神交流和面部表情等特征来体现，而拥有这些富有激情的教学方式的教师也更容易体验到快乐。不过，也有研究者认为应该将二者区别开来，毕竟有的教师可以富有激情地完成教学，却没有快乐体验，也有教师虽不易用饱含热情的方式进行教学活动，但他们仍可以从教学活动中体验到快乐。激情在教师的教学生活中扮演了重要的角色，不仅仅是影响教师体验快乐，还可以感染学生，让学生也体验到快乐，进而增进学业效果（Frenzel, Becker-kurz, Pekrun, Goetz, & Lüdtke, 2017）。

愤怒。这是教师最常见的负性情绪，在贝克尔等人（2015）的研究中，愤怒占教师具体情绪的39%。当现实与自己的愿望不匹配，而且又认为他人应当为此负责时，教师最容易产生愤怒情绪。愤怒多指向他人，比如一堂课搞砸了，教师会因自己的失误而羞愧，但更多会因学生的行为不端，妨碍了课堂目标达成而愤怒。学生不遵守纪律、不努力学习等是教师愤怒的主要原因。但是社会规范告诉我们，愤怒不是一种受社会欢迎的情绪，对教师这个职业来说尤为如此。我们都希望教师有爱心，能忍耐，不轻易表达愤怒。不过，遇到愤怒诱因就有愤怒体验是自然而然的事情，而且有时候表达愤怒至少也可以表明自己的态度，在谈判和教学中适宜地表现愤怒可以更好达成期待的效果（van Doorn, van Kleef, & van der Pligt, 2013）。

沮丧。沮丧是经过努力后需要和愿望仍无法实现所体验到的灰心丧气、怨恨自己、无精打采的情绪。同样是需要和愿望无从实现，愤怒多指向外人，而沮丧则指向自己。教师努力地做好教学工作，但仍然无法取得理想的效果时，教师就可能体验沮丧。而且教师的成绩很多时候需要学生来体现，这其实就失去了一部分主动权，所以教师因工作不如意而体验沮丧情绪的可能性更高。当然，偶尔的沮丧并不会形成多大负面影响，但是若经常处于沮丧之中，那就有可能滑向抑郁，甚至罹患抑郁症。

焦虑。在这个号称"全民焦虑"的时代，教师自然也逃离不了焦虑的魔爪。对自己的教学表现或教学成绩不满意，教师会焦虑；课没有准备好，管理不好学生，教师会焦虑；工资微薄，难以支撑生活的压力，教师会焦虑；教学改革层出不穷，原有的知识跟不上时代的需要，教师会焦虑；学生、家长和领导多方精神挤压，教师会焦虑……不过，针对教师焦虑的研究并不多见，已有的实证研究报告教师的焦虑指数并不太高，可能源于教师职业的稳定性在一定程度上缓解了教师的焦虑。但是，随着教育行业的发展，民办教育的大量兴起，原有教学理念和教育模式必将受到更大的冲击，教师体验的焦虑情绪将日趋严重。如果教师的焦虑体验增多，教师的焦虑极易感染学生，学生也可能体验更多的焦虑情绪，过度的焦虑会给学生的身心发展带来负面影响。

无聊。无聊是注意力倾注的对象不符合自己的价值观时的心理体验，是一种强度不高，甚至非自知的负性情绪体验（Goetz et al., 2014）。这种情绪多见于从事重复劳动的蓝领工人中，像教师这种以人为工作对象，不时面临新挑战的职业并不多见。但是，中小学的教学内容在几年之内就会重复一次，如果教师没有更高的教学追求，教学工作也会陷入蓝领工人重复劳动的境地，进而体验无聊。近年来，教师报告无聊体验的比例并不低，在贝克尔等人（2015）的研究中，教师报告无聊的比例高达26%。

羞愧。这是一种因自己的过失而感到内疚、后悔的情绪体验，是指向自己的自我意识情绪。比如，因为自己没有把课上好，该讲的内容没有讲到，导致学生在关键考试中大面积丢分，这个教师就可能体验羞愧。不过在实证研究中，教师报告羞愧的比例并不高（Frenzel, 2014）。

职业倦怠。职业倦怠指个体在工作重压下产生的身心疲劳与情绪性耗竭的状态，容易出现在护理、教育等助人行业中（Maslach & Jackson, 1981）。职业倦怠主要体现为情绪衰竭、去个性化和低成就感，其中情绪衰竭是职业倦怠的核心成分。在师生交互过程中，当教师与学生相互理解，双方会形成积极情绪感受，学生会因此形成发展动力，有助于教师提升工作价值。当教师和学生彼此无法理解甚至发生误解，师生关系可能会陷入对抗、逃避或者僵持状态，师生双方也会形成消极情绪体验。这种消极情绪如果长时间得不到缓解，教师将无法体验到教育工作的快乐，陷入情绪疲劳而逐渐丧失工作热情，进而不同程度地产生职业倦怠。教师职业倦怠，特别是情绪衰竭，往往是教师正性情绪缺失，消极情绪累积的结果。凯勒等人（Keller et al., 2014）的研究发现，经历较少积极情绪和较多消极情绪的教师容易情绪耗竭。与此相似，琼斯等人（Jones et al., 2012）则报告积极情绪可以预测教师的工作投入，而负性情绪可以预测教师的情绪衰竭。

## 教师情绪的诱因和作用

教师带着需要和愿望走进工作和生活，若是他们的愿望和需要得到了客观现实的积极回应，他们就能收获肯定、积极的情绪，比如高兴、满足或自豪等，若是他们的愿望和需要遭遇了客观现实的消极回应，他们就得忍受消极、否定的情绪，比如愤怒、悲伤或悔恨等等。所以，和其他人一样，欲求与客观现实的匹配度依然是诱发教师情绪的核心因素。只是由于教师职业的特殊性，教师情绪的诱发客体相对较多。

1. 学生的学业表现

对大多数教师来说，人生的价值是通过学生来体现的，而学生的学业成就是教师情绪的重要诱发因素。"当学生说他们学得不错，都得到了满意的分数，这就是我最满足、最高兴的时刻了。"有实证研究也证明了这一点，弗伦泽尔等人（2009）发现教师的快乐和他们所感知的学生学业成就呈正相关：教师觉得自己学生的学业表现越好，他们就越会感到快乐。反之，学生糟糕的学业表现是教师消极情绪体验的重要诱发因素，教师的愤怒常常源于教师认为是学生可控的因素（比如努力不够）导致了其学业糟糕。教师情绪也会影响学生的学业表现，比如教师的数学焦虑[①]就会影响学生的数学成绩。事实上，教师情绪和学生学业表现及情绪体验是一个交互作用的过程，在一个纵向追踪研究中，弗伦泽尔等人（2017）发现开学时教师的快乐体验与四周后的教学热情正相关，与期中时学生的快乐正相关，学生开学时的快乐与教师所觉知的学生投入正相关，而这可以正向预测教师期中的快乐体验。教师的积极情绪源于学生的成长，而教师表现的积极情绪又可以促进学生的快乐和成长。

### 2. 学生的行为表现

学生的行为表现也是教师情绪的重要诱因，比如学生扰乱课堂的不当行为就常常诱发教师的愤怒和焦虑等消极情绪，当教师认为学生是有意为之时他们更容易愤怒和焦虑。常等人（Chang et al., 2016）曾调查了554名教师，发现教师对学生行为的评价影响自己体验的负性情绪，特别是当教师认为学生的不当行为妨碍了课堂目标的达成，或者自己无法有效阻止或避免这些行为带来的负面影响时，情绪体验尤为消极。弗伦泽尔等人（2009）也发现教师觉知到的学生遵守课堂纪律的程度与自己的快乐等积极情绪呈正相关，和愤怒、焦虑等消极情绪呈负相关。

### 3. 教师的人际关系

人际关系是人与人之间在活动过程中建立起来的心理上的联系和距离。对于教师来说，重要的人际关系包括师生关系、同事关系、家庭关系等。作为社会性的动物，人就是各种人际关系作用的产物，人正是通过和他人的交互作用来发展自己、实现自己价值的。事实上，人际关系是满足归属与爱的需要的关键形式。如果人际关系较差，归属与爱的需要得不到满足，就会产生孤立无援或被社会抛弃的感觉；反之，良好的人际关系则会增加心理的获得感，增加个体的积极情绪体验。对于教师来说，他们基本生活

---

[①] 数学焦虑是指对数学问题的焦虑，是心理学研究中特别关注的一种情绪。

需要和安全需要往往已得到满足，因而归属与爱的需要就显得尤为突出。马斯洛说，如果一个人被别人抛弃或被拒绝于团体之外，便会产生孤独感，精神会受到压抑，严重的还会产生无助、绝望的情绪。职场人际关系成为现代社会的主流关系，卡耐基说一个人的成功只有15%是源于他的专业技术，而85%就要靠人际关系、和他人相处的能力。

师生关系是影响教师情绪的重要因素。克拉森等人（Klassen et al., 2012）发现师生关系对教师情绪的影响比同事关系的影响更大，师生关系的质量和教师的快乐正相关，和愤怒、焦虑负相关。对某些教师来说，学生就是他们的全部，他们全情投入，辛勤付出，希望得到的就是学生的进步和发展。和学生建立和谐的关系有利于教师获得积极情绪体验，而消极的师生关系则会给教师带来消极情绪，甚至让教师陷入崩溃的边缘。建立良好的师生关系并不是一件容易的事情，我们既有"师道尊严"的传统教育思想的影响，又有平等、自由和独立等现代思潮的冲击，如何在其中找到平衡点是一个挑战。如果师生关系拿捏不当，即使教师长于传道授业解惑，也难免遭受学生的质疑和反对，甚至引起家长和学校领导的质疑，教师就容易陷入信任危机，那么遭遇沮丧、愤怒和悲伤的负性情绪就在所难免。

同事关系也可能成为教师情绪的诱发因素。若是同事关系和谐，他们会体验到强大的社会支持，即使遭遇逆境也有同事共同担当，就会少体验一些消极情绪；反之，若是同事关系紧张，彼此勾心斗角，教师就难有归属感，也缺乏本该拥有的社会支持，那么遭受消极情绪的可能性就大大增加。然而，同事关系是一种竞争与合作同时存在的关系，比如在教学业绩、职称晋升和个人发展等问题上都是竞争与合作共存的。如何在竞争与合作之间平衡，将竞争的有限游戏放到一个合作的无限游戏中去，诚实自省、直面现实地处理同事关系可能是教师同事关系的突破点。

另一个诱发教师情绪的人际关系是家庭关系。家庭是以婚姻和血缘为纽带的基本社会单位，包括父母、子女及生活在一起的其他亲属。从大的方面讲，家庭是社会最基本的细胞，是最重要、最核心、最基本的社会组织和经济组织，家庭和谐是社会和国家稳定发展的基石。从小的方面讲，家庭是人们最基本、最核心的精神家园。这一点在文人墨客的文字中得到佐证，从韩愈的"云横秦岭家何在，雪拥蓝关马不前"，到李白的"举头望明月，低头思故乡"……家庭是每一个人心里最柔软的地方，是每一个心灵的乐土。教师也概莫能外，也需要在家庭里寻求归属感。因此，教师能否为家庭付出，能否获得其他家庭成员的支持，能否建立和谐的家庭关系是教师情绪的重要影响因素。

教师常被比作春蚕、蜡烛和渡船，他们"春蚕到死丝方尽，蜡炬成灰泪始干"，他们"渡过他人，留下自己"。这些比喻称颂了教师奉献的伟大，同时也可能将教师架上了神坛。若仅是强调教师奉献的一面，而忽视教师作为常人也需孝老哺幼的一面，就违背了人的心理发展规律，可能会适得其反。工作和家庭中的角色都需要耗费资源，教师若不能处理好工作和家庭的关系，势必会陷入家庭与工作的冲突之中。有研究称中小学教师自我报告的工作干扰家庭水平高于家庭干扰工作水平（李明军，王振宏，& 刘亚，2015），这就可能影响教师的家庭幸福，诱发教师的消极情绪体验。

### 4. 教师的教学效果

传道授业解惑是教师的第一要务，教师在这些工作中取得的成效会诱发教师的情绪。这在新教师中表现得尤为突出，当他们收到学生的消极反馈后往往会经历挫败和愤怒等情绪，而这些情绪体验可能会改变他们的教学行为，如果改变不是积极的，那就会进入一个恶性循环。在教学有效性与教师情绪的关系中，教师如何看待这个问题是一个重要的调节因素，如果教师对自己的教学能力持怀疑态度，那么遭受消极情绪的可能性就很大。另一个因素是教师对自己教学内容的熟悉度，如果对自己教学的内容不熟悉，那他可能会紧张、羞愧，乃至沮丧；若是对自己教学的内容很熟悉，那么就会有较高的教学效能感，也会更自信，体验更多快乐。

### 5. 社会文化环境

我国素有尊师重教的文化传统，但是在不同历史时期，教师的地位不同，教师所经历的情绪也不同。比如"文化大革命"期间，教师作为"臭老九"被拉上了批斗台，很多教师不仅斯文扫地，而且饱受摧残。改革开放后,"知识是第一生产力",教师的地位有大幅提高。到了今天,知识和创新对社会的贡献更加凸显,但作为知识的传播者和人才的培育者,教师仍未获得应有的地位。根据调查,有75%的中国学生认为教师应该被尊重,在接受调查的国家里排名最高,其次是土耳其(54%)、新西兰(39%)和美国(38%)。然而,据国际经合组织和中国劳工统计年鉴的数据,2013年中国在岗教师的平均年薪为42782元人民币(约6971美元),中国教师工资大约为比利时的1/7,美国的1/6,巴西的1/3,在被调查的国家中排名垫底。更糟糕的是,拖欠教师工资的事情时有发生,2018年5月就发生了六安教师集体讨薪的事件。在这种社会背景下,教师就得承受精神层面的虚名与物质层面的匮乏之间的落差。此外,知识经济时代对创新与个性化发展的需求日益增加,工业经济时代的流水线式教育模式显然滞后于现实的需求,而为此背锅的往往是教师,这也会影响教师情绪。

社会文化诱因的另一个表现形式是教师所处的学校环境。首先是学校的物质环境,比如学校建筑物、办公环境和休闲设备等等。如果校园美丽,办公环境宽松,还有充足的休闲锻炼设备,教师就会觉得放松。反之,如果学校建筑拥挤,办公环境紧张,而且缺乏必要的休闲锻炼设施,教师就会觉得紧张,更易体验负性情绪。其次是学校的软环境,即学校的教学氛围、学校制度、职业发展空间等等。如果一个学校制度科学、完善,教学氛围良好,教师职业发展空间明晰,那教师就可以看到希望和未来,更易体验积极情绪。如果学校制度朝令夕改,教学氛围紧张,工作量大,教师没有明晰的职业发展空间,领导专制且不能关爱教师,那教师就沦为教学工具,看不到明确的希望和未来,也就更易遭受消极情绪侵袭。

### 6.教师的个性特征

个性特征是一个概括的说法,包括身份认同、信念、价值观、人格特质和认知方式等。身份认同是个体对自我身份的确认和对所归属群体的认知以及所伴随的情感体验及行为模式。由信念、价值观等组合而成的身份认同往往指引着教师如何处理自己的情绪,反之,教师情绪也影响教师身份认同的形成。比如,教师在教学生活中常常体验到尊重、成功和快乐等积极情感，那他就更有可能认同自己作为教师的身份。已有一些研究证明信念、价值观和人格特质与教师情绪之间的关系，比如教师信念影响课堂情绪氛围的形成，并可以预测教师在教学过程中的情绪体验（Williams-Johnson et al.，2008）。

此外，教师的情绪能力，即教师在教学生活中识别、理解、表达和管理自己和他人情绪的能力，也是教师情绪的重要影响因素。研究发现，教师情绪能力可正向预测教师的生活满意度、积极情绪、工作满意度和积极压力应对方式（陈煦海 & 张蓓，2019）。同时，教师情绪能力也可负向预测教师的负性情绪体验、情绪衰竭和职业倦怠（Mérida-López & Extremera，2017）。

教师个性特征的另一个重要方面是认知评价方式。我们在介绍情绪的认知评价理论时曾提到过，拉扎鲁斯认为情绪是个体对环境中各种信息引起的生理反应进行组织建构的结果，它依赖于短时的或持续的评价。这种理论认为情绪产生的关键不在于情绪诱发事件本身，而在于个体对情绪事件的评价。与该理论一脉相承，弗伦泽尔等人（2009）指出，教师的认知评价方式是学生行为和教师情绪关系的调节因素。例如，学生的挑衅行为既可以解读为对教师权威的挑衅，也可以解读为学生学业负担重的一种表现，不同的解读就会引起教师的不同情绪（Schutz，Cross，Hong，& Osbon，2007）。

教师可以就情绪诱发事件在与目标的一致性、目标的重要性、责任指向和应对可能性上进行评价，若教师认为学生的行为有利于教学目标的达成，教师会产生积极的情绪，如果阻碍了教学目标的达成，则会导致教师产生消极的情绪。教学目标的重要性决定了情绪体验的强度，教学目标越重要，情绪体验就越强烈。他们发现教师24%的快乐和26%的愤怒源于学生的学习动机和纪律状况，如果把教师的主观评价纳入作为中介变量，学生的学习动机和纪律状况对两种情绪的贡献率增加到65%和61%（Becker，Keller，Goetz，Frenzel，& Taxer，2015）。

教师的认知评价方式可能受到其认知风格的影响。认知风格指个体在信息加工过程中表现在认知组织和认知功能方面持久一贯的特有风格。它既包括个体在知觉、记忆、思维等认知过程方面的差异，又包括个体在态度、动机等个性心理特征方面的差异。有些人知觉时较多地受外在环境信息的影响，有些人则较多地受身体内部线索的影响。前一种较多地依赖自己所处的环境，以外在环境的信息反馈来校准自己的认知，称作场依存型；后一种较多地依赖自己内部的参照，不易受外来因素影响，独立对事物做出判断，称为场独立型。场独立型的教师对情绪诱发事件的认知评价就更多地依赖于自己的感知，而场依存型的教师则更多地参照外在环境的参考信息。还有的人反应快，但精确性差，面对问题时总是急于求成，甚至没有全面分析问题的各种可能性，不管正确与否就急于表达出来。而另一些人反应慢，但精确性高，总是把问题考虑周全以后再作反应。前者是冲动型，后者是沉思型。两种思维方式各有利弊，但是在遭遇情绪诱发情境时可能会有不同的评价模式。

德韦克（Dweck，2008）把人的心智分为成长型和固定型两种模式。成长型心智认为个体的基本能力是可以通过后天的努力来培养的。即使人们在先天的才能和资质、兴趣、性情等方面有着各种各样的差异，每个人都可以通过努力和个人经历来改变和成长。即使在事情发展不顺利时也能拥有想要提升自己并坚持不懈的激情。而固定型心智认为能力是固定不变的，个体不大可能通过后天的学习和锻炼改变固有的能力水平，人们只能不断去证明自己的能力。这种心智模型的人在成功时可能洋洋得意，但是失败时就可能气馁挫败，怨天尤人。持有不同心智模式的教师不光在其自身的情绪发展上会有不同的表现，在对待学生上也有不同的表现，进而又会影响教师的情绪发展。

概而言之，教师情绪的诱发因素众多，那么，教师情绪有何作用呢？

首先，情绪是重要的信息反馈。

比如，作为教师，怎么知道一堂课自己是上好了还是上砸了？一是自己内心的感受——上课的过程自己感觉快乐吗？若是你能沉浸于上课，心无旁骛，忘却了时间流逝，那说明你有心流体验。进入此种状态需要学生的密切配合，教师体验好了，学生的体验也差不了，大概率也获得了心流体验。如果师生都有心流体验，那自然是一堂成功的课。若是上课的过程中师生都如坐针毡，少有愉悦体验，那也就意味着没有心意的协同，难以达成良好的教学效果，自然就是一堂失败的课了。二是学生的表情——他们的表情是愉悦投入的还是漠然、无聊的？如果是前者，你的课差不到哪里去，要是后者，就好不到哪里去。这就是情绪的信息提示功能，它可以提供有关自己、他人和彼此关系的信息。教师可以基于情绪信息推测自己教学活动的有效性和学生的喜好程度，还可以推测师生关系或同事关系的亲密程度。

适宜地表达情绪可以促进教育教学的效果，也可以增进师生或者同事之间的情感连接。情绪的信息提示功能是交互的，教师和学生都可以从彼此的情绪表现中获取信息，进而改进自己的行为。有研究提示情绪信息可以用来促进新教师的成长（Randi, Corno, & Johnson, 2011）、指引教育决策（Soini, Pyhältö, & Pietarinen, 2010）和发展良好的师生关系（Yan, Evans, & Harvey, 2011）。情绪表现常常是自然而然的行为。师生沿着同一目标积极前进，双方就可能表现快乐；要是目标受阻，而且是对方的原因造成的，那就会表现愤怒；同样是目标受阻，若是自己的原因造成的，就有可能表现羞愧。但是有经验的、高情绪能力的教师就可能根据情境需要适宜地表达自己的情绪，因为情绪不只是一种反应，也可以表明一种态度。范多恩等人（Van Doorn et al., 2013）在权威心理学期刊《实验心理学·综合》上撰文称适宜地表现愤怒可以促进学生的学习成绩。

将学生随机分为两组，一组接受愉快的指导语、一组接受愤怒的指导语后开始学习。一周以后测试学习的结果，结果发现那些接受愤怒指导语的学生成绩更好。后来研究者还重复了该实验结果，不过他们还发现情绪信息在不同调节定向特征的学生中效果是不一样的，对于促进定向的学生来说，教师表现愤怒可以促进成绩，而对于预防定向的学生就没有这样的效果了。

这个研究明确地表明，适宜地表现情绪是可以促进教学效果的，即使是负性情绪也是如此。社会和教育主管部门总是强调教师应该表现热情等积极情绪，避免愤怒等消极情绪。这或许是有失偏颇的，教师表现情绪关键在于"适宜"，适宜地表现了情绪，不管是积极的还是消极的都是可以促进学生发展的，而不适宜的情绪解读和情绪表现则有消极影响。比如，有媒体报道有学生残忍弑师，除去学生人格特质和实际情景的诱发因素之外，教师没有准确识别学生表现的情绪，没有有针对性地表现自己的情绪也可能是一个原因。

教师情绪的第二个作用是激发动机。

《论语·雍也》中说："知之者不如好之者，好之者不如乐之者。""好"是兴趣，"乐"是以此为乐。从广义上看，"好"与"乐"都是情绪，所以，孔子早就注意到了情绪的动机功能。教师展现的教学激情、对教学活动的兴奋和对新知的好奇心，不仅会影响、强化自己的行为动机，还会现身说法，潜移默化地影响学生的动机，乃至在整个学校形成某种氛围。不同主体的动机和行为彼此还会交互影响，形成一个情绪生态系统。教师通过姿势、语调、眼神交流和面部表情等方式表现的教学热情是激发动机的重要形式。富有激情的教学方式让教师更容易体验到快乐，而且这份热情也能感染学生，进而收到更好的教学效果。这样就会进入良性循环，教师会在日后的教学中更多地展示教学激情，也获得更多学生的喜爱和支持。

情绪也会影响教师的认知过程。第 3 章已专门论述了情绪影响认知过程，这也适用于教师。丹尼尔·卡尼曼（2012）在其著作《思考，快与慢》一书中将人的思考分为系统一与系统二，系统一是快思考，简单、迅速、自然、接受、直觉，这是情绪主管的内容，是感性的；系统二是慢思考，分析、质疑、评估、反省，这是高级认知主管的内容，是理性的。

我们来看看这个问题：

> 球拍和球一共是 1.1 元钱，球拍比球贵 1 元钱，请问球拍和球分别是多少钱？

你是不是迅速回答：球拍 1 元，球 0.1 元。若是这样，这个答案就是系统一给出的，它凭直觉就迅速做出判断了，其间甚至还夹杂一点迅速作答的快感。但是且慢，这个答案是错误的。如果你的系统二在与系统一的竞争中稍微多获得一点发言权，它就会把那个嗷嗷叫的系统一压下去：1 元的球拍仅比 0.1 元的球贵 9 角钱。要得到正确的答案，就得系统二出马了，仔细分析，深入地思考，甚至列个方程慢慢解：

设球为 $x$ 元，那么球拍为 $x+1$ 元

所以 $x+(x+1)=1.1$

解出 $x=0.05$ 元

所以球拍是 1.05 元，球 0.05 元

系统二得出了正确答案。只用系统二多好！可是系统二要耗费认知资源，而且它天生懒惰。所以，很多时候系统一是我们思维的默认模式，只有特别的警醒，系统二才会出马。正因为如此，教师生活中的一些行为都可以有更好的做法。看看这个事例：

A 同学今天没有交家庭作业。他一定是因为懒惰没有完成家庭作业！

情绪，那个掌控系统一的情绪，迅速地以默认模式给出判断。但这个判断未必是对的，而且不小心就犯错了，我们需要发展系统二的威力，不能让系统一为所欲为。那用系统二的理智把系统一的情绪完全干掉？

不行。如果情绪一无是处，那为何在演化的洪流中没有把情绪淘汰掉？在演化的长河中，情绪保留了下来，那就说明了情绪必有其存在理由。有研究者做了这样一个实验：

将儿童随机分成 A、B 两组，去挨家挨户进行募捐。告知 A 组的儿童，募捐的款项将全部交进中央慈善基金，给有需要的人；告知 B 组的儿童，每人可从募捐的款项中抽取 20% 作为报酬。你觉得哪一组募捐的数额更大？

结果在意料之外。B 组募得的钱平均数额远低于 A 组。志愿行善，在意的是那种做了善事的愉悦，若是变成了有偿的工作，那点微不足道的报酬就消弭了做慈善的愉悦，就不值得过多辛苦付出了。

可见，情绪和认知是交织在一起的。彼此促进、彼此影响，让二者和谐共处，发挥彼此的积极作用才是王道。

情绪还是幸福的基石。如果有记者在街上拦住你，问：你幸福吗？你的回答一定会受你当前情绪状态的影响。如果你刚中了头奖，心情十分畅

快，你多半会回答"我太幸福了"；若是你刚才排队购票时被人加了塞，怒气正盛，你的回答就是"我不幸福"。什么是幸福？不同的人会给出不同的答案，但总少不了把情绪包含进去，有人认为天天快乐就是幸福。

在《真实的幸福》一书中，塞利格曼（2010）给他的幸福1.0列出的三个元素是积极情绪、投入和意义。其中，积极情绪是第一要素，包含愉悦、狂喜、入迷、温暖、舒适等。他认为在此元素上成功的人生就是"愉悦的人生"。后来他在《持续的幸福》（2012）里升级了幸福的元素，称之为幸福2.0，但仍将积极情绪作为基石。这些著述说明，教师要想拥有幸福，那至少应当用积极情绪来主导自己的人生。

从另一个角度讲，除了把积极情绪作为人们追求的目标，情绪也是人们走向幸福的途径。首先，积极情绪能够刺激下丘脑释放内啡肽，这种物质可以修复我们的细胞，扭转我们的消极思维。其次，即使像愤怒这种典型非理性情绪，用好了，它也是幸福生活的策略。亚里士多德说：一个不会在合适的时间，在合适的场合，对合适的人，以合适的方式生气的人与傻子毫无区别。可见，在合适的时间和地点以合适的方式表现情绪，是实现目标的手段。在谈判时若你有优势，你表现愤怒可能让对方屈服，但是若你本来就处于弱势，你还要表现愤怒，那换来的只有报复。所以，在罗伯特·所罗门的《幸福的情绪》中，他断言：情绪是幸福生活的策略，真正的幸福来自完整的情绪。

## 教师情绪能力

前边提到教师的个性特征是影响教师情绪的重要因素，其中教师的情绪能力可能是影响教师情绪的最重要的个性特征。教师情绪能力是指教师在教学生活中识别、理解、表达和管理自己和他人情绪的能力，其关键在于在社会情境中管理和利用好自己的情绪并与他人建立好人际关系（Kotsou, Nelis, Grégoire, & Mikolajczak, 2011）。情绪能力与情绪智力相似，科普作家丹尼尔·戈尔曼（1997）的《情绪智力》一书，让情绪智力受到了广泛关注。尽管存在一些争议，人们仍然认可情绪智力的重要性，像"个人的成功

20%取决于智商，80%取决于情商"的提法常见诸报端。

戴维斯等人（Davies et al., 2003）首先将情绪能力引入教师研究，认为情绪能力在教师培养中应有跟认知能力同等重要的地位。他们认为教师情绪能力涵盖逆境复原力、情绪调控能力、对自己角色和职责的自知力、从领导和管理者那里寻求支持的能力、促进学生情绪发展的能力等诸种能力。另有学者用情绪胜任素质来指代情绪能力，即能够导致教师杰出的工作绩效表现的、潜在的、个体情绪方面的素质，包括教师觉察自己和他人的情绪、调节自己和他人的情绪等几个维度（徐长江，2010）。还有学者使用"社会情绪能力"，指认识和管理情绪、有效解决问题、与他人建立积极人际关系的能力，主要涵盖良好的自我意识、自我管理、社会觉知、人际关系管理和做负责任的决定等几个方面的技能（Jennings et al., 2017）。

诚如丹尼尔·戈尔曼所述，情绪能力对个体的成长与幸福起着关键作用，教师的情绪能力主要表现在如下几个方面。

首先，情绪能力对教师幸福有积极作用。比如，情绪能力可正向预测教师的生活满意度、积极情绪、工作满意度和积极压力应对方式（Rey, Extremera, & Pena, 2016），负向预测教师的负性情绪体验、情绪衰竭和职业倦怠（Mérida-López & Extremera, 2017）。同时，教师情绪能力还可作为调节变量或中介变量作用于教师觉知到的压力与心理健康之间的关系，也可以调节情绪劳动与教学满意度之间的关系（Yin, 2015）。韦塞利等人（Vesely et al., 2014）发现对教师的情绪能力进行专门训练之后，教师的生活满意度显著增加，而詹宁斯等人（Jennings et al., 2017）采用教育觉醒意识与心理弹性教育（Cultivating Awareness and Resilience in Education），课程的现场实验也发现进行社会情绪能力训练可以增加教师的积极情绪体验，在课堂上获得更多的情感支持。

教师情绪能力在教师的身份认同和职业发展中扮演重要的角色（Uitto, Jokikokko, & Estola, 2015），有研究发现教师情绪能力和教师的职业成长、职业目标，以及教学动机均呈显著正相关（Thomson & Palermo, 2014）。总之，高情绪能力教师会利用情绪来获得专业愉悦，这种专业愉悦性会反过来强化教师的专业实践，提高教师的教学表现，进一步强化教师的效能感，促进教师的职业发展。

教师情绪能力在师生关系构建和学生成长中有重要作用。詹宁斯和格林伯格（Jennings & Greenberg, 2009）发现高情绪能力的教师能更好地执行旨在提高学生情绪能力的培训项目。教师投入到培训学生情绪能力的时间越多，学生学业成绩下降幅度越少（Petrides, 2010）。情绪能力较高的教师能够营造积极、愉悦的学习氛围，这种氛围会产生积极情绪，并让学生在情感上愿意接触教师和学校，从而鼓励学生学习，帮助学生获得重要的人际关系，减少失调的行为（Palomera, Fernández-Berrocal, & Brackett, 2008）。

此外，情绪能力高的教师重视个体差异，他们会注重发展学生团体合作和问题解决的能力，指导学生发展足够的社会技能（Vernon, Villani, Schermer, & Petrides, 2008）。他们还能与学生进行有效的情绪互动，这不仅对学生适应学校环境有重要作用，同时学生会因为从教师那里获得良好的情绪支持而与教师建立良好的关系（Hosotani & Imai-Matsumura, 2011）。

最后，情绪能力高的教师可以及时识别出有社会性或学业问题的学生，给予他们强大的情绪支持，并与之建立良好的师生关系，使这些学生从中受益（Sun, Chen, & Jiang, 2017）。总之，情绪能力高的教师拥有更好的师生关系，能更加职业地与学生进行交流，能培养出更高情绪能力的学生（Mainhard, Oudman, Hornstra, Bosker, & Goetz, 2018），让学生获得更好的学业成就（Curci, Lanciano, & Soleti, 2014）。

教师情绪能力和教师的工作投入（Lestari & Sawitri, 2017）、教学管理方式（Casas, Ortega-Ruiz, & Del Rey, 2015）、工作满意度、社会支持（Fiorilli, Albanese, Gabola, & Pepe, 2017）和积极压力应对方式（Rey et al., 2016）显著相关。情绪能力高的教师在课堂中更善于创造一种放松、愉快的课堂氛围，会努力和学生建立有益的、共长共乐的关系，能把自己的观点清楚明白地传达给自己的学生，和学生交流的时候能做到尊重学生、不伤害学生，这不仅提升了师生间的理解、关系和尊重，更激发了学生学习的兴趣（Garner, 2010）。情绪能力高的教师能敏锐地觉察出学生在课堂上情绪、性情、动机、欲望、兴趣等方面的变化，学生情绪的低落、高涨、困倦、热情、专心致志、心不在焉等教师都能看在眼里，进而做出适当反应，调整课堂的进度，引导学生完成课堂学习目标（Jiang, Vauras, Volet, & Wang, 2016）。可见，教师情绪能力可能影响教师的教育教学工作，影响教育教学环境的建构（Collie, Shapka, & Perry, 2012）。

概而言之，情绪能力在教师的职业成长和生活幸福中扮演了举足轻重的角色。那么，情绪能力的养成受哪些因素影响呢？

首先是基因遗传。弗农等人（Vernon et al.）研究子女与父母情绪能力的关联度，发现父母的特质性情绪智力均数可以估计子女情绪智力分数的32%。他们还调查了213对同卵双胞胎和103对异卵双胞胎特质性情绪智力的相关度，发现同卵双胞胎情绪智力的相关度是异卵双胞胎的两倍。此外，教师情绪能力还有性别差异，比如女性的情绪觉察能力要优于男性（马辰，2013），但是男性的情绪调控能力优于女性（卢家楣，2015）。

虽然遗传在一定程度影响了个体的情绪能力，但其影响远不及遗传对一般智力的影响那么高，情绪能力更多是后天环境和教养决定的。科泰曼（Kotaman, 2016）的研究发现幼儿教师的情绪智力和其父母的教养风格显著相关，在忽视型教养风格下长大的幼儿教师，情绪智力得分最低。有研究发现，随着年龄的增长和职称水平的提高，教师的情绪能力呈现出上升趋势，并且这一趋势伴随教师的整个职业生涯，原因可能是伴随年龄的增长和教学经验的丰富，教师能够越来越熟练地对自身及学生的情绪问题进行调控，以保证正常的教学工作能够顺利进行（马辰，2013）。还有研究报告，高中（或中师）层次教师的自我情绪感知、他人情绪的觉察与调节能力显著低于大学及以上层次的教师（Rivers, Brackett, Katulak, & Salovey, 2007）。此外，近年来开始兴起的教师情绪能力提升计划的成功也有力地佐证了后天环境和教育对提升教师情绪能力的重要作用（Kumschick, Piwowar, & Thiel, 2018）。

总之，教师的情绪能力是遗传与环境交互作用的结果，所谓"遗传理牌，环境出牌"。遗传是基础，决定了拿到牌的好坏，提供了发展的可能性；环境是手段，代表出牌技术的高低，决定了实现可能性的水平。一手烂牌，多高技术也赢不了；一手好牌，技术太烂也会阴沟翻船。好牌与好技术的结合是成功的王道。

第二部分

积攒跟情绪做朋友的本钱

若情绪是欲求照进现实的主观体验和行为反应，我们与情绪做朋友的关键就有两个办法，要么征服现实，要么调整欲望。

所谓征服现实就是利用有限的时间，施展自己的才华，让自己财务自由、时间充裕和关系充盈，获得对生活的掌控感，在稀缺的世界里拥有更多的资源，提高自己在社会金字塔上的等级。所谓调整欲望，说起来很简单，就是把欲望调高或调低一点，但是做到却极为不易。要是真能对自己的欲望操控自如，就算是实现心灵自由了。在这条路上，我能想到的是认识自我和接纳自我，重构自我的错误信念，适当地放松自我，再对他人有点宽容，有点感恩，增加思维的灵活度。

这两个办法中，第一条更"硬核"一些，因为在"物竞天择，适者生存"的演化逻辑下，放弃进取之心则极易被环境淘汰，所以只好去竞争那些不稳定且不断变化的稀缺资源。查理·芒格说：要得到你想要的某样东西，最可靠的办法是让你自己配得上它。这并不仅仅是名人隽语而已，而是"科斯定律"——只要财产权是明确的，并且交易成本为零或者很小，那么，无论在开始时将财产权赋予谁，市场均衡的最终结果都会实现资源配置的帕雷托最优[①]——的通俗表述。若是这个世界的资源分配规律是"谁用得好就归谁"，那除了努力让自己"用得好"资源，"配得上"资源之外，还能有什么更好的办法呢？

---

① 帕雷托最优：是指资源分配的一种理想状态，即已经不存在一种更好的可以改善某些人的境况而不使任何其他人受损的分配方式。

# 第5章 要事第一，高效利用时间

若情绪是个体的欲求与现实的不同匹配关系所引起的主观体验和行为表现，那时间利用就是调节欲求和现实关系的关键因素。生命有限是人类面临的永恒命题，曾有不少人追求长生不老，不过到目前为止这都是徒劳。赫拉利在《未来简史》中猜想：人类或将走向追求成为"神人"之路，以求延年益寿，长生不老。不过，这还是个猜想，对于我们普通人来说，生命有限仍是我们必须面对的现实。琐碎工作常常让我们陷入忙而无功、累而无果的境地，这也是我们教师遭遇情绪困扰的首要原因。反之，若是我们能在有限的时间里达成我们期待的目标，这将成为我们享受情绪五彩世界的由头。因此，有效地利用有限的时间去达成我们的目标，满足我们的需要，是我们和情绪做朋友的第一招硬功夫。

## 忙碌，却悔恨？

### 【讲述·师者】17个小时——一名中学教师的日常

教师节临近，记者采访了北京市第五十五中学的青年教师张晓玉。在9月6日这个平凡的周三，一名一线教师度过了平常而忙碌一天。

5:50

9月6日，周三。手机闹铃划破了清晨的宁静，在北京五十五中任初三班主任的张晓玉赶紧起床，生怕袭来的睡意让自己再次睡着，耽误了出门的时间。

6:20

张晓玉在地下车库启动汽车，从位于朝阳区的家向学校所在的东直门方向出发。尽管出门很早,他也无法完全避开北京早高峰的困扰。

7:00

东三环部分路段的短暂堵车一如往日。经过40分钟,张晓玉如常在清晨7点到达学校。进了办公室,他马上撂下包,前往他任班主任的初三(6)班。8点前是学生活动、早读和交作业的时间。学校新修葺的操场在这学期刚刚启用,学生在操场上进行体育锻炼。为鼓舞他们的运动激情,张晓玉也身体力行加入其中,陪着自己班上的学生跑了4圈400米,共1600米。锻炼结束,他和学生一起返回教室。

7:35–7:40

在学生休息的短短10分钟里,张晓玉仅用了其中5分钟赶到教师食堂,匆匆吃了两口——油条、豆浆,或许还有别的什么。他甚至来不及尝出自己碗里的豆浆加没加糖就赶紧结束了早餐,返回学生中间。

8:00–9:30

张晓玉上午前两节课都有教学任务,这也是他没有时间踏实吃早餐的原因。这两节是给物理选考的(4)、(5)班学生上一堂新课。今天讲的是热学第13章第2节——内能。

9:30–11:30

在许多学生眼中,老师工作比自己学习要轻松得多,每天只要上几节课,其他时候都是休息。其实除了在讲台上授课,老师在没课的时候还有许多案头工作要做。

首先是备课。一节课只有40分钟,如何能让学生在有限的时间里学懂并记住知识,是张晓玉备课时最为关注的。为了准备第二天的课,他先写了一份简要的纸质备课材料,然后针对每班的特点对教学PPT进行详细修改。对了!还有前一天留的作业,张晓玉也要在这个时间段批改完成。

11:30

中午的时间相对充裕一些,饭后还能短暂休息十几分钟。

12:10

张晓玉进班。他进班时,班里的屏幕上已经开始播放生物科学纪录片。这是他与学生共同商量的一项班级活动，让学生在就餐的同时可以放松一下，还能在潜移默化中吸取些新知识。

张晓玉中午到班不仅为了维持午餐时的秩序，也是看看班上有没有学生不吃饭或者吃得少。值得欣慰的是，这一天学生们的吃饭情况不错，不用他多加嘱咐。看到学生秩序井然地拿饭、吃饭后，张晓玉返回办公室短暂休息15分钟。

12:30

张晓玉再次进班，组织学生安静自习并给个别学生答疑，帮助其他科任老师给学生默写。

13:00–13:40

下午第一节是选学（1）班的课。选考班和选学班的课程难度不同，因此在前一天张晓玉为这个班单独备了一份课。

13:50–15:25

不讲课的时间，除了判作业、备课、答疑，张晓玉还和同科教师讨论了教学方案，听取年级组长对下一阶段的工作安排，并和年级组长及其他班主任讨论班里发生的事件的解决办法。初三年级刚刚根据选考科目重新组合了班级，因此班级构架、班干部的选拔和培养都是他近期繁忙工作的重要部分。

15:55

张晓玉占用自习课的最后20分钟，和班里的学生讨论即将召开的运动会报名名单。这个小班会也是运动会动员会，张晓玉鼓励学生参加体育运动，积极参与到集体活动之中。

16:15

学生放学，张晓玉嘱咐他们注意交通安全和次日待办的事项。

16:30

张晓玉又回到班里，检查值日生是否把教室打扫干净。

17:05

张晓玉离开学校，随着晚高峰的车流向家行驶。

18:20

开车到家，张晓玉用了75分钟。9月6日，恰巧是张晓玉家人的生日，餐桌上家人相聚度过快乐的时光。

20:36

家宴未散，张晓玉的手机铃声响起，一位家长打来电话谈论孩子在校外遇到的麻烦。张晓玉向家长了解具体情况，讨论解决的方法。挂了电话，已是半个多小时过去，桌上的饭菜已经凉了。

21:30

张晓玉拿出备课本，在白天备课的基础上又用了一个小时完成第二天课程的备课。

23:00

张晓玉，全国千万名人民教师当中的普通一员，结束了他平常而忙碌的一天。

如上是摘录自搜狐教育2017年对普通中学教师张晓玉一天生活的记录，一天17小时，若以两个字描述，那就是"忙碌"。

张老师的忙碌生活也是许多普通中学教师一天生活的真实写照。据《中国教育报》2001年9月22日报道：我国中小学教师人均日劳动时间为9.67小时，比其他岗位的一般职工日平均劳动时间多出1.67小时。这种现状近年来并未改观，王力娟（2012）调查了我国不同区域的2278名中小学教师，发现日工作时长小于或等于8小时（每周40小时）的教师仅占被调查人数的38.15%，每天工作9小时（每周45小时）以上的教师多达61.95%。雪上加霜的是，教师的时间多花在了琐碎的事务上，用于发展自我的比例很小。邱晓婷等（2009）以中学理科教师为考察对象的研究发现：中学教师表现出在校时间长，学科教学时间多，教学任务重，在校备课时间少；班主任教学管理任务繁杂；工作以模式化为主，缺乏经常和系统的教学反思，难以形成独特的教学理念和教学风格等特点。

在教师投入大量时间的同时，教师的成就感和幸福感却持续走低。有研究调查了我国28个省市自治区的6073位中学教师的职业成就感的状况，结果显示中学教师职业成就感普遍不高，职业成就感的获取主要来自外部评价，缺乏内在的自我评价（邓睿，2013）。廖友国（2015）对2002—2014

年间教师职业成就感的元分析也发现，我国大陆教师职业成就感水平整体偏低，明显低于同为助人职业的公务员、医生和警察。此外，我国中小学教师的职业倦怠严重（胡洪强，刘丽书，& 陈旭远，2015），心理健康水平有逐年下降的趋势（汪海彬，陈宁，& 陈峰，2013）。总之，我国中小学教师呈现出职业付出与回报不平衡的态势（刘东芝，2018）。

忙碌，契合"春蚕到死丝方尽，蜡炬成灰泪始干"所歌颂的师者的伟大。忙碌也是人们对努力者的标签，因为人们倾向于用忙碌给领导、学生和家长形成工作努力的印象。可是，忙碌不一定给教师带来幸福与快乐，也并不一定意味着教师的教育教学工作卓有成效。事实上，忙碌是我们在时间稀缺状态下的无奈表现，无目标、少成就感、缺温情和无尺度的忙碌可能会毁掉我们的生活。

无目标的忙碌

我们先看一位老教师的案例。

照理说，Z老师今年该教高三了，因为学校的惯例是每位老师从高一接手一个班就得教到高三毕业为止。可是Z老师接到学校通知，今年他又被换到高一年级了。Z老师已经从教20余年了，一直勤勤恳恳，兢兢业业，却屡次在该教高三时候被降到高一，且不说教高三比教高一收入会多一点，这种"留级"的感觉就让人难以忍受。

Z老师对"被留级"的事非常不满：毕竟自己在学校很久了，没有功劳也有苦劳；而且自己在学校任劳任怨，绝对是尽职尽责的；尽管教学业绩有些靠后，那也不是最差的啊，况且教学业绩这种事不是由老师一个人决定的，学生愚钝，谁能教好呢？所以，Z老师去找学校领导讨说法。

领导是这么跟他说的：Z老师啊，我知道你想不通，问题就是出在这里，你在学校工作二十余年了，一到教高三的时候就被换了，你知道为什么吗？

没等Z老师回答，领导又继续说：

"小 W 老师，你知道吧，那个年轻的小伙儿，刚毕业没几年，就已经走过两个循环了，今年还当了重点班的班主任。不是因为我们偏心，而是因为他的业绩已经超过你很多了，他值得委以重任。"

Z 老师反驳："可是我每天都在忙，也尽心尽责啊。"

领导笑笑："Z 老师啊，别怪我说话直，你每天忙得像个陀螺，你有目标感吗？哪怕不是为了学生或学校，仅仅是为了自己能够多挣一点也好……可你没有，你看似忙碌，却是在瞎忙，像个无头苍蝇一样。你按部就班地做着杂七杂八的事，这些事情，任何人都可以做好。"

这种像陀螺一样无目标忙碌的情况在教师群体中并不少见。从清晨的早自习起，教师就开始了与学生一天的"战斗"，备课、上课、教研、批改作业、管教学生、家长与沟通……这些事务天天都有，要是没有搞清楚完成这些事务的目标是什么，几年的教育教学工作综合起来可以完成一个什么样的大目标，教师很容易陷入无目标陀螺的境地。学生送走了一批又一批，教师始终在原地，永远在备课、上课和改作业的循环中忙碌。教学的技艺不曾增长，人生的见地不见提升，社会的影响也没有改变。

熊培云（2012）说：一个人，在他的有生之年，最大的不幸恐怕还不在于曾经遭受了多少困苦挫折，而在于他虽然终日忙碌，却不知道自己最适合做什么，最喜欢做什么，最需要做什么，只在迎来送往中匆匆度过一生。

缺温情的忙碌

张君是温江中学的一名数学老师，常年担任高中班主任，每天都早出晚归。儿子浩宇 11 岁，今年是一名六年级学生。总是见不到父亲，却又有太多的心里话要跟父亲讲。渐渐懂事的浩宇开始用留纸条的方式与父亲对话。他把自己想说的话写在小纸条上，贴在门口或留在茶几上。回家后的张君也会在出门前给儿子留下他的回复。慢慢地，父子俩交流的纸条已经过百，这也成了他与儿子间一种特殊的沟通方式。

这是被搜狐、网易和凤凰网等多家门户网站报道的故事。各大网站报道的基调均是颂扬为师、为父者的伟大。这种歌颂固有道理，但是这个故事也折射了另外一面——教师的忙碌已经让与儿子当面交流都成了奢望，只能借用留言条。我们教师的朋友圈还曾被这样一个故事刷屏：

> 一位中学英语老师，虽然女儿就在身边，但她经常一整天都见不到女儿。因为每天早上从家里走时孩子还在睡觉，晚上回到家时，孩子已经睡了。即便到了周六、周日，她也常因为这样那样的事情加班。有一次女儿不满，与母亲争吵："妈妈，你为什么没有时间陪陪我啊？"妈妈回答："我要工作，我要挣钱让我们生活得更好啊。"女儿默默地抱来储蓄罐："妈妈，我把我存下来的30元钱给你，你陪我玩一天吧。"

不知这是戏说还是真实的故事，但我们身边确有不少教师慨叹：教好了别人的孩子，却无暇照顾自己的孩子。

张君老师还好，他与儿子共同弄出了留言条交流的妙计，留住了父子间的温情，留下一段家庭教育佳话。但是那些没有想出如此妙计的教师呢？大概就只能像上面故事中的妈妈那样了：为了工作而忙碌，却忘记了工作的起点，忘记了留给自己的孩子和家人温情。这种缺温情的忙碌，最终留给自己的更多是遗憾。孩子需要来自父母的爱，家人需要彼此的体贴，而不是一个永远忙碌的陀螺。世界上有多少孩子误入歧途是因为父母太忙疏于管教？又有多少家庭破碎是因为忙于事业缺乏经营？

缺乏温情的忙碌，常常是搬起石头砸自己的脚，让你与快乐和幸福渐行渐远。

少成就感的忙碌

成就感是指完成一些值得做且有一定难度的事情之后的自豪感。与教师职业相关的成就是"教师职业成就感"，指的是教师在完成教育教学任务的过程中，发挥了自身的教育工作能力，充分展示了在教育教学工作方面的潜能，实现了教育教学目的，达到了自己之前设定的标准，对实现自我价值与社会价值的感受与体验，以及由此而获得的一种内在满足（邓睿，2016）。

中学教师的平均工作时间比正常工作时间长1个多小时，极端一点的就像前文中的张老师，6点离家去工作，晚上11点才把工作放下，一天17个小时在忙碌。备教批辅改，提优转差……每天都像打一场战役。尽管如此付出，成就感却不容易获得：学生自身的素质和家长过高的期望，永远有难以调和的矛盾；老师的状况和领导的严格要求，也存在不小的差距。学生送走了，若没达成理想目标，老师背负巨大压力，只有等到下一次扬眉吐气才可以一雪前耻。若达成理想目标了，但下一次目标会更高，背负的压力也会水涨船高。再加上老师往往珍视面子，为了所谓"江湖地位"，或为了教育良心，为了学生的前途而殚精竭虑。如此这般，一边是大量的时间和精力投入，一边是持续走低的成就感，浸淫在这种状态下，回首往事的时候只能因为自己的碌碌无为而悔恨。

**无尺度的忙碌**

2011年11月15日晚，冯芳弟任教的两个班级进行测验考试。结束后，冯芳弟回到家中。次日早上7点，同校老师在冯芳弟家中发现其身体状况异常，立刻拨打急救电话，琼山人民医院到场进行抢救，但最终冯芳弟抢救无效死亡。

琼山人民医院出具死亡证明显示，冯芳弟因突发心肌梗塞，于2011年11月16日在家中死亡，发病到死亡时间"不详"。

琼山中学数学组证明："2011年11月15日晚，从20时30分至22时30分进行考试，冯芳弟老师连夜评完两个班学生的数学试卷，并进行试卷分析，因每周三为我校数学教学研究时间。"

这不是教师过劳死的孤例，也不是独见于我国。有日本媒体调查发现，过去近10年来，有63名公立学校教师被裁定为过劳死，但专家指出这只是冰山一角，呼吁政府应重视此类问题。这种忙碌到送了卿卿性命的事件，除去客观环境的原因，也有自身的因素。人们有时候会嗜忙成瘾，认为成功需要特别忙才可以获得，一刻都停不下来，然后随时哀叹：忙死了。不可否认，世界会奖励忙碌的人，但忙碌要有尺度，不可为零，也不可太过。如刘墉所说：人不可不奋进，也不可不休闲；休闲是为奋进积蓄力量，奋进是为休闲创造空间。

忙碌是一场与时间的战役。时间不够是人类面临的最基本的问题，但也只有在这一点上，人与人之间才有点"生而平等"的意思，无论是谁都逃不出这个自然规律。所以，戴着时间的枷锁去舞蹈，在有限的时间里活出自己的精彩，挣脱忙碌却又悔恨的困境，正是我们和情绪做朋友，逐渐逼近幸福的关键所在。

## 巧用"四象限法则"

时间就那么少，事情总那么多。

我们常常以为跟时间赛跑，把事情都给做了，一切就好了。于是，我们利用便条、备忘录或计划手册把要做的事情都列出来，想抓紧时间把它们都做了。这种方法便于我们逐条完成备忘录上的事务，可以提高效率，也偶有"完事"的快感。但事情做得更多更快并不代表做了正确的事情，甚至容易让我们关注于紧迫的事情，助推我们耽于忙碌，以为忙碌意味着努力，忙碌就"没有功劳也有苦劳"，无需担负太多的责任。长此以往，人便成了时钟驱使下的陀螺，嗜急成瘾。

可是，时间就在那里，不因个人好恶而增减。与其说你要做时间的主人，不如说你只能做时间的朋友；与其说你要管理好你的时间，不如说你应该管理好你的人生。在时间面前，你不光需要一个时钟记录你的时间在滴答流逝，你更需要一个罗盘告知你走在正确的道路上。这就是著名管理学家史蒂芬·科维（2013）的第四代时间管理法的出发点：在紧迫性和重要性之间，后者更为关键。在紧迫性和重要性的交叉之后，我们该找出什么是"要事"，然后遵循"要事第一"原则分配时间和精力。

让我们先通过如下故事来管窥"要事第一"的价值①。

课上,教授在桌子上放了一个塑料罐子,然后从包里拿出一盒高尔夫球。教授把高尔夫球放进罐子后问学生们:"你们说这个罐子是不是满的?"

"是。"所有学生异口同声地回答。

教授笑着从包里拿出一袋小石子,把它们从罐口倒下去,摇一摇,问:"现在罐子是不是满了?"

"是。"学生们回答。

教授不语,又从包里拿出一袋细沙子,慢慢倒进罐子里,摇一摇,问:"现在罐子是不是满了?"

"是。"学生们依旧如是回答。

教授又从包里拿出两瓶啤酒,打开,缓缓倒进看起来已经被高尔夫球、小碎石、沙子填满的玻璃罐。

我们每个人所拥有的时间就是这个塑料罐,不会变大,也难以缩小,但其实可以装进很多东西,只是怎么装是一门技艺。如果不先把大的高尔夫球装进罐子,直接装了细沙,或是倒入啤酒,就永远没机会把高尔夫球放进去了。生活中的事情亦是如此,那些对你重要的事情好比高尔夫球,那些琐碎的杂事好比细沙,而跟"狐朋狗友"喝一杯就是那最后倒入的啤酒。要是我们能找准人生的"高尔夫球"和"细沙",然后再有条不紊地放入时间的罐子,最后总是有机会跟朋友喝一杯的。

如此看来,我们与时间的赛跑又回到了原点——我们想要做一个什么样的人?对此,我们需要找准人生的罗盘,有坚定的人生方向,有明确的目标使命。就像为了中华之崛起,周恩来用了一生去求索;为了新中国诞生,董存瑞举起了炸药包;为了探寻科学之谜,居里夫人长期接触放射性物质。他们为了各自的目标奉献所有的时间和精力,内心总有燃烧的激情。

---

① 视频链接:http://www.iqiyi.com/w_19rvk8k0ct.html

如果有了人生的罗盘，利用时间的事情就简单多了，不过就是以我们的人生目标为参照，在重要性和紧迫性两个维度上给我们要做的事情评分，然后把它们分到如图 5-1 所示的四个象限里面。象限一是重要且紧急的事情，象限二是重要但不紧急的事情，象限三是不重要也不紧急的事情，象限四是不重要但紧急的事情。

以下我们以 L 老师为例来分析如何运用四象限法则。

> L 老师是一所重点中学的教师，有些教育情怀，喜欢《左传》里的"立功、立德、立言"，亦想"修身、齐家、治国、平天下"。不过他更喜欢史蒂芬·科维的人生目标：To live, to love, to learn and to leave a legacy（生活、关爱、学习和留下遗产），认为科维这些侧重过程的阐述，虽没有宏大的叙事，也不妄谈功德，但贴近普通教师的人生。所以，L 老师的人生目标就是"做一个爱生活、好学习、有建树的专家型教师"。

有了人生目标，仿佛就有了人生的罗盘：对于实现目标极为关键的事情，在重要性维度上得分就高，比如锻炼身体、备课上课、读书思考、陪伴家人就极为重要，因为健康的身体、高超的教学技艺、和谐的家庭、独到的教育思想是他成为专家型教师的关键。而对于实现他的目标不太关键的事情，在重要性维度上得分就低，比如刷朋友圈、逛淘宝、打王者荣耀、事务性的作业批改和无趣的迎来送往等等，因为这些事务并不为自己成为专家型教师的目标添砖加瓦。

除去重要性这个维度，另一个维度对我们即时的影响可能更大，那就是急迫性，即是否需要立即处理。比如电话响了，得接；孩子哭了，得哄；门铃响了，得应。有些事对于我们的长远目标达成并无大贡献，但是若不及时处理，它就会拖住你达成长远目标的步伐。像上述 L 老师需要面对的事务，在急迫性上也可以分出个高低来，比如备课上课、作业批改、交办任务等的急迫性就高，而锻炼身体、读书思考、陪伴家人、刷朋友圈、逛淘宝的急迫性就低。

L 老师面对的事务就成了如下的四象限图：

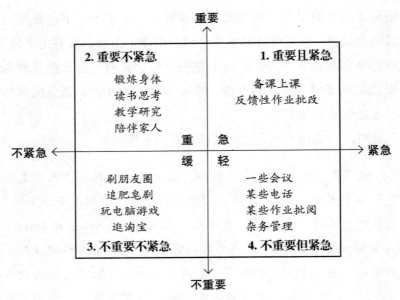

图 5-1 教师时间四象限分配图

这样，我们把每天要干的事情放到不同的象限里，把事情分出了轻重缓急，充分利用时间的愿望就已经达成了一大半。首先可以把象限三那些不重要不紧急的活动砍掉，这样不仅可以省出时间，还可以锻炼我们的意志力。苏联作家高尔基说过，"哪怕是对自己的一点小小克制，也会让人们变得强而有力"。要知道，朋友圈、电脑游戏和逛淘宝等等，一方面利用人类偏好即时反馈的特点为我们提供了娱乐，同时它们也利用这一点俘获了我们的注意力以攫取利益。新东方集团董事长俞敏洪在2018亚布力论坛夏季峰会上演讲称："像拼多多、阿里巴巴和腾讯这样的互联网公司做的都是国内的生意，而且都是利用人们的低级趣味收割人们的注意力资源。"这个象限的事务属于"缓"的范畴，实在抵抗不了它的诱惑了，那也得缓缓，缓到等我们有大把时间可以浪费的时候再去做。

象限三的事务是比较好处理的，不做就行。如果要说难，难就难在我们抵挡不住那些轻易就能俘获我们注意力的诱惑，难就难在我们那颗偏好即时反馈的大脑。

还有一个比较好处理的是象限一的事务，这个象限的事务既重要又紧急，不立马干好，领导就炒我们的鱿鱼。对于前述的 L 老师来说，备课上课就属于这个类别。既然如此，那就啥也不说了，撸起袖子加油干就好了。当然，这个象限也有它的难处，那就是我们容易把太多的事情都归入这个象限，以至于认为重要的事情堆积如山，自己实在无力应付了。然后忍不住就跑去做点象限三的事情，并且心里还振振有词：我都已经累成这怂样了，休息一下总可以吧？刘墉不是讲"人不可不奋进，也不可不休闲"吗？

可事实是，人生某个时段没有那么多事务值得归入象限一。据诸葛越（2017）在她的书里讲，在人生的一个阶段，真正算得上既重要又紧急的事不超过三件。哪些事情值得你归入象限一呢？只有那些你做完之后会觉得很有成就感的，那些既是你必须去做，又是你真正想做的事情才够格。而那些貌似你不得不做，做完之后却不能给你带来成就感的事务是不够格的，它们应该被归入象限四。

象限四是紧急却不重要的事务，我们日常的许多事务都集中在这个象限。这个象限的事情往往不是你要去做，而是你不得不做，是体制规定了你要去做，领导要求你去做，或是同事需要你去做的。对于 L 老师来说，学校的一些会议、某些作业批改，甚至是备课上课中的某些环节都可以归入这个象限。其实，让我们陷入忙而不乐、苦而无功的事务大都集中于此象限，特别是我们还误把这个象限的事务归入了象限一。

如果要在这个象限上节省时间，较好的策略是尽量做到外包、标准化和流程化。有些事务性的事情可以外包，比如班级管理。如果教师做到了纲举目张，把那些具体的杂务交给学生去做，就不但节省了自己的时间精力，还锻炼了学生的能力。另外，教学工作中的一些常规性的、琐碎的事情，比如年度计划、总结、部分作业批改、学业成绩记录等等，都是年复一年，重复性的。这些事情就可以标准化和程序化，利用现代信息技术等手段，做好模板，收集好数据，完成每一次任务不过是在上一次的基础上改进一点。这样不仅省时省力，而且在大数据时代，等数据收集得多了，标准化的处理方式甚至还可能促进象限一的教学研究呢。

最难处理的是象限二。这个象限的事务对于实现我们的长远目标极为重要，是我们幸福感和成就感的关键来源，但它们又显得不是那么紧急，以至于被象限一和象限四的紧急事务挤占，让我们忘却了它们的存在。比如 L 老师的身体锻炼、读书思考和陪伴家人，在处理完象限一的教学工作，又搞定象限四的诸多杂务之后，哪里还有时间锻炼、读书和陪伴家人呢？我们以为身体、家人和书总是在那里，待应付好紧急的事情后再说。更有甚者，在受够象限一和象限四的紧急事务的肆虐之后，早没有心情做象限二的事情了，还是做点轻松的、即时反馈的象限三的事吧——玩个游戏、刷个朋友圈、逛个淘宝……等时间被这些事务耗尽了，想起象限二里的那些理想，又陷入了悔恨。

这个象限的事务解决之道在于刻意提高象限二的事务的重要性，安排专门时间完成这个象限的事务，逐步形成雷打不动的习惯。比如，星期三下午 5 点到 7 点是身体锻炼时间，每个周六是陪孩子的时间，每天睡前一个小时是读书时间，除非万不得已就不能改变。习惯养成了，象限二的事务就有救了。我们还需要明了的是，象限二的事情做好了，会促进我们处理象限一事务的表现，这正是那些高效能人士的秘诀所在，他们会尽量避免陷入象限三和象限四的事务，通过增加象限二的投入来减少象限一事务的数量，提高完成象限一事务的质量。

## 遵循"20-80 法则"

如果说史蒂芬·科维的"四象限法则"的阐述让我们在时间管理上，从关注"时钟"到重视"罗盘"，然后基于人生的"罗盘"把自己的事情分出了轻重缓急的话，那这种轻重缓急的区分是侧重于事务的价值，它还缺乏对时间和精力本身价值的考量。事实上，和事件一样，不同节点的时间的价值是不同的，它们遵循"20-80 法则"。

"20-80 法则"是由意大利经济学家和社会学家帕累托发现的，因而也称作帕累托法则。1897 年，帕累托对 19 世纪英国社会各阶层的财富和收益统计进行分析时发现：80% 的社会财富集中在 20% 的人手里，而 80% 的人只拥有社会财富的 20%。之后，在对不同时期和不同国度的社会财富分配的统计资料做分析时，这种现象反复出现，由此他提出了所谓的

20-80法则：在任何大系统中，约80%的结果是由该系统中约20%的变量产生的。该法则最初只限于经济学领域，后来这一法则被推广到社会生活的各个领域，且深为人们所认同。

> 80%的利润来自20%的项目或重要客户；
> 80%的财富被20%的人掌握着；
> 80%的智慧集中于20%的人身上；
> 80%的病假被20%的员工所占用；
> 80%的垃圾源自20%的地方；
> 80%的看电视时间花在20%的节目上；
> 80%的电话都来自20%的发话人；
> 80%的外出吃饭都前往20%的餐馆；
> 80%的讨论都出自20%的讨论者；
> 80%的教师辅导时间都被20%的学生所占用。

具体到时间管理，帕累托法则就是——80%的收获来自20%的时间，80%的时间创造了20%的成果。这是不是一个痛苦的领悟？我们80%的工作时间所做的事情仅仅带来少得可怜的20%的工作成绩，而另外20%的时间会带来所有工作成绩的80%。

帕累托法则对我们的第一个启示是"大智有所不虑，大巧有所不为"。

工作中应避免将时间花在琐碎的多数问题上，因为就算你花了80%的时间，你也只能取得20%的成效，出色地完成无关紧要的工作最浪费时间。我们应该将时间花在重要的少数事务上，因为我们只要搞定了这些重要的少数问题，我们就可取得80%的成效。显然，这个启示和"要事第一"所倡导的思想是一致的：找到那一小部分对我们真正重要的事情，认真做好他们，而对于大部分不那么重要的事情，即使它们具有一定的紧迫性，也不宜投入太多的时间和精力。

哪些事情是真正值得花费时间和精力处理的20%呢？如下几个方面的事情对我们普通教师来说就是很重要的：

> 1. 提升生命大目标的事；
> 2. 能节约时间、改善品质的创新性的事；
> 3. 千载难逢、稍纵即逝的事。

对于前例中想成为专家型教师的 L 老师来说，在普通教师中脱颖而出的无外乎那么几条路子：教好学生，在官方统计的学生学业成绩评比中稳居前茅；砥砺教艺，在各类教学技能比赛中崭露头角；精进教研，在主流教学期刊撰文发声，获得业界认可，形成自己的独特教育思想。综观李镇西、魏书生等中小学教育名家都是如此成就自己的。而走这些路子，就应该锚定一些促进大目标达成的事情，比如在砥砺教艺上持续地努力，同时关注一些创新性的事情，比如如何通过学生自主小组管理来解决班级管理，自己抓大放小，将杂务交给学生。

帕累托法则对我们的第二个启示是"好钢用在刀刃上"。

由于 20% 的时间会产生 80% 的工作成绩，那就把那 20% 能产生高效率的时间找出来，去做对我们重要的事情。有高产出的 20% 的时间是哪些呢？这要把我们自己的时间、精力配比起来看，其间存在很大的个体差异性。比如有的人是早上的工作效率更好，那早上的一两个小时就是他高效率的 20%，这段时间就应该用来完成对他来说非常重要的事情，比如深度思考、撰写教学论文。而有的人可能是夜猫子，夜深人静了，他才能进入高效率状态，那他就应该珍视凌晨一二点的时间，这是他取得高效率产出的 20%。我读博士的时候，我的室友的论文都是凌晨写出来的，只有那个时候他才高度兴奋，文思如泉涌。而我呢，就偏好早上大家都还没起床的时光，这个时候我沉浸在自己高自制力的自豪里，写论文的时候，下笔就流畅多了。

用好高效率的 20% 的时间，是不是剩下效率不高的 80% 的时间就没有用了呢？答案是否定的。这里的 20% 和 80% 是在总时间里的一个相对划分，打个比方，今天你获得的饱腹感是占比 20% 的米饭提供的，而占比 80% 的蔬菜就没有贡献吗？不是，我们不能只吃米饭不吃蔬菜。20% 和

80%的时间配比是一个平衡的动态过程,我们应该做的是更有效地利用它们,而不是取舍它们。

80%的时间里占比较重的是碎片化的时间,这种时间难以让我们系统地去做一件事,但是浪费掉还是很可惜的。而且,在信息时代,我们的时间很容易被许多因素切成碎片。所以,给碎片化的时间安排一个碎片化的事情,就像游击队那样,散可以化整为零,聚又可以归零为整。现在我就是这样来对付那些碎片化时间的,我订阅了一些音频课程,每一段就10分钟,在上班下班的路上、办事等待、刷碗洗锅的时候,我就听听,那十几分钟让自己沉浸在那个片段里去。等这样碎片化的学习多了,或是哪天偶有所得的时候,我会回过头整体思考一遍,把那些碎片化学习的东西串起来。这种碎片时间里的碎片学习也让我学完了好几门课程,自我感觉还是有一些收获的。

总之,我们的事情和时间都遵循"20-80法则",我们可以基于该法则行事,在事情上舍末固本,做好20%的事情收获80%的效益;在时间上抓住高效产出的20%的时间,认真地去做重要的事情,效益不高的80%的时间就做一些不那么重要的或是零散的事情,等待着归零为整,让这80%向20%转化。

# 第 6 章　深度工作，充分发掘脑力

## 纷繁的世界，脑力有限

### 信息爆炸

这是一个最好的时代。因特网使得信息的获取与传播的速度都达到了空前的水平，信息传播已基本克服了时间和空间的限制，实现了全球的信息共享，人类社会已进入信息爆炸时代。2014 年硅谷网曾统计了一分钟内互联网产生的信息量：

YouTube 用户上传 48 小时新视频

Google 收到 2000000 次搜索请求

Facebook 用户分享 684478 条信息

Twitter 用户发送超过 100000 条微博

苹果应用下载超过 47000 个

Instagram 用户分享 3600 张照片

这是 5 年前的数据，而且这当中还不包括数亿中国网民的贡献。若是加上微信和微博等其他社交媒体的数据，这个信息量还得增加多少？！我们生活在一个资讯丰富的世界里，可以方便快捷地获取各种信息。这给我们的生活提供了极大的便利：可以方便地查阅咨询，可以实时了解朋友的状态，可以查看各种攻略，足不出户就可以网络比价……

这也是一个最坏的时代。信息以几何级数增长，可是人类用以处理信息的硬件——神经系统——很大程度上还停留在狩猎采集时代，信息处理的速度远跟不上信息增长的速度。汹涌而来的信息常常让人无所适从，从浩如烟海的信息中迅速而准确地获取自己最需要的信息变得非常困难。在这个"信息爆炸"的时代，面对极度膨胀的信息量，即使每天 24 小时阅读，也无济于事。诺贝尔奖获得者赫伯特·西蒙早就指出：信息的充沛意味着其他东西的匮乏，信息处理会消耗认知资源，认知资源会随着信息的极大丰富转而成为稀缺物品。

随时在线

为了最大限度地接收信息，我们常常选择随时在线。手机一响立即回复，一有通知马上就看有何推送，绝不容忍朋友圈出现一个红点……闲暇时总会不自主地拿出手机，生怕自己错过了什么，没有及时参与到大家的"大事件"当中去。据德国数据统计互联网公司调查发现，中国人均玩手机时间为三小时，仅次于巴西，居全球第二位。各式各样的游戏软件、及时反馈的社交网络、抓人眼球的视频节目、"只有想不到，没有买不到"的网络购物……轻易就塞满了我们的所有时间。

这样的生活看似丰富，可是随时在线会引起信息超载，让我们的大脑无法及时处理和储存信息，也无法做出深思熟虑的决策。更糟糕的是，这些信息中 30%～90% 的内容与我们没什么关系，这又进一步加剧了信息超载的主观感受。久而久之，我们会陷入恶性循环：因为我们随时保持在线，就无法做到定时离线深入思考；而我们在线的时间越长，处理持续信息流的效率就越低；未经处理的信息越多，就促使我们进一步地多任务并行，长时间处在压力之下。

随时在线还会让我们形成网络依赖，让我们身心受累。长时间盯着电子屏幕，容易导致视力模糊和干眼症，眼睛受伤。长时间低头会压迫脊椎，引起脊椎侧弯或颈脖、头部、肩膀疼痛，还容易出现弓腰驼背等不良姿势。英国调查发现，18～24 岁的年轻人中，有 84% 因为玩手机而遭受颈脖和背部疼痛。有了虚拟的社交网络，还会让我们与社会脱节，导致孤独感增加——"世界上最遥远的距离是我在你身边，你却在玩手机"。

在信息不充裕的时代，占据更多的信息叫作信息优势。可到了今天这个信息爆炸，且良莠难分的时代，情况就不大一样了。随时在线获取的碎片化的信息往往得不偿失，犹如进了一家廉价的自助餐馆，胡吃海喝一番，肚皮圆鼓鼓地走出来，既没有得到什么营养，保不定还会闹肚子。我们图一时之快，以随时在线的方式以求不放过任何一点资讯，哪知道我们贱卖了自己最重要的资源——"注意力"，这种"与生俱来"的有产出能力的资源。"我们应当警惕注意力商人的把戏，他们无时无刻不在想着收割我们的注意力"，著名学者吴修铭在《注意力商人：进入我们脑袋的史诗争抢》中如是警醒我们（Wu，2017）。

多任务并行

除了随时在线，我们还得面临多任务并行的窘境：在 Word 里撰写论文，登录了 QQ，开着微信，Foxmail 随时在更新邮件，Skype 也在候着……我们还得应付这样的场景：正在集中精力做某件事情，突然又有另一件急事需要处理，不得不转头去做另一件，这时又接到一个电话，要求尽快提交一份报告，打开电脑，发现有好几封邮件等着你，都需要认真回复。

这就是所谓的多任务并行，在一个较短的时间段内有很多需要我们花费精力和时间去处理的事务。这些事务可能是工作上的，也可能是生活上的，更常见的现象是，工作和生活的事情一起涌过来。在这个过程中，我们同时处理着多项事务，貌似有着三头六臂，可以八面玲珑地应对，可实际上却是手忙脚乱、焦虑沮丧。

和随时在线一样，多任务并行也会妨碍我们的注意力的产出，因为多任务并行意味着任务间的切换，任务切换会切割我们的注意力，还会导致注意力损耗，让我们不能专注地去完成一件事情。我们想做成一件事情的时候，需要在一段时间内集中自己的注意力，越是困难的事情，越是需要长时间且集中的注意力。特奥·康普诺利（2016）在《慢思考：大脑超载时代的思考学》中称 30 分钟不受打扰地处理一个任务，效率比 3 个 10 分钟要高 3 倍。如果任务比较复杂，或者多个任务属于完全不同的领域（例如有的是与工作相关，有的是与家庭相关)，那么集中精力处理一个任务的工作效率比多任务并行高 4 倍。与此同时，与不断切换任务的 10 个 3 分钟相比，连续不受打扰的 30 分钟能让你的效率提高 10 倍。所以，尽管我们想把注意力都放到那些我们认为重要的事情之上，但多任务并行要求我们在不同任务间切换，这个切换必然导致注意力的耗散。

睡眠不足

事情那么多，我怎么能够安心去睡？所以，我只能少睡一点。世界如此精彩，我怎么舍得就此去睡？所以，我睡前看看手机，刷刷朋友圈。但是睡前看手机会阻碍褪黑素的生成，扰乱作息，导致睡眠质量变差，第二天不能以饱满的精神状态面对工作。中国医师协会 2015 年发布的"2015 中国睡眠指数"称，中国人中有 31.2% 的人都存在睡眠问题，有 2 亿人有睡眠打鼾的毛病，有 5000 万人在深度睡眠中出现呼吸暂停的状况，43.2% 的人晚睡是因为玩手机或玩游戏，56.2% 的人失眠与工作压力有关，29% 的人梦中出现的是工作。睡眠不足会把我们送入恶性循环的怪圈，导致思考能力下降、警觉力与判断力削弱、免疫功能失调等等。

这个纷繁的世界让我们坐上信息时代的快车，享受资讯易得的快乐，但也让我们遭受信息爆炸的恶果，一不小心就出卖了我们最宝贵的资源——注意力。若是没有一点警醒，着了"注意力商人"的道，随时在线、多任务并行，再加上睡眠不足，等待我们的就是手忙脚乱、疲于奔命、忙而无功、累而无果的死局。

大脑是我们最重要的工具，尤其是在当今的信息时代。随着人工智能（AI）的发展，人类的某些工作岗位被 AI 抢走的情况在所难免。前 Google 副总裁、创新工场 CEO 李开复（2018）在其新书《AI·未来》中就提出 AI 能在 15 年内取代 40%～50% 岗位，主要包括重复性劳动、相对简单的数据分类，以及不需要与人进行大量的面对面交流的工作等。但是那些需要创造性、战略性、灵敏性和同理心的工作仍是人工智能难以涉足的领域，这些正是我们大脑的优势所在。

我们的大脑大概由 860 多亿个神经元和 8000 亿个神经胶质细胞构

成。每个神经元都像一个微处理器一样处理电信号，同时向其他细胞发放电化学信号，将神经元彼此连接起来。神经胶质细胞主要起到结构支撑、辅助新陈代谢、隔绝外界物质和提供发育基质的作用。这样，这860多亿个神经元就形成了一个庞大的信息处理系统，每个神经元与其他1000～200000个神经元彼此相连，这意味着大脑里共有超过10万亿条随时随地都在变化的连接。单个人类大脑就像是一台超级计算机，或者由数十亿台微型计算机层层叠叠连接而成的巨大网络。如此巨量的神经连接，仿佛形成了一个无限的脑力空间。

我们的"脑力"真的是无限的？确实如此，如果能够在时间维度上延伸，有足够机会让神经元之间形成有效连接，我们的脑力基本上是无限的。但是，遗憾的是我们每个人的生命是有限的，神经系统必然走向衰亡，再加上在单位时间内神经元能形成的有效连接是有限的，因此，我们只能以有限的脑力去面对纷繁的信息时代。

脑力并不是心理学上常用的严谨说法，相似的概念在心理学里被称为认知资源。诺贝尔奖获得者卡尼曼（Kahneman）早在1973年就提出了认知资源有限理论。在《注意与努力》一书中，卡尼曼指出，完成每一项任务都需要运用认知资源，而人的认知资源的总量是有限的。只要同时进行的两项任务所需要的认知资源之和不超过人的认知资源的总量，那么同时操作这两项任务就是可能的，但是若超过了其认知资源之和，那就不能同时完成两项任务。

比如，当我还是新手的时候，我开车时总是全神贯注。等我熬成了老司机，那就可以一边开车一边聊天了。但是路过拥挤路段，也得停止聊天，认真开车。这是因为还是新手的时候，开车这个任务占用了所有的认知资源，我无暇他顾。等熟练到加油、刹车和打方向盘都成了肌肉记忆，开车这事就不大耗用认知资源了，剩余的认知资源就可以用来聊天了。但是到了拥挤路段，人多路况复杂，开车消耗的认知资源又多了，我就只好闭嘴专心开车了。这个理论也正好解释了开车打电话的危害，即使是使用免提，打电话也是要消耗认知资源的，必然减少在开车上的认知资源的投入。研究者让一些人分别从一条繁华路段上两次开车通过，一次正常通过，一次打着电话通过，结果发现打电话的那次，司机对前面车辆的刹车、红绿灯的反应都迟钝得多。

认知资源的核心成分是注意力资源。人的认知资源总量是有限的，其实关键还是注意力有限。当然，卡尼曼的观点也佐证了西蒙的注意力是稀缺资源的论断，同时也说明在信息超载时代，高效利用我们注意力资源的重要性。

在认知资源有限理论之后，卡尼曼致力于把心理学研究与经济学融合到一起，解释不确定状态下人们是如何决策的。他发现人并不是理性的动物，相反在很多情况下并不理性，偏见与生俱来。卡尼曼（2012）综合自己几十年的研究，结合认知神经科学的研究成果，推出了《思考，快与慢》一书，把人类的思考系统拆分成快思考和慢思考两个部分，前者叫系统1，后者叫系统2。系统1是依赖直觉的、无意识的、快速的思考系统，系统2是需要主动控制的、有意识进行的、慢速的思考系统。在人类的决策行为中，两个系统都会发挥作用。但是，由于系统2的懒惰，很多时候系统1会占据主导地位。不过系统1依靠直觉思维的快速思考模式不一定能做出最佳决策，还记得前文中那个计算球拍与球的价格的例子吗？

迅速回答"球拍1元，球0.1元"的就是系统1，若是经过一番推算，得出正确结论"球拍1.05元，球0.05元"的就是系统2。系统1几乎无需消耗多少认知资源，这在人类演化的过程中起到了重要的作用，因为有些情景就必须迅速决策，比如见到老虎模样的东西潜伏在你前边的草丛里，系统1就迅速决策让你赶紧逃跑。若是这个时候让系统2决策，它得收集一堆证据，做一番推理，消耗很多认知资源，终于做出了正确的决策。要是那老虎模样的东西真是老虎，那一切都晚了。所以，系统1和系统2的有效合作才让人类不断攀爬演化的阶梯。

有意思的是，我们前边描述的情绪高低通路模型跟卡尼曼的思考双系统契合，情绪低通路对应于系统1，情绪高通路对应于系统2，低通路决定了情绪存在的必然性，高通路决定了管控情绪的可能性，但只有两个系统的有机整合才能让我们走上情绪进取之路。

其实这种双分法在心理学中并非孤例。弗洛伊德提出了意识和潜意识的区分，系统1的工作往往是潜意识层面的，无需耗费认知资源，而系统2的工作则到了意识层面，需要耗费认知资源。提摩西·加尔韦（2013）则提出我们的身体里其实存在两个自我，一个是自我一，就是自己的头脑和意识；另一个是自我二，指的是身体和潜意识的自己。他认为自我一趋于理性、逻辑性强、负责下指令，相当于卡尼曼的系统2，而自我二是潜意识的、感性的、负责执行指令的，相当于卡尼曼的系统1。自我一和自我二的关系往往决定了我们工作的成效，比如在网球比赛中，过分强调自我一的作用，不信任自我二，在自我二行动的时候质疑，那我们的表现就会很糟糕。正确的做法是自我一和自我二关系和谐，自我一完成目标和方向性的思考后，就放手让自我二去做，就能够轻松"不费力"地达成目标。

特奥·康普诺利在其著作《慢思考：大脑超载时代的思考学》中把人脑分为三个部分：思考脑、反射脑和存储脑。思考脑负责抽象思考，特点是运转速度慢，需持续投入注意力并保持专注，消耗大量认知资源和能量，容易疲劳。反射脑主要处理原始的刺激反应，特点是反应快，自发地、无意识地处理问题，可以同时处理多个任务，无需消耗过多认知资源，但容易出错。存储脑好比后台数据库，可以把接收到的大量信息进行分类和存储，但需要适当休息（比如睡眠，出门休闲等）才能很好地工作。如果跟卡尼曼的双系统进行对比，思考脑就对应于系统2，而反射脑就对应于系统1，只是康普诺利增加了一个存储脑。在他的三系统理论中，仍然强调的是思考脑不擅长多线程并行，一次只能处理一个任务，且消耗认知资源，即使有时我们觉得自己可以同时做好几件事，事实是我们或在不同任务之间切换，或是让反射脑完成大多数事务，仅留一个任务让思考脑完成。

概而言之，有限的认知资源遭遇了信息爆炸，而且我们大脑的几个系统还不一定能够和谐工作：思考脑或系统2，理智，重逻辑，深谋远虑，但是它懒惰，受认知资源有限的限制，有时候还会过度干预反射脑或系统1的工作；反射脑或系统1，感性、快速、无认知资源有限的限制，但是它过于依赖直觉，还存在锚定偏见①、乐观偏见②、可用性偏见③、损失厌恶④等诸多偏见。

我们的大脑天生喜好即时反馈，热爱即时满足，追求确定性，需要归属感，很难与提供海量资讯的社交网络隔绝，甚至有人认为社会思考和浮浅工作是人脑的默认工作模式，而个人思考和深度工作是高级模式，是需要付出努力的。所以，我们是在用有限的脑力去应对无限的资讯，若是找不到破解之法，我们就会在信息爆炸时代迷失。

## 摒弃浮浅，深度工作

一面是奇妙的世界，无尽的诱惑；一面是有限的认知资源，懒惰的思考脑，冲动的反射脑，找不到机会的存储脑。怎样高效用脑，充分利用认知资源已成为信息超载劳动者，特别是脑力劳动者面临的关键问题。

卡尔·纽波特（2017）给出的答案是深度工作（deep work）。深度工作是指在无干扰的状态下专注进行职业活动，使个人的认知能力达到极限的工作状态，它能够创造新价值，提升技能，而且难以复制。与之相对的是浮浅工作（shallow work），指那些对认知要求不高的事务性任务，往往在受到干扰的情况下开展，这类工作通常不会为世界创造太多新价值，也容易被复制。

然而，在信息超载时代，浮浅工作盛行，因为我们喜欢先做那些容易完成的事务，难以进入深度工作状态。比如我就愿意先查看和回复邮件，却难以进入写作论文的状态；还喜欢随时在线，多任务并行，社交软件的

---

① 算式 $9×8×7×6×5×4×3×2×1$ 和 $1×2×3×4×5×6×7×8×9$ 哪个结果更大？"第一个算式！"不对，其实是一样大的，只是因为你先锚定大数，所以你认为第一个算式的结果更大。

② 90%的司机认为自己的水平高于平均水平；70%的管理人员认为自己属于顶尖人士。

③ 大脑中会记住鲜活的事情，并高估概率。比如"9·11"之后，死于车祸的人远多于死于恐怖袭击的人。

④ 失去一样东西比得到一样东西更让人揪心。

不时提醒常常打断我的工作状态。此外，上班时我们忙着工作，下班后忙着学习，以为"忙碌就是生产力"，其实这种浮浅状态的忙碌、低质量的勤奋仅是耗尽了我们的认知资源，并不能取得应有的回报。

那么，如何避免浮浅劳作，更多进行深度工作呢？

1. 选择适合自己的深度工作模式

纽波特根据职业特征提出了四种深度工作模式，分别是节奏模式、双峰模式、禁欲模式和记者模式。

节奏模式是指在每天固定的时间都固定做同一件事，形成节奏。比如，我为了写这本书，每天早晨起床后的一小时就是我的写作时间，而睡觉前半小时是我读书的时间，没有特殊情况不得改变。妻女来加州陪我的时候，我早上 6 点起床，她们还在睡觉，在这一个小时内我可以不受干扰地敲击键盘。而睡觉前刚好用故事书哄睡了孩子，自己再用 kindle 看看书，思考第二天要写的内容。这种节奏模式很好地推进了我的写作进度。有很多作家都用节奏模式来深度工作，其中日本著名作家村上春树就是节奏模式的践行者，他要求自己每天创作 10 页，每页写 400 字。不管外界发生什么事情，他都会雷打不动地把这 4000 字写完。这种模式比较适合杂务多、家务重的老师们，只需要在一天的 24 小时里辟出一到两个小时去做自己喜欢的、需要大量精力去完成的事情。

双峰模式是把我们自己的时间分为两块，其中一段时间追求高强度、无干扰的专注，其余时间完成浮浅工作。这在时间比较自由的工作者中比较常见，比如大学老师，他们会一学期完成所有的教学任务，而另一学期将全部精力投入研究工作。不过并不是所有大学老师都能有这样的机会，所以他们就分外珍惜寒暑假的时间，以至于不少大学教师称他们的研究成果都是靠假期做出来的。于我来说，也没办法使用这种以年为单位的双峰模式，我是以周为单位进行双峰分布，我常常要求教学秘书把我的课排在连续的两天，比如周一周二，这两天我就全力处理教学事务，而剩余几天里，我无需去跟学生接触，可以躲起来去琢磨我的情绪研究。

禁欲模式是将自己封闭在别人联系不到的地方，切断一切与外界的联系。著名科幻作家斯蒂芬森就拒绝公布他的任何联系方式，他把自己关起来，留出大块的、不受任何人打扰的时间来写作小说。这种模式大多数人都用不了，作为社会人，长时间切断与社会联系是需要智慧和胆魄的。我在美国访学的日子，自然地获得了禁欲模式的机会，因为周围没有那么多熟人。我告诉自己要享受孤独，但还是免不了常常跟远方的家人和朋友煲电话粥，和一帮境遇相似的人打球聊天等等。没有足够的胆魄，即使客观条件具备了，也难有享受禁欲模式的心态。

记者模式要求只要一有空闲时间，就能立刻进入深度工作模式。据称有一名叫做沃尔特·艾萨克森的记者能利用这种模式进行深度工作。他每天大部分的时间用来做记者的工作，到各地去采访报道。但一旦有空闲时间，他就能立刻转入深度工作模式。在做记者的时间里，他同时完成了一本900页的书稿。这个模式于我来说更是不易，任务间的切换和认知资源耗散很难让我瞬间进入深度工作状态。

总体来说，这四种模式总有一种适合我们，我们只需要根据自己的实际情况找到适合的模式，坚持下去，深度工作就离我们不远了。

2. 离线思考

我们已经知晓，当有限的脑力遭遇纷繁的世界，众多易得的信息容易让我们迷失自我，妨碍我们深度工作。一方面，由于信息稀缺时代留下的印记，我们总是希望占有更多的信息，以为占有更多的资源就能办成更多事，一味贪多求全，甚至与人攀比，担心一刻不在线就"错过了一个亿"。另一方面，社交媒体能够妥妥地满足我们那些微妙的需求：归属感、好奇心、窥视癖、即时反馈、眼下的满足……所以很容易就收割了我们的注意力资源。而且我们大脑的默认设置就是为这些需求服务的，它纵容思考脑懒惰、反射脑凭直觉去寻求这些即时的快乐。所以，在信息爆炸时代，如索南史恩（Sonenshein，2017）在《俭省》一书中所说，我们正确的做法应当是"做减法"：不要一味寻求更多地占有资源，而是尽可能利用好手里的资源。

研究者让学生探索通常用来做防护包装的那种带小气泡的塑料布都能干什么。学生们探索之前，实验者先把他们随机分成两组。每一组都要求写篇文章，第一组设想自己在一个短缺的环境中长大，第二组则设想自己在一个富足的环境下长大——当然这个文章的作用是给学生一种心理暗示。结果发现"短缺组"的学生找到了更多的使用气泡塑料布的方法。

所以，我们应当明了：社交媒体固然方便了我们，让我们很容易就获得资讯，但是它会蚕食我们的精力和时间。比占有资讯更重要的是用好所掌握的资讯。

如何做到这一点呢？很简单，离线思考。就是基于我们的工作和生活的目标判断某个社交媒体是否有利于实现自己的目标，若没有什么好处，就可减少甚至停止使用。有选择地使用社交媒体，在固定的时段内使用社交媒体。

比如对我来说，网络最重要的功能是查阅文献和资料，然后是与他人的联系，再次是浏览新闻。如果放任自己在线，那一直都有在线的理由。当我了解到随时在线对我的负面影响后，我就学着集中一段时间收集文献资料，然后使用邮箱接受一些自己关注的杂志的资料推送，基本保证自己能跟踪与自己相关的领域的学术进展。此外就是分时段查看微信、QQ、邮箱等社交媒体。当需要集中精力做一些事情的时候，我就把手机静音，丢到自己不动身就够不着的地方，还用书籍之类的东西把它遮住，不让它进入我的视野。这样，我就避免了在计划之外的时间段使用社交媒体，不会因为稍感无聊或遭遇一点点认知上的挑战，就从低刺激、高价值的活动（象限二的事务）转向高刺激、低价值的活动（象限三的事务）。当然，我还是做不到完全不使用社交媒体，到该使用社交媒体的时候，就恣意地玩一会儿，把这个时间段当作对自己小小克制的奖赏。

### 3. 批量处理

我们已经知道多任务并行是吞噬我们认知资源的原因之一，但是作为现代社会的一员，我们好像无法彻底避免多任务并行。有时候，任务切换甚至是我们工作中很重要的一部分。不过，大部分并行的任务与我们真正关注的工作并没有多大关系，所以，我们有必要引入系统化的批量处理。要大幅提高智力生产力，这是有效的方法之一，尤其是在非常规性的工作中。在很多情况下，批量处理的效率远高于整天零敲碎打。

怎么做呢？首先，我们应当明确一次只完成一个任务，或者任务中相对完整的一部分，其间拒绝所有干扰。我们可以把同一主题的任务划到一个批次里，留出专门的时间来一并处理。任务的相关性越小，切换的代价就越高，消耗的认知资源就越多，带来的压力也越大，所以你忘记的东西就越多，犯错的概率也越大。然后是把那些不相关的任务、邮件和琐事放到一个批次里，用30～45分钟来完成。由于这些工作大多是无需消耗过多认知资源的事务，所以可以安排在认知资源已经消耗较大的时段（比如午餐前）去做。在这个时段里，你的整个思维都处于邮件处理模式，工作做完，就可以休息片刻，甚至吃点东西奖赏自己一下。

4. 形成习惯

随时在线、多任务并行、浮浅工作是大脑偏好的默认设置，一不小心我们的注意力资源就被收割了，难以发挥应有的功效。其实，这也就是说浮浅工作是一种习惯，只是这个习惯我们没有花力气去养成，自然而然地就养成了。如果这种习惯已经变成了网络成瘾、手机依赖，那就说明支撑这种浮浅工作的神经连接已经比较牢固，大幅髓鞘化了。现在我们要反其道而行之，用深度工作来提高我们认知资源的产出，这当然不是易事。所以，不要奢望等着灵感来，以为状态一来，马上就可以开始深度工作。即使你已经做好离线思考、批量处理的准备，最重要的一环还是将深度工作变成每日固定的习惯和准则，让支撑深度工作的神经连接也髓鞘化，降低过渡到深度工作状态的阻力。

事实上，很多取得伟大成就的人都是这么干的。

达尔文在起草《物种起源》的时候，每天早上7点准时起床，然后出去散步一会儿，紧接着他会独自享用早餐，从 8 点到 9 点半在书房工作。之后的一小时用于拆阅前一天的信件，然后从 10 点半到中午又会回到书房工作。经过这样一段工作之后，他会沿着固定的路线从花房开始，沿着房间周围的路走圈，深入思考一些具有挑战性的想法，直到想出满意的答案才会停下来，宣告一天工作的结束，而且每天如此。

达尔文养成这貌似古怪的习惯并非为了特立独行，而是因为他工作的成功依赖于这种不断进入深度工作状态的能力——如果不将大脑开发到极限就很难孕育出宏大的理论。习惯让他进入深度工作状态的阻力压缩到最小，使他能够更轻松地进入深度状态并保持更长的时间。

养成一个大脑默认模式的习惯需要的是长期坚持。首先，需要确定执行深度工作的地点，比如你的书房，在规定的时间待在书房里就专心做一件事，这个时候就不要带手机进去。有时候也可以换其他一些地方，比如图书馆、咖啡厅。然后是设定一个具体的时间段，在这个时间内只专注于目前的工作。我们还要为这段时间的深度工作设置规则和程序，确保你的努力具有结构性。比如，你可以约定不准使用任何网络，或设定每 20 分钟间隔产出的文字数量，以保持持续专注。如果没有这种结构，你的头脑就需要一遍又一遍地审视自己在深度工作期间应该做什么，不应该做什么，需要不断地评估自己的工作深度是否足够。这些都是对意志力的不必要的浪费。在设定规则和程序时，制定目标是很重要的，我们应该设定一些引领性的目标，而不是滞后性的。以减肥为例，滞后性目标就是说具体要减多少斤，也就是最终结果。而引领性目标是说，为了达到你的目标体重，你需要完成的阶段性目标。运用到减肥中就是，每天摄取的食物热量值不能超过多少，或者每周进行多长时间的运动，等等。

养成深度工作的习惯就是要规定自己每天在固定时间、固定场所做固定的事情，然后坚持下去，逐渐让一切都自然而然。还可以每天记录深度工作的时间，并定期总结，完成了任务就安排休闲时间奖赏强化一下。

等深度工作的习惯养成了，还可以压缩工作时间，让人更加专注在重要的事情上。如果目标已经设定了，压缩工作时间后可能减少的只是各种会议、媒体干扰和网页浏览等无价值无意义的浮浅工作时间。2007年夏天，37 signals软件公司做了这样一个决定：将每周5天工作制缩短成4天。实验结果是：尽管工作日少了一天，但员工仍可以完成相同的工作量，而且在那4天内员工并没有疯狂加班，而是正常的工作8小时。

## 琐事外包，清单助力

造成我们忙而无果、累而无功之困境的原因除了时间和精力分配不当之外，另一个原因是我们容易在不该出错的地方犯错了，由此浪费了时间和精力。

即使我们已经知道该怎么做，但仍不保证我们能够正确实施每个步骤。如卡尼曼所指出的，每个人的认知资源是有限的，如果工作超过了我们的认知负荷，我们就容易出错，即便专家也是如此。在复杂的环境中，尤其是在压力影响之下，我们的注意就容易分散，记忆也不够完整，还会忽视一些单调的标准动作。此外，一旦我们熟练了，在面对重复性操作时，我们有时候会故意跳过一些明显的步骤，故而出现错误。就像老司机开车那样，变道的时候未必每个动作都按规范走——看后视镜、打转向灯、数三秒、打方向盘——他们可能看一下后视镜就直接变道了。

错误可以简单分为两种，一种是"无知之错"，指的是那些因为自己本身缺乏知识或能力所造成的、尚无法理解和掌控的错误。比如让当下的我去开飞机，我肯定不会，所以一定会出错，这就是无知之错。另一种是"无能之错"，这种错误并非因为没有掌握相关的知识，而是因为没有正确使用这些知识所致。比如老司机明知应当"一慢二看三通过"，但还是一脚油门就过去了，结果导致交通事故。我们无力避免无知之错，又无法原谅无能之错。所以，为了避免吞下无能之错的苦果，我们需要学会减少无能之错的方法。其中一个有效的办法就是利用清单。

清单于我们并不陌生，就是像我们去超市购物时使用的购物清单一样的东西。不过这种清单仅是一种执行清单，其意义在于给人们提供遵照执行的工具。阿图·葛文德（2012）在其著作《清单革命》中提出使用清单可为大脑搭建起一张"认知防护网"，弥补人类与生俱来的记忆不完整或注意力不集中等缺陷，降低出错的概率。葛文德的清单革命首先运用于医疗领域，但现在已经扩及建筑、金融、军事等领域，在教育领域中，清单也大有可为，能助力我们的成功。

使用清单的好处之一是将我们大脑不擅长的工作外包，节约认知资源，让大脑去解决其他的需要想象力和创造力的工作。对于中学班主任老师来说，开学几天的事务是最繁杂的，尤其是带新入学班级的时候。这个时候根据以往的经验，结合校方的要求，制作一个清单，然后根据清单逐条推进，开学事务处理起来就会顺利一些。更重要的是，这样我们就可以节约时间和精力去研究学生特点，琢磨备课和上课这些事情了。

清单可以让我们从容地把象限四中那些紧急却又不太重要的事务外包给他人。在外包的时候，我们有时候还是有点不放心。有了清单就不同了，任何人去做都是根据清单逐条执行，其间所有事务都在我们自己和承包者的知识范围之内，没有犯"无知之错"的机会，要做的就是克服"无能之错"而已，这样，我们自己动手完成或是外包，结果是一样的，有了提纲挈领的清单，逐条遵照执行就好。比如前边提到的班级管理事务，如果有了清单，那由学生来执行就行了。

那么，如何制作一个有效的清单呢？葛文德（2012）提出了制作清单的三个原则：

一是清单设计需要简洁、高效、可测量。简洁是指制作清单时不要面面俱到，只要找到可以提醒我们的关键内容即可。高效是指清单要以效果为导向，强调清单所能达到的效果，而不是只把清单视为一个记录本或者备忘录。可测量指所制作的清单要有可操作性，让清单的效果能得到观测，并由此找到不断改进的地方。

二是要在清单中设置检查点。检查点，指提前安排某个节点或者在某个情况下使用指定的清单进行检查。比如在任务发生前、任务执行中，以及意外情况发生时均设置检查点。这一原则对检查重要事件非常必要。比如，飞机起飞前，以清单的方式，逐项检查飞机的各个开关是否开启，确保没有问题，降低因为飞机本身所造成的事故率。

三是清单要不断更新，这是说制定清单应根据实际情况不断更新，与时俱进。随时问自己这份清单适合现在的状况吗？若不适合，还有改进的方法吗？若适合，还有提高的方法吗？

在学会制作清单之后，我们就可根据问题的性质制作相应的清单了。问题有三种，其一是简单问题，就是生活中的常规事项，事虽不难，但耗时费力，且容易被忘记；其二是复杂问题，这些问题专业性强，技术复杂，需要完成的步骤多；其三是极端复杂问题，这些问题有非常高的不确定性，甚至也没有明确的解决方案，只有一个大致的解决问题的方向。

对于这三种问题，简单问题就使用执行清单，参照清单逐条执行，避免忘记。对于复杂问题，就使用核查清单，执行的同时在某些节点上核查一遍，确保每个环节不被遗漏。对于极端复杂问题，就需要核查清单和沟通清单综合使用，用核查清单确保各个环节都正确执行了，用沟通清单与相关人员进行沟通，发现突然产生的问题，然后快速地处理没有预料到的不确定问题，以确保问题和隐患能够及时地被排除。

# 第 7 章 活在当下，获取心流体验

## 悔恨过去，忧虑未来？

不知咋搞的，凌晨 4 点就醒了。四周黑洞洞的，别说天还没有亮，就是天亮了，今天的能见度也好不了。这两天又霾上了，到了冬季，西安的天就这么无可救药，让人无法呼吸。我躺着，一动不动，不能吵醒妻儿，可脑海里却心猿意马地奔腾起来：投出去的稿子昨天又打回来了，"Reject"（拒稿）！已经撞了两次墙了，原以为自己做得还不错，一退再退，投这么个杂志也给拒稿了。自己水平太烂了吧？要是我们在做实验的时候稍微严谨一点，处理好那个漏洞会不会好一点？要是我们写研究报告的时候，先认真讨论一下局限，审稿人是否会网开一面？感觉我们已经很努力了，结局还是这样！接下来怎么办？今年还能完成任务吗？学生还能按时毕业吗？我是吃这一碗饭的料吗？没有了产出，年终绩效就寒碜了！要是一年都一无所获，如何面对领导的眼光？

我悔恨过去，忧虑未来，坠入了不良情绪的深渊。我不知道脑袋里的神经元们在如何连接，但它们绝没有停下来的意思，该是犹如盛夏黄昏交织在老家庭院上空的飞虫吧？繁忙、无序、混沌……我祈求它们停下来。可我又怎么能命令自己的每一个神经元呢？我曾在自己的课堂上讲，一个人的智识取决于其 860 亿个神经元间的有效有序连接的多寡，如果多而有序，就是一个智者，如果多而无序，那就只能是个疯子了。显然，在这个霾霭沉沉的清晨，我的内在失序正在推着我向疯子的方向前进！

这是我 2016 年的一篇日记。

这样的状态最难消受。一个失利的事实已让人消沉，而内心的悔恨、怀疑和焦虑更是将人推入了沮丧的深渊。就像在雾霾中行走，前无去路，后无退路，只能呼吸一口又一口醇厚的老霾。这样的状态在无所事事的时候最容易出现。虽说我们的认知资源是有限的，但是在你无所事事的时候它们却显得如此充裕，翻手为云覆手为雨，带着你在黑暗里恣意纵横。

哈佛大学教授丹尼尔·吉尔伯特等人曾在《科学》杂志发表论文探讨这种无所事事的状态（Killingsworth & Gilbert，2010）。他们开发了一款手机 APP，在一天之中随机选择时间给 APP 的用户发送短信，问两个问题：

1. 请告诉我，你现在在做什么？
2. 你现在的幸福感有多高？

他们测试了全球 18 岁到 88 岁的 2250 名受试者，发现了人们一天之中走神的时间占清醒时间的 46.9%，也就是有接近一半时间都在做白日梦，而人们走神做白日梦的时候幸福感比专注当下的事情时的幸福感低，全神贯注于手头上所做的事情时生活才是最愉快的。

积极心理学的奠基人之一米哈里·契克森米哈赖（2017）用"精神熵"来描述无所事事时的内在无序状态。熵是一个热力学概念，用来描述一个系统的混乱程度，系统越混乱，熵值越高。比如水分子在固态的冰里只能在相对固定的范围内振动，熵值就比较低；要是融化成水，水分子可以流动，熵值就变大了；要是气化成了水蒸气，水分子就四处乱窜，熵值就更大了。我们内心无序状态大概就像气化了的水，各种念头相互冲突，没有束缚，缺乏联系，各自撒欢儿奔腾。

米哈里指出，这种精神熵对于人类来说是常态。可怕吧？怎样避免这样的内在无序呢？说来简单，那就是"反熵"，即沉浸在当下着手的某件事情或某个目标中，无视其他事物存在，全神贯注、全情投入并享受其中而体验到的一种精神状态。这种状态有一个"心理学"的名字——心流（flow），这也是米哈里提出的一个概念，形象地描述了那种沉浸其中、物我两忘的状态。

这种感觉我们并不陌生。比如我们在看电影、玩游戏时，全神贯注，忘记了周遭的人和事，时间也像蒸发了一样，事后才十分惊讶："原来已经过了这么久！"我们上课的时候也偶有经历过，在下课铃声响起时才猛然回过神来："啊，就下课了？"那么恭喜你，你享受了一回心流；要是你上课的时候时不时就看看墙上的钟，下课铃声响起时你舒了一口气："终于下课了！"那你刚刚就是在精神熵里煎熬。

心流体验让人着迷。其实在心流过程中我们并不曾感到愉悦，至少我们没有在意识层面体验愉悦。只是在想做的事完成了，回望那个过程的时候我们感到由衷的快乐。比如攀岩往往是攀岩爱好者们获得心流的途径，但是在攀爬的过程中他们不曾意识到快乐，只有惊险和辛苦，只是在攀上目标回望的时候才感到由衷的快乐。别问他们为什么要冒险，因为他们给的答案常常是：因为山在那里。

认知神经科学已经揭示了心流的神经生理基础。迪特里希等人（Dietrich et al., 2004）发现心流的产生往往伴随着前额叶的监控功能削弱，基底神经节的活跃度增加，进而促进了自动的内隐认知过程；与此同时多巴胺和内啡肽等神经递质分泌增多，使大脑让奖赏网络和注意网络趋于同步化，高速地进行信息处理。这佐证了提摩西·加尔韦（2013）在《身心合一的奇迹力量》中的观点：自我一和自我二商定一个明确的目标，自我一就关闭了，不加干涉，不予评判，任由自我二自由流动以实现目标。有NBA球星回忆：进入这个状态后球篮好像变大了，怎么投怎么进。这是一种工作学习效率极高，还能带来快感体验的状态，它可以迅猛提升你的能力，还能增进你的幸福感，把你送入积极循环的轨道。

但是赖在床上无所事事，头脑中心猿意马是不可能有心流体验的。用加尔韦的观点来说，处于这种状态时关闭了自我二，任由自我一胡思乱想。没有行动，就没有心流。那是不是只要行动起来就可以享受心流体验了呢？那也不一定。在哪种情况下会产生心流呢？让我们用下图说明。

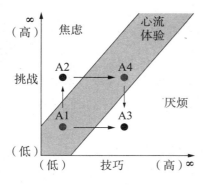 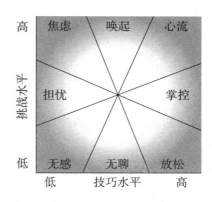

图 7–1　心流体验产生条件示意图

在米哈里早期的心流理论中，心流的获取靠的是个人技巧水平和接受的任务难度之间的微妙配比。如图 7–1（左）所示，纵轴代表挑战难度，横轴代表技巧水平，二者的不同配比会决定你的不同体验。以学习打羽毛球为例，如果你是一个初学者，不懂任何技巧，你的挑战就是把球打过网。这时你的状态就是 A1，低技巧与低挑战的配比刚好适合你，这时你很可能会体验心流，但是时间不会太久；若在此时就让你跟高手过招，你的状态是 A2，你感受到的是焦虑。经过一番刻苦练习，你的技巧进步了，若仍是只让你打球过网即可，你的状态就是 A3，你感到的是无聊与厌烦；若这时再让你跟高手过招，高技巧与高挑战相匹配，你就进入了 A4 状态，享受心流体验了。这样看，处于能力水平与挑战程度匹配的 A1 和 A4 状态都可能体验心流。

不过，A1 和 A4 的心流体验是有区别的，米哈里等人对个体的状态进行了更细的划分，对心流提出了更高的标准，如图 7–1（右）所示。他把 A1 这种低能力和低挑战的匹配比称作无感（apathy），只把高能力与高挑战的匹配称作心流。米哈里还指出虽然无感状态个体不会体验焦虑等负性情绪，但长期处于无感的状态对个体发展和幸福都是有害的，因为只在低段位徘徊，生存的技能没有提升，心流应有的愉悦感也会慢慢消失。一般来说随着能力的提高，我们会自然进入高能力与低要求的匹配，进入无聊状态。如果我们有一颗进取的心，我们自然就会提高任务难度，慢慢进入心流区。

对于我们教师来说尤其如此，随着教学技能的提升，我们可以逐步提升目标要求，一直都可以在心流区活动。但若是只满足于把教材上的知识念给学生，同一套教材教完一轮，再教一次的时候就进入无聊区了。从另一个角度看，一些外在力量，比如强制性的末位淘汰，新的教学理念的推行，也可能提高我们教学工作的挑战水平，一不小心就把我们送入担忧和焦虑的状态。

所以，进入心流的关键就是找准个人能力与挑战难度的匹配点，始终用自己的最高的能力水平去接受适合自己的最高难度挑战（一般认为，挑战难度略高于我们技能值 5% 到 10% 是一个最佳的范围），让自己的能力在快感体验中逐步提升。当然，你不用担心挑战跟不上你能力提升的步伐，让你"独孤求败"，因为只要你愿意，更高难度的挑战总是有的。你也不必担心你的能力提升撞上天花板，虽然能力天花板的确存在（比如人类 100 米短跑的记录现在是 9 秒 58），但是如果一件事情真的做到了极致，可以换件事情接着做，像达·芬奇这样的大师，就在多个技能上修炼到了极致。

## 确立目标，有序逼近

如何进入心流体验呢？诀窍可以用一句话描述，那就是不断地去实现一个自己喜欢的、能力和难度相匹配的目标。这里面其实有三层意思，一是设置明确目标，二是及时反馈，三是能力与难度匹配。

我们从小就知道目标的重要性，说什么目标是前进的灯塔，是人生的指路明灯，是成功的阶梯……但是我们未必清楚目标是什么，我们常常把目标和愿望混淆起来。格拉斯（2010）在《理想的清单》中称 80% 的人分不清目标和愿望，而优秀的人有目标，平庸的人只有愿望。目标是对活动结果的主观的、明确的和有操作性的预期设想。比如，在学生开列的"目标"中，考上好大学是愿望，在什么时间、考上哪所大学才是目标。努力学习、考进年级前 100 名，也仅仅是愿望，而每天刷 100 道题，写一篇 800 字的作文，背诵一篇古文才是目标。登山者的目标是登顶山峰，向上登一步，就离目标近一点。有了这么一个明确的目标，就会启动我们的反馈系统，集中我们的注意力和力量。设置一个略高于我们能力的目标，干好了就能证明我们自己，它会激励我们全力投入，让我们努力寻找各种解决方案，并且提高我们的韧性和耐力。

那么怎么设置目标呢？在组织行为学中从企业的角度有很多研究，其中影响比较大的就是"SMART"目标系统：要具体（Specific）、可测（Measurable）、可实现（Achievable）、有现实意义（Realistic）、有明确期限（Timeline）。SMART目标效度良好，是很好的目标设置方法。但弊端是容易给自己设定易于实现的目标以应付考核，而且自我感觉良好。这其实就是降低了目标的挑战性，让自己处于无感的状态，甚至滑入无聊的状态，并不利于自己和组织的提升，当然也难以获得心流体验。

后来人们又提出所谓的"拓展性目标"（stretch goals），认为制定目标应该往高处和远处看，不必拘泥于具体，实质就是提高目标的挑战难度。不过根据米哈里的心流分析图，提高目标的挑战难度容易将我们推入担忧和焦虑的状态，也不利于进入心流体验。

对于我们教师来说，有时候目标是领导们制定的，然后层层布置下来，目标未必适合教师自身的条件，也就不利于教师获得心流体验。但是，人们常说教育是个良心活，意思是真正的教育不能让外人来给你一个具体的目标，而是需要我们根据现实的情况给自己设置一个目标。所以，我们可以结合"SMART"目标系统和"拓展性目标"的方法，寻找自己能力和目标挑战性的契合点，给自己设置合适的目标。这样设置的目标就符合好目标的两个要求：一有一定的难度；二是具体可行。

完成一个难度适宜的具体目标可以让我们获得心流。比如打游戏，简单如俄罗斯方块就可以了。如果我们仅是满足于此，就像非洲大草原上的狮子一样，在吃饱喝足之后静静地躺在阳光照耀的草丛里，不念过去，不畏未来，只享受此刻的舒适，那心流也就此来临。可是人类有复杂的大脑皮层，在短暂的心流体验之后，我们就会回首往事，前瞻未来，会因为过去的碌碌无为而悔恨，会为未来的漫漫无期而忧虑。

所以，我们在设定目标的时候，还应当把那些给我们带来心流体验的目标统筹到我们的人生愿景之中，保证我们从事的活动不光是我们爱做想做的，还是我们应该做的。比如，我的人生愿景是做个爱生活、会思考、有自己见解的心理学工作者和幸福进取者，那我为自己设定的小目标就应该为这个愿景服务。虽然看"抖音"、刷朋友圈和玩游戏也能让我体验一把心流，但我不能经常开展此类活动，而读书、做实验和写论文等心流体验来得不是那么容易的事情就应当多开展一点。

设置目标时，我们有时候可能有多个目标。比如我今天既要写好2000字的书稿，又要给我女儿讲故事。这里需要注意的是，在特定的时间段里，一定只有一个压倒性的目标，只在这一点上投注所有的注意力。为什么多个目标不行，而只能有一个目标呢？在上一章讲深度工作时就提到多任务并行会有任务切换，导致认知损耗。只有一个目标才能让人全力以赴，产生高度愉悦的感觉。多个目标容易让人顾此失彼，在情绪上也容易造成烦乱。

当你逐个实现目标，你经历的就是一系列的小突破组成的、信心逐步增强的历程。事实上，心流体验者都是全力以赴地为着一个目标努力而达到忘我的境界的，例如音乐家弹奏一首高难度的曲子，登山者攀登一座险峰，作家努力写出一部荡气回肠的小说，或者中学生解出一道难题，等等，均概莫能外。

目标设置时常遇到的另外一个问题是"目标很丰满，现实很骨感"。设置目标是为了借助目标的指引作用集中认知资源办大事。可现实充满了不确定性，想要在不确定的现实里寻求目标的指引功能，就需要在目标设定上容忍不确定性。其实这是一个悖论，人类是厌恶不确定性的，所以设定一个具体的目标来对抗不确定性。当有了具体目标之后，一切都可以按照这个目标展开，制定详细计划，每时每刻都知道自己该干什么，这样让自己的注意力集中起来，专心地做一件事情以获得心流体验。可事实是不管你喜欢还是不喜欢，不确定性总是存在的。比如我本来计划这学期要完成两个实验的数据采集，可是实验室设备出故障，因此我就没法继续干了，目标也就无法实现了。有时候不确定性对目标的打击是致命的。

怎么办呢？我的做法是先明确不确定性是这个世界的本来面目，然后在拥抱不确定性的基础上去制定目标：就一个事情制定两套目标，给自己一个B选项。当没有不确定因素来临的时候，我坚定不移地执行A选项。

如果真有不确定因素妨碍 A 选项执行，那就接受这个事实，明白实现人生愿景的过程不是百米短跑，而是马拉松，前边被一个不利的不确定性因素夺走的进展，我可以在下一个有利的不确定因素中找回来。

总之，设置一个有一定难度又可操作可测量的目标是我们获得心流的第一步。在设置目标时，我们还应当把具体的目标放置在我们人生的愿景之下，并具有拥抱不确定性的勇气和避免多任务并行的智慧。

## 即时反馈，掌控精进人生

反馈是源自控制论的概念，指将系统的输出返回到输入端并以某种方式改变输入，进而影响系统功能的过程。人类的心智过程也是一个系统，因而我们的工作和学习在一定程度上都是一个反馈学习的过程。在行为发生后立即给予反馈就是即时反馈，而延迟一段时间之后再给予反馈就是延迟反馈。

一个包工头需要请 5 个工人干一个月，给工人结算工钱的方式有三种：

（1）干完活后统一结算工钱。

（2）干完活后拖半年再给钱。

（3）干完活当天就给钱。

第三种结算方式就是即时反馈，前两种结算方式的反馈就有延迟。一般来说，人们偏好即时反馈。就在本例中，如果结算方式是前两种，工人免不了一边干活一边担忧：老板会不会到时不给钱呀？老板以后会不会随便找个理由，克扣我的工钱呀？显然，工人怀有这种担心去干活是干不痛快的，很可能影响干活的质量。

相反，即时反馈则会让我们拥有控制感和确定性，甚至上瘾。比如有人喜欢嗑瓜子，连续不断地嗑，嗑得口干舌燥了也不放弃，但是读书就没有这样的表现。原因在于嗑瓜子的过程很短暂，3 秒嗑一粒瓜子，马上就能品尝，即时反馈，立即满足。而读一本书的情况就不大一样了，你不知道书上的内容何时给你带来收益,5年?10年?抑或根本就没有收益。要是读书过程本身不能给你带来快感,你就很难坚持下去。

游戏更是把即时反馈的作用发挥到了极致。现代社会过分复杂的分工使我们不能立刻看到我们的劳动成果,而打游戏让人重返到深植在我们基因中的古代生存模式——即时反馈,打怪就能得到经验、采集就能得到物品。比如在《魔兽世界》里,你走过的地图、打过的怪物都会被记录下来,打到一定次数还会提醒你一下。《王者荣耀》则设置为赢一场给一颗星,集齐四颗星可以升一级,输一局也要减一星,有些玩家为了升级,会连续打好几个小时。

在这种即时反馈之下,我们的多巴胺系统轻易就激活了。多巴胺是根据你的预期和行为结果的比较而诱发的,预期和结果的迅速配对会引起多巴胺的分泌,进而让我们体验欣快感。反之,如果我们的行为不能很快获得结果反馈,多巴胺系统不分泌多巴胺,我们体验不到欣快感,正反馈就很难被激活。

有研究让受试者用即时反馈和延迟反馈的方法进行学习,发现即时反馈的效果优于延迟反馈(Epstein et al., 2002)。即时反馈也被用来促进个体在生活中的表现。美国著名篮球教练约翰·伍登在执教加州大学洛杉矶分校棕熊队的27年中拿到了10个NCAA冠军,从1967到1973年获得七连冠,空前绝后,还曾获得88场的连胜纪录。后来的研究发现,伍登教练的秘诀就是即时反馈,他只花5%到6%的时间像一般篮球教练那样去批评或激励自己的球员,但花75%的时间就球员做的每一个动作做出具体的反馈,让球员不停地做出调整、练习,以达到最优,帮助球员取得成功。

如上这些事实说明即时反馈对于我们的工作和学习都极为重要。但是教师的工作反馈往往并不是即时的,而是所谓"百年大计"。教师育人工作的成效需要通过学生的成长来体现,而个体的成长并不是一朝一夕就能看出来的。教师科研工作的成效也不会像游戏那样来得即时,即使不谈转化成生产力,就算以发表论文来作为反馈,也有很长时间的延迟。因而,我们教师要想获得即时反馈,就得自己创设某种机制去主动寻求即时反馈。

首先是将内部反馈和外部反馈有机整合。前者指工作执行者根据自身的经历、知识和所获取的信息,对自己的工作进行反思和评判,包括自省、自查、自纠等;后者指重要他人等外部因素就其工作情况的反馈,既包括同行交流等人为的反馈,也包括作业、结果等物化的反馈。比如嗑瓜子、打游戏主要是依靠瓜子仁、打怪升级等外部方式给予即时反馈,而登山等一些并不能带来外在物化奖赏的活动大多只能靠内在方式来即时反馈。换一种说法,前一种活动主要是由外在动机来驱动的,而后一种活动则主要是由内在动机来驱动的(Deci & Ryan,2000)。根据这个划分,教师工作的反馈不能仅依赖于外在反馈,还需要自主设定一些内在反馈,比如在干良心活,追求比自我宏大的目标等等,让反馈不假外求。具体操作包括写日记,写下自己每天的表现,记录自己的得与失,等等。

其次是主动设置反馈点。教师工作虽没有游戏那样的即时反馈点,但只要我们主动去寻找,还是可以找到的。比如,一节课是否上得好,不一定要去找学生和同事的评价,学生的眼神和自我的感受就能说明问题。著名学者易中天在央视节目《开讲啦》中曾说过:一个教师,当他站在讲台的时候,只有他自己讲得爽的时候,他的学生才会爽。所以,追寻我们的本心,我们每一个时刻的感受就可以是我们及时反馈的来源。如果把教书育人比作登山,因为山就在那里,所以我们每往上攀登一步,都是给我们的即时反馈。

最后是细化目标,增加即时反馈。教师工作的成效很大一部分靠学生的成长来反馈,成长是个长期的过程,这增加了教师获得即时反馈的难度。教师可以将学生成长这个大目标细化成若干小目标,在实现这些小目标的过程中获得及时反馈。

概而言之,即时反馈是增进心流体验的重要抓手。教师应当清楚教师的工作缺乏现成的即时反馈,因此需要通过增进内部反馈、主动设置反馈点和细化目标的办法,增加自己获得即时反馈的概率,将自己送入心流状态。

## 积极进取，追寻远大愿景

　　用行动去实现自己喜欢的，能力与挑战相匹配的目标是我们对抗精神熵、获得心流体验的关键。个人的能力和目标的挑战性都是从低到高的一个连续体，二者的不同匹配比会决定我们处于不同的状态。低能力与低挑战的匹配虽不会焦虑，但也不能体验心流的快感，只能从无感滑向无聊，而只有高能力与高挑战的匹配才能激发潜力，提高工作效率，淡忘忧愁和烦恼，忘却时间的流逝，让心流的快感喷薄而出。我们的能力会随着我们练习的增加而逐步增长，那目标设置呢？这就需要我们有一颗进取之心，就像电影《比利·林恩》中的经典台词那样——找到那些比你自身更宏大的存在（Find something bigger than yourself）。

　　"我等采石之人，当心怀建造大教堂之愿景。"中世纪的矿工就有如是的信条，即使自己只是专注于眼下的一个小事情，但心中有一个宏大的图景，心存敬畏，活得快乐。亨特和托马斯（2011）在其经典著作《程序员修炼之道》中也引用这句信条警醒程序员，提示码农们专注当下，心存块垒。

　　我们教师被冠以"灵魂工程师"的美誉，但事实层面的工作也不过是"备教批辅改，提优转差"而已，但是我们不能丢掉"建造大教堂之愿景"，如果我们完全坠入眼下工作的琐碎之中，不久就会进入低能力与低挑战，或是高能力与低挑战的配对，在无感或无聊里听由时光流逝，任由精神熵蚕食我们的快乐与幸福。

　　很多成功人士都是心怀"远大愿景"走向成功之路的。阿里巴巴集团创始人马云辞去董事局主席职务，全力投身教育事业。我无从知晓首富先生这样抉择的原因，但我相信他肯定有一个远大愿景。他从英语教师岗位辞职去推销电话黄页，然后做线上购物创业到成为亿万富豪，再到今天华丽转身专注教育，一定不只是为了占有更多的物质资源。如果说在食物链的攀爬过程中，他已经到达了极高的段位，但是在幸福和心流的链上（如果有这么一条链的话），他仍需求索，因为这条链没有顶点。我想他的求索之道在于把自己的人生置于一个更为宏大的叙事背景之下，在这个宏大的背景下继续用行动去实现能力与挑战匹配的目标，对抗精神熵，体验心流。其实，马云并非孤例，还有王石辞职读书、登山，巴菲特跳着踢踏舞去上班，施一公辞任清华副校长去组建西湖大学……

为什么追寻远大愿景会让我们更多地体验心流呢？

如赫拉利（2014）在《人类简史》中所论述的那样，其实人类更在意的是一个故事。人类在故事中从远古走来，也需要用故事走向未来。在我们个体层面看，我们也需要一个故事去诠释我们的行为和我们的追求。在柴米油盐的"生活的苟且"之外，我们也需要用"诗和远方"去建构我们的精神存在，在一个比我们自身更宏大的故事里扮演角色。那些名垂青史的人，都不是为了一己私利，蝇营狗苟地了其一生，都曾为了一个比自己更宏大的目标而奋斗。为一个比自己宏大的目标而奋斗，就是在一个无限游戏中探寻自己的边界，用意义性加持自己的心流体验。

另外，心理学里有个现象叫"自我实现的预言"。我们常听的故事是"皮格马利翁效应"或"罗森塔尔效应"。

皮格马利翁效应源自希腊的一个神话传说。

> 塞浦路斯的国王皮格马利翁精心地用象牙雕塑了一位美丽可爱的少女。他深深爱上了这个"少女"，给她穿上美丽的长袍，并且拥抱它、亲吻它，他真诚地期望自己的爱能被"少女"接受。他的真诚感动了爱神阿佛洛狄忒，爱神决定帮他，赐予雕像生命，并让他们结为夫妻。

1968年美国著名心理学家罗森塔尔和雅格布森用严谨的心理学实验重现了这个希腊神话传说（Rosenthal & Jacobson, 1968）。他们给学校的所有学生做了一个智商测试，然后告诉学校的老师，一些学生的智商非常高，这些学生在来年的考试中成绩可以有很大的进步。但实际上这些所谓的高智商的学生是被随机抽取的。但随后的实验结果发现，那些被认为是"高智商"的学生的学习成绩确实突飞猛进了，比其他学生高出很多。这说明如果我们对一个人怀有某种期望值，这种期望值将会不自觉地影响我们对待这个人的态度或行为，一系列的态度或行为最终将导致这个人也朝着我们的期待值发展，最后这个预言得以实现。把这个被期待的人换成我们自己，我们就置身于期待之中，成了自我实现的预言了。

罗伯特·默顿提出自我实现的原因是我们对自我的期待会形成图式，我们会把更多的注意力放在与这些图式相符的信息和特征上，同时自动过滤那些与图式不一致的特征和信息。这样我们就逐步向那个自我期待的我靠近，你认为自己是怎样的人，你就会成为什么样的人。更重要的是，用行动向这个期待的自我靠近会抵抗精神熵，体验心流。

我们做教师的，也应当拥有一颗进取之心，基于自身实际去设置一个期待自我，去追寻远大愿景，勇敢地走出自己的"舒适区"，走进"挑战区"，在"挑战区"里用行动去获取心流体验。米哈里在《发现心流：日常生活中的最优体验》（2018）中给出了人们如何在生活中寻求心流体验的建议，对于我们教师来说也颇具参考意义。

用行动去实现自己喜欢的、能力与挑战相匹配的目标是我们获得心流体验的关键。人们花在工作上的时间占人生总时间的三分之一还多，我们只能设法从工作中获得心流才能提高生命体验。可是工作不一定是我们喜欢的，很多人认为工作不过是我们为了生存必须要做的事情。苏格拉底甚至说，只有不必工作的人才会快乐。这个可能源于自古以来，雇主都不太关心员工的感受，工作的内容和难度也不是员工自己设计的。有的工作内容毫无道理，有的工作没有挑战性且枯燥无味。工作中如何获得心流体验呢？那就是把工作变成游戏，用"玩"的心态面对工作。

我们可以自主选择目标，创造价值，让工作更有意义。比如中学教师年复一年教同样的内容，甚是枯燥乏味，那就基于自己的经验设计新的教学方法，设计教学实验，既可以提升教学技能，也保留教学的新奇感。其次可以把大目标拆解成若干小目标，调整任务的难度，让工作形成一个即时反馈的系统，也在其中插入一些小小的挑战。比如做班主任时，班级管理非常琐碎，耗时耗力，要带好一届学生，要好几年才能完成，很难获得即时反馈，获得心流体验。教师可以在接手班级时构建一个大目标，然后将目标进行拆解，每一个学期完成一个小目标。还可以增加班级管理的挑战性，学习现代管理理念，设计一套新的班级管理方法，然后在自己的班级尝试，慢慢就可能形成具有个人特色的班级管理思想，助力自己成为专家型教师。

除了工作，大部分人都有一部分时间用于休闲。一般认为，休闲的时候应该会快乐一点。但事实不是这样。米哈里曾调查过美国人的心流体验时刻点，13%出现在看电视的时候，34%出现在从事爱好的活动中，44%出现在体育和游戏中。为什么看电视这种看似轻松愉快的休闲活动难以获得心流体验呢？比如看肥皂剧，懒懒地躺在沙发上，什么也不需要做，看过之后，什么都没有留下，等你一回想，还可能会因为浪费了时间而悔恨，何谈心流？这种被动的休闲缺乏目标和挑战，没有精力投入。所以，解决之道就是多从事那些需要动点脑筋、花些心思才能享受到乐趣的主动式休闲，比如下棋、看书、烹饪……

教师需要对自己的休闲生活有点规划，开发一些能够让我们沉浸其中的爱好，参加一些需要积极付出的活动。我们在第5章"时间管理"中曾提到过四象限法则，那些主动休闲的活动往往处于很重要但不紧急的第二象限，比如身体锻炼、志趣开发。这些工作做不好，我们不仅当下缺乏心流体验，而且会后继乏力。

# 第8章　经营关系，获得社会支持

## 一个人在奋斗？

连续上完四节课后，我一路小跑，出校门、过大街，来到了408路公交车站。

深秋的西安，小雨淅淅沥沥，一阵风吹过，刮掉树上仅剩的几片树叶，我下意识地拉紧了衣服，天凉好个秋。

一同乘408的几个同事都陆续跑来了，简单招呼后就沉默了，省一点力气吧。大家都在讲台上吼了200分钟了，谁还想多说一句话呢？学校的校车徐徐从我们面前开过，要是在一个月前，我们就已经坐上去，让站了3个多小时的脚舒服地歇歇了。可现在我们不能坐它了，因为它已经不再开向我们居住的那个叫"田园都市"的地方，我们只能去挤公交车。

20分钟后，408终于来了！满满的一车乘客，我们还是拼命挤上去了，赶紧把背包挂在胸前，再伸手吊在横杆上，让这叮当怪响的408把我们颠簸到红星美凯龙。然后我们哥几个结伴在秋雨中步行2公里，回到"田园都市"去。一路大家说话不多，但结伴是必须的，至少这样不会像前些天另一个同事独自走过这段路的时候被盗贼抢走了笔记本电脑，而且大家心里有着一样的凄苦，一样的无奈，一样的仇怨……

我不是一个人！

看着几年前的日记，我由衷地感谢那些年一起挤过公交车的兄弟。读书20载后，我以为自己终于拨云见日，再不用常常挤那沙丁鱼罐头般的公交车，可梦想顷刻就跌落在残酷的现实里。还好，我不是一个人！不然，我何以抵挡蟊贼的攻击？何以忍受心理落差的侵袭？

这就是社会支持的力量！社会学、心理学、医学等多个领域对社会支持已有多年研究，给出了许多界定。比如，科布（Cobb，1976）认为社会支持是个体从自己所在的社会网络的成员哪里所获得的信息，藉由这些信息他能感受到关心、尊重、重视和归属感。而科恩（Cohen，1994）认为社会支持是指保护人们免受压力事件的不良影响的有益人际交往。我国学者肖水源等（1987）则做了更为细致的界定：社会支持是以个体为中心的各种社会联系对个体所提供的稳定的物质和精神上的支持，分为客观支持、主观支持及对社会支持的利用度几个方面。客观支持即个体获得的实际可见的物质援助、社会网络以及团体关系等；主观支持指个体感觉到的被尊重、被理解的情感体验和满意程度；社会支持利用度则是个体对社会支持的接纳和利用、社会支持对身心健康的结果。

总之，社会支持就是我们从家人、同事、朋友或者其他个体或群体那里获得的物质和精神上的帮助，藉由这些帮助，我们被接纳，被需要，有归属感，从而减少了我们受压力事件的消极影响。就像在沙丁鱼罐头般拥挤的公交车里摇晃的我，只要有几个同等遭遇的同事，一同凄苦，一同无奈，一同仇怨，慢慢地就度过了那段岁月。

强大的社会支持是我们与情绪做朋友的本钱之一。

加州大学洛杉矶分校的艾森伯格等人（Eisenberger et al.，2011）用实验来证明该问题。他们招募了21位女性自愿者。第一阶段，他们测定了每个自愿者的痛觉阈限，并拍摄自愿者情侣的照片以备后用。第二阶段，他们让每个自愿者都在三种情景下（看情侣的照片，看陌生男士的照片，看一把椅子）接受疼痛刺激并就疼痛程度评分，同时采集功能磁共振数据。结果发现与观看陌生男士或椅子照片相比，看着自己情侣照片时的疼痛感评分更低，背侧前扣带回、前脑岛等掌管疼痛的脑区激活程度也更低，而与行为控制和安全相关的腹内侧前额叶的激活更强，其激活程度与自愿者所感知的社会支持和恋爱的时长呈显著正相关。

用一句话概括：亲爱的，有你在，那点疼痛不是事儿！

与这个实验相对应，给予他人支持也是一个不错的体验。

艾森伯格实验室的另一个研究让20名女性自愿者在四种条件下（恋人被电击－握住他的手，恋人没被电击－握住他的手，恋人被电击－握住挤压球，恋人没被电击－握住挤压球）接受磁共振扫描（Inagaki & Eisenberger，2012）。结果发现，与三种控制条件相比，握住被电击的恋人的手时，自愿者大脑的腹侧纹状体和隔区激活程度更高，前者意味着得到了奖赏，后者意味着激发了母性行为。而且这两个区域激活程度与自我报告的社会支持和社会关联程度显著正相关。

再用一句话概括：亲爱的，能和你一起受苦，真好！

类似研究还在深入。

科罗拉多大学的戈尔茨坦和合作者（Goldstein et al.，2018）招募情侣自愿者，收集他们在四种状态下（接受疼痛刺激－牵手，不接受疼痛刺激－牵手，接受疼痛刺激－不牵手，不接受疼痛刺激－不牵手）的大脑自发电位数据，结果发现与三个控制条件相比，在接受疼痛刺激时牵手，情侣间脑电alpha频段的神经同步性显著增加，而且神经同步性增加的水平和疼痛分数、共情准确分数显著正相关。

还用一句话概括：亲爱的，来，我们牵着手，疼痛来时我们就不分彼此了！

这几个研究都是以亲密关系这种特殊的社会支持为研究对象，大概是因为这种关系更易于实验室操纵。其实，其他非亲密关系的社会支持也同样有重要作用。无论是运用社会流行病学的方法宏观分析社会支持与身心健康的关系，还是用实验方法研究社会支持与某一特定心理病症的关联，都证明社会支持可以促进人们的身心健康（Cohen，1994；Thoits，2011；王雁飞，2004）。研究者发现社会支持能提高免疫系统的抵抗力，形成更健康的神经内分泌功能，并减少压力状态下的皮质醇分泌。社会支持也能提高艾滋病患者对药物治疗的坚持性，缓解他们的抑郁症状。

福勒等人（Fowler et al.，2008）一项跟踪20年的研究发现个体的幸福水平和他所处社会网络成员的快乐水平相关，如果一个人在1英里的范围内有一个快乐的朋友，那他快乐的可能性会增加25%。对教师的研究也发现，那些被组织认可的教师会感受到更多的社会支持，并感受到较少的工作压力，且因为工作或学生导致的倦怠感更少（Avanzi et al.，2018）。

社会支持是通过何种方式促进我们的身心健康的呢？研究者提出过不同的解释。

有研究者认为社会支持对个体身心健康具有普遍的、直接的增益作用，因为个体所拥有的社会网络能为其提供积极情感体验，增加个体对生活环境的可预测感和稳定感，促进对自我价值的认知。同时，社会支持还使个体易于获得必要的帮助以避免一些负性生活经历，如经济问题和法律纠纷等，从而减少了罹患身心疾病的可能性（Thoits，2011）。

另有研究者认为社会支持是一个缓冲器，能缓冲压力事件对身心状况的消极影响，保持个体的身心健康。科恩（1994）认为，社会支持可以作用于压力事件与主观评价的中间环节，如果个体受到一定的社会支持，那么他将低估压力情境的伤害性，通过提高感知到的自我防御能力，减少对压力事件严重性的评价。其次，社会支持能够在压力的主观体验与疾病的获得之间起到缓冲作用，可以提供问题解决的策略，降低问题的重要性从而减轻压力。

还有一种观点认为社会支持和压力同时作为自变量作用于身心健康，在这个过程中压力和社会支持相互影响和相互作用，还随着时间的改变而发生变化（Thoits，2011）。利姆等人（Liem et al.，1978）发现失业对于家庭支持有显著的影响，有时是削弱，有时却是提升，从而认为应激与社会支持是以相互决定、相互依赖的模式对健康产生影响的。因此，社会支持、压力与身心健康的关系并不是简单的直线关系，有时可能是曲线关系，有时可能存在阶段性变化。

总之，这种让我们觉得"我不是一个人，天塌下来有人跟我一起顶"的感觉就是社会支持，它可以帮助我们应对生活中的种种不快，也可以让我们更好地认识自我，对于我们的身心健康起着举足轻重的作用。我们应当努力构建良好的社会支持系统，获得与情绪做朋友的本钱。

社会支持的核心是人际关系。如果我们的人际关系丰富而和谐，那我们获得的社会支持就强大；如果我们的人际关系匮乏且紧张，那我们就难以获得足够的社会支持。人际关系是指人为了满足其生存和发展的需要在相互交往中形成的人与人之间的关系。它表现在家庭成员之间、同事之间、上下级之间、朋友之间以及其他社会成员间的相互交往中。作为现实社会中的人，每个人都必然以一定的社会角色与他人进行交往。

美国心理学家哈洛（Harlow，1959）的恒河猴依恋实验很好地证明了关系的重要性。他们让新生的婴猴从出生第一天起就同母亲分离，以后的165天中同两个"妈妈"在一起——铁丝妈妈和毛绒妈妈。铁丝妈妈的胸前挂着奶瓶，提供饮食支持；毛绒妈妈没有奶，但有真妈妈一般的温暖，提供爱抚的感觉。结果发现，只有饿了需要进食时，婴猴才去找铁丝妈妈，其余大部分时间则依偎在毛绒妈妈的身上，可见婴猴对身体接触这种社会性需要的需求是多么强烈。恒河猴表现出来的依恋就是生命早期的关系，也是最重要的关系之一。这种现象同样适用于人类，已有大量研究证明个体早期依恋的缺失不利于其身心健康以及其他人际关系的建立（Winnicott，2018）。

阿德勒认为人的幸福和烦恼的根源都是人际关系。在个人、群体和社会三者之间，真正占到基础性地位的不是个体，而是群体。我们每个人的首要身份都不是自己，而是我们所在群体的一员。而在这些群体中的关系对我们的影响是决定性的。

著名心理学工作者武志红甚至认为："关系就是人的一切。"他提出个体就是在我与自己的一元关系、我与你的二元关系，以及我与你和他的三元关系中逐步成长的。一元关系里只有自己，他人都只是配合自己的存在；在二元关系里可意识到有一个和自己一样的"他人"独立存在，能共情他的感受，尊重他的意识；在三元关系里则明了世界的复杂，能顾及"你、我、他"三者的感受和意识，尊重这个复杂关系并适宜地竞争与合作。依照这种观点，只有能够建立起三元关系，才算真正地拥有人际关系，我们的健康、自我价值感、归属感、安全感，甚至是个人的世俗成就都是在这些关系中得以定义和发展的。要在这个世界好好活下去，具有社会属性的我们一定会为那些不断变化的稀缺资源而展开竞争与合作，这样就形成我们的人际关系（Galinsky & Schweitzer，2015）。

除了我们自身的需要会驱动我们去与人交往以构建关系，人类社会也迫使我们进入人际关系中。社会就是一张相互关联的网，是一个万物互联的系统，我们只是系统里的一个点，最好的例证就是所谓"六度分割"：

> 20世纪60年代，耶鲁大学的社会心理学家米尔格莱姆（Milgram，1967）设计了一个连锁信件实验。他将一套连锁信件随机发送给居住在内布拉斯加州奥马哈市的160个人，信中放了一个波士顿股票经纪人的名字，信中要求每个收信人将这套信寄给自己认为是比较接近那个股票经纪人的朋友。最终，大部分信在经过五六个人后都抵达了该股票经纪人。这种一个人想认识世界上任何一个人，只需要通过六个人就可以认识到他的现象被称作六度分割。

和60年代比，今天人类社会的彼此连接已经更加紧密。首先，源于比较优势原理，我们在经济上是彼此相依的，脱离社会关系，我们已经很难正常生活下去。其次，虽然虚拟社交不一定促进我们的幸福感（Kross et al.，2013），但互联网和信息技术的进步确实让人际交流更为简单快捷。如果我们要藉由社会网络获取我们想要的那些稀缺资源，我们只得努力地经营自己的人际关系。

努力经营自己的人际关系是不是意味着见一个人聊几句就扫个二维码，加个微信，记个联系方式呢？不是，泛泛之交总停留在表层，并没有实质性的意义。其实，有一种社交叫做无效社交（李小墨，2017），这种社交表面灯红酒绿、轰轰烈烈，不过在关键时刻就消失了。俞敏洪就曾警告年轻人不要浪费时间去追逐无效关系①。通俗地讲，人际关系存在"知己"与"酒肉朋友"的区别。

我们每个人有效的社交网络人数是有上限的。英国牛津大学的人类学家罗宾·邓巴早就提出，人类有限的大脑新皮层所支撑的认知能力只能使一个人维持与大约150个人的稳定人际关系。也就是说，人们即使拥有数百个"朋友"的联系方式，甚至更多社交网站的"好友"，但我们只能和大约150个人的"内部圈子"在现实生活中保持联系（Hill & Dunbar, 2003）。

我知道邓巴数字后，偶尔翻翻自己的电话号码簿，想想每个名字对应的面孔。但是有些终是想不起来了，要是几次都想不起来，我就删掉了。留着干吗呢？要经营我们的人际关系，并不等同于记住更多人的联系方式。几年前我曾经见过一位先生，随身携带一个厚厚的笔记本，上面写满包括时任教育部长在内的多位政要的手机号码。那时我想他真是个有心人，但知道邓巴数字后，我猜他记录的电话号码不过是集邮的变式而已。

如果说150人的社交内圈上限对网络时代的我们已是一个残酷事实（比如，我的微信联系人里就有600个是没有什么联系的），那商业哲学家吉姆·罗恩的洞见就比这个残酷的事实更进了一步：你是与你相处时间最多的5个人的平均值（Rohn & Rohn, 1996）。这五个人跟你的价值观、爱好和性格均有相似之处，是他们与你肝胆相照，荣辱与共，你和他们构成一个核心的小圈子，是他们给你提供坚定的人际支持。这意味着，即使你的朋友再多，真正决定你人际关系水平的大概就是跟你关系最紧密的几个人。这似乎也符合我们第5章讲的"帕累托原则"，20%的朋友贡献了我们80%的人际关系价值。

这几个跟我们人际关系相关的神奇数字："6"让我们知晓我们终究是要跟他人联系在一起的，尽管存在主义哲学家萨特曾说"他人即地狱"；"150"让我们知道我们的人际圈子是有上限的，这个数字之外的电话号码，或许就只能躺在我们的手机里，多数时候也了无一用；"5"则让我们更清楚"人生得一知己足矣"的要义。要经营好人际关系，获取社会支持，我

---

① http://edu.sina.com.cn/zl/edu/2017-01-04/10054427.shtml?cre=zl&r=user&pos=4_2

们更应该做的是深度交往，好好维护我们的核心朋友圈，我们深度交往的朋友会决定我们最终成为什么样的人。

## 利用社会比较，找准平衡点

两只猴子分别被放在相邻的笼子里，并同时进行"石子换食物"的实验。实验人员伸出摊开的手掌，猴子把一枚石子放在实验员的掌心内，实验员就会给这只猴子一片黄瓜。两只猴子依次拿起石头换得黄瓜，然后开心地把黄瓜吃掉，再高兴地继续交换。

可随后事情发生了一点改变。其中一只猴子用一枚石子换到的依旧是一片黄瓜，而相邻笼子里的猴子却用一枚石子换到了甜蜜多汁的葡萄。猴子和人类一样，认为葡萄比黄瓜好，而且好的不是一点点！面对眼前这种不公平的现象，只换到黄瓜的猴子气疯了，它停止"支付"石子交换黄瓜，把黄瓜扔向实验员，然后拍打实验台、用力摇晃笼子以示抗议（视频请见链接[①]）。

这是来自埃默里大学动物行为学家弗兰斯·德瓦尔实验室的实验。这项实验告诉我们，猴子，演化树上我们的近亲，也会"不患寡"，而"患不均"，它们也不孤立地评价事情结果，而是通过对比的方式来评价得失。

在社会比较的问题上，我们人类比我们的"近亲"好不了多少，虽然我们常常用"干吗要跟别人比呢？和昨天的自己比就好了"之类的话来安慰自己和他人（这话确实有道理，在时间维度上回望自己的人生确实是校准自己的重要方法），可是这种说法的局限在于我们很难做到不跟别人比。想想，哪一天我们不跟他人比较呢？邻居收入比我多，同事的房子比我的大，初中同学又去了欧洲十日游……"社会比较是我们用来认识自我的最基本方式之一。它并不是刻意进行的，只要我们面对他人的时候，就会自发进行。"伦敦商学院的行为组织学教授托马斯穆斯维勒如是说。

---

① https://www.bilibili.com/video/av760183/

德瓦尔的实验给我们展示了社会比较的根源，它是稀缺世界在演化过程中印刻在我们行为里的默认反应模式。社会比较是我们皮层下组织，包括与奖赏有关的腹侧纹状体、与痛苦有关的背侧前扣带回以及脑岛来掌控的。如果我们在比较中获得优势，觉得自己受到关注、得到肯定和认同，负责奖励的腹侧纹状体等区域就会释放多巴胺，让我们感到快乐。反之，若是在比较中败下阵来，与疼痛相关的背侧前扣带回和脑岛等区域就会激活，让我们感到沮丧和痛苦。

日本的Takahashi和其合作者（2009）曾做了这样一个研究。他们让19名自愿者阅读故事，并把自己看作故事里的一个普通的"我"。同时故事里还设计了其他三人，A君和"我"一样的性别、一样的行事风格、一样的人生目标，就是比"我"更加优秀、更受异性欢迎；B君和"我"性别相反，行事风格和人生目标也同，但仍然比我优秀得多；C君性别、人生道路等均与"我"相反，而且跟我一样的普通。

自愿者读完故事，研究者让他们评估A、B、C君遇到好事时自己的嫉妒程度，结果显示自愿者对A、B、C的嫉妒程度依次递减，而且嫉妒程度越高，背侧前扣带回激活越强，意味着他们体验到了社会性疼痛。更有意思的是，当研究者告知自愿者他们的比较对象遭遇不幸时，他们的腹侧纹状体，那个分泌多巴胺，意味着爽了一把的皮层下组织激活了，而且嫉妒时背侧前扣带回激活的程度与腹侧纹状体的激活现状正相关，正所谓"嫉妒时疼得越烈，幸灾乐祸时就爽得越嗨"。

动物行为研究和认知神经科学的研究都说明我们根本无法回避社会比较，但社会比较却是我们与他人构建关系的起点。社会比较是我们认识自己的最基本方式，社会比较之后，我们或自信或自卑，或沮丧或兴奋，但我们往往认为那就是我们自己，我们就用这样的自己去跟他人沟通。这个出发点会影响跟他人的关系，若是一通比较后，你认为你拥有优势，你就觉得你拥有控制权，你就会更主动，也较少在意他人的感受。要是一通比较后，你认为自己是弱势者，为了保护自卑脆弱的心，你的人际交往可能就变得被动，落入他人主导的关系里，甚至你就躲了起来，不与他人进行交往了。远离他人往往比较容易，且威胁更少。恐惧会阻止我们靠近他人，我们害怕主动表示爱意会被拒绝，害怕遭遇尴尬，害怕被嘲笑。但是，为了发展社会支持系统，我们需要克服这些恐惧，关心他人并保持开放性。

除了影响我们在社会交往中的自我定位，社会比较还影响我们对他人、对外在世界的认知。如德瓦尔实验中见到邻居换得葡萄、自己换得黄瓜的猴子，就用黄瓜扔实验员、拍打实验台、摇晃铁栏以示抗议。正是因为社会比较，刚才还是不错的合作伙伴的实验员，顷刻间就基本跟敌人无异了。还有隔壁的猴儿，咱俩一样的技艺，一样的处境，凭什么你就可以换到葡萄？一定有内幕交易，或者它爸叫"李刚"。也如 Takahashi 等人研究中的自愿者，一个处境跟我们越相似的人获得好处时我们越是嫉妒，当他遭遇不幸时我们越是幸灾乐祸。又比如在秋风秋雨中等待公交车的我，目送一些同事坐着校车离去，自己却需要同另一些同事在沙丁鱼罐头似的公交车里摇晃。我们就是在这些社会比较中找寻自己，评估他人，这些评估当然也会影响我们之后的行为模式。

所以，我们应该清楚一个道理：不能在社会比较中迷失，我们需要在社会比较中找到平衡点。

众所周知，奥运会中各个项目的银牌得主的成绩肯定比铜牌得主的成绩更好，所获得的荣耀感也应该更高，那么，银牌得主应该比铜牌得主更加满意、更加开心吧？

答案并不是这样，银牌得主往往并不满意，也并不开心。

美国西北大学的梅德韦克等人（Medvec et al., 1995）专门研究了奥运会上获奖选手的面部表情。她让评估者观看奥运会选手在比赛刚结束和站在领奖台上的录像，并以 1～10 分来衡量运动员的高兴程度。结果发现铜牌得主的高兴得分平均是 7.1 分，而银牌得主只有 4.8 分。即便将比赛类型、赛前选手的表现预期等因素考虑在内，研究结果仍然是铜牌得主比银牌得主更加高兴。马茨莫托等人（Matsumoto et al., 2006）分析了 2004 年雅典夏季奥运会柔道选手的面部表情，结果与梅德韦克等人的研究如出一辙：几乎所有（93%）金牌得主都露出了开心的微笑，大部分（70%）铜牌得主也露出开心笑容，但是开心微笑的银牌得主是零。

为什么铜牌得主比银牌得主更高兴呢？和德瓦尔的猴儿一样，运动员在评估自己的成绩时会选择一个参照对象。银牌得主的比较对象是金牌得主，成绩可能就差一点点，但结果却差十万八千里——一个是人人梦寐以求的冠军，一个却难免"千年老二"的调侃。"要是我不失误""要是我稍微努力一点点""要是我运气稍微好一点点"……银牌得主往往容易沉浸在失败的悔恨和自卑里，哪里还有什么开心的微笑呢？而铜牌得主的比较对象是第四名，"要是自己稍微差一点，就什么奖励都没有了，好歹自己登上了领奖台"，所以，铜牌得主觉得自己是幸运的！

这就是所谓的"银牌脸效应"。这个现象一方面给我们展示了社会比较的威力，也给我们展示了利用社会比较、找准心态平衡点的可能性。我们既可以如银牌选手那样上行比较，获得一肚子的悔恨，也可以像铜牌选手那样下行比较，获得一点幸运感和自我欣赏。上行比较让我们知道天外有天，下行比较让我们知道人下有人。其实我们还可以平行比较，就是跟那些旗鼓相当、势均力敌的人比，这样比可以激发我们的潜力。

用好上行比较、下行比较和平行比较几种人际比较，还有在时间维度上的自我纵向比较，可以更好地校准我们的人生，找到平衡点，这样更容易让我们在社会关系中处理好竞争与合作，建立良好的人际关系。

比如我们预期自己会成功，进而可能招致他人的嫉妒，那就要保持谦虚和低调，在自己春风得意时不要跟他人炫耀，不妨分享一点负面消息，避免不必要的上行比较。而在沮丧和落魄时，不妨使用下行比较和平行比较，告诉自己幸运女神仍然在自己身边。比如有人在绝望时，就会去墓地或是医院转一圈。要是最近缺乏斗志了，那就选一个和自己旗鼓相当的对手一起做事，这种平行比较可能会激发出我们的战斗欲望。当然，也应该跟过去的自己进行比较，这种比较提供时间维度的对比，能够告诉自己是否有进步，而这种进步感是我们成就动机的最大来源。

## 培养同理心，建立人际信任

陈平，西汉王朝的开国功臣之一，官至丞相，封户牖侯和曲逆侯，死后谥献侯。

陈平初来汉营，就被刘邦提拔为护军。许多老将因此愤懑不平，联合起来去向刘邦告状，说陈平频繁跳槽，毫无忠心可言，当上护军后就滥用职权，收受贿赂。

刘邦听完也有些犹疑了，莫非这次自己真看走眼了？于是叫来陈平，亲自责问。

对于这些罪状陈平解释说：我跳槽无非是没有遇到明主，听说您求贤若渴，我才来投奔您！初来汉营，我身无一物，若不接受馈赠，连吃饭都是问题。不过那些馈赠我分文未动，如果大王觉得我这个人不可用，那些财物我原封不动缴公，辞职回家。

刘邦听完，疑虑顿消，对陈平好感倍增，当即重赏陈平，并提拔他为护军中尉。

得到刘邦的信任和重用，陈平也一心一意为刘邦"六出奇计"夺取天下。公元前204年，刘邦被项羽围困荥阳，陈平献计："项羽多疑，如果您能舍得些银两让项羽君臣互相猜忌，就可以砍掉他的左膀右臂。"

刘邦马上给陈平拨款数万黄金，任凭他随意使用，从不过问花在哪里。

于是，陈平用重金雇用间谍，潜入楚军散布谣言，离间了项羽身边一个又一个重臣，直到项羽的主心骨——范增。

一次，项羽使者来到汉营，陈平准备了奢华盛宴，见到使者后却故作惊讶：我还以为是范将军的使者，原来是项王的使者啊！于是当着使者的面，叫人撤下盛宴，换上一桌粗茶淡饭。使者受此羞辱，大为气愤，回去就对项羽抱怨一通。多疑的项羽，开始对范增暗中防范。

范增见项羽已经不信任自己，愤而请辞。项羽不仅没有挽留，还派人送他回乡。不久，范增归途暴病而亡。失去了范增的辅佐，项羽在失败的道路上越走越快。

这是历史上有关人际关系的著名故事，信任的此消彼长在某种程度上导致了刘邦和项羽的不同结局。刘邦和陈平都知道对方要什么，自己有什么，在这个基础上给对方信任就不受外力影响，也不施加任何牵绊，彼此关系和谐，终于成就了一番大业。有趣的是，陈平以信任的对立面——多疑——作为攻击点，离间项羽，项羽果然中计，以至于不信任自己称作"亚父"的范增，终在四面楚歌中自刎于垓下。

人际关系的关键在于价值交换。我们与别人交往，对方身上必然有我们需要的东西，同时我们身上也有对方想要的东西。我们爱上一个异性并想跟TA发展为恋人关系，是因为TA能给我们带来安全感和爱的愉悦。我们全身心地爱我们的孩子是因为孩子满足了我们爱的价值，能给我们精神上的愉悦与成就感。我们跟着老师学习，是老师掌握了我们没有的知识和技能，他身上有我们想要的知识价值。我们愿意跟一个人交朋友，是因为对方身上有我们欣赏的东西，同样，我们身上也有对方欣赏的东西，跟对方在一起是愉悦和彼此促进的。单方面的喜欢或是付出不符合价值互换的原则，也不可能建立长期的友谊与和谐的人际关系。一味的索取是难以持久的，失衡的关系迟早会枯竭。

有人认为把人际关系，甚至亲人间的关系都说成是赤裸裸的价值交换未免太俗。但人际关系的本质就是物质和精神价值的流通与交换，人有一种无心、自发式的互惠本能反应。正是这些双向或多向的人际交流，才促使人类的思维活动不断得到升华，智识日趋进步而跃升，最终使得人类演化成地球上最高级的生物。赫拉利在《人类简史》中强调是"讲故事"的能力让人类战胜其他物种走到今天。事实上，所谓讲故事就是多边交流，不断地总结各种实践经验，建立良好的人际关系，实现互利共赢的过程。只要在弄清这个事实的基础上，培养自己的同理心，在合适的时候展示自己的能力，偶尔展示一点温情，暴露一点弱点，我们就能获得人际信任，构建良好的人际关系。

1. 培养同理心

同理心就是想象自己站在对方的立场，借此了解对方的感受与看法，然后再思考自己要怎么做的能力。如果一个人不小心掉在深井里，你在井沿上嘘寒问暖，对他的遭遇表示同情，那只能说明你有同情心，而不是同理心。若你也跟着掉下去，对他说：哥们，原来这井这么深，这么黑啊，你一定很害怕吧，没关系，我陪着你。这才是同理心。同理心包含三种必要的成分：区分与辨认他人情感状态的能力；假设对方观点和角色的能力；体验情绪并做出相应反应的能力（Feshbach，1978）。

在人际交往中，如果我们有同理心，坚持设身处地、将心比心，尽量了解并重视他人的想法，就比较容易找到解决问题的方法。尤其在发生冲突和误解时，当事人如果能够把自己放在对方的处境中想一想，也许就可以了解对方的立场和初衷，进而求同存异，消除误会。史蒂芬·科维在他的著作《第3选择》中指出，生活中遇到的两难困境，貌似只有要么听我的，要么听你的，否则就没法合作。其实事实并非如此，只要双方都从对方的角度思考一下，弄清楚对方的出发点和初衷，就能够在二元对立的 A 和 B 选项之外，创造出一个互利共赢的第三选项。

这种思想已经被用于教育教学中，有研究发现仅让教师觉知到学生思考问题的角度，就能够让教师更多地使用认知重评的调节策略，增进教师的情绪管理水平（Kumschick et al.，2018）。

两千多年前的孔子就说过："己所不欲，勿施于人。"这就是同理心所说的"推己及人"——自己不喜欢或不愿意接受的东西千万不要强加给别人。西方文化强调："你们愿意别人怎样对你们，你们也要怎样待别人。"这也是在讲"人同此心，心同此理"。但这只是同理心的一部分，同理心并非仅仅局限于此，还讲究"己所欲，亦勿施于人"，如下面的小故事。

第一天，小白兔去钓鱼，一无所获。第二天，它又去钓鱼，还是如此。第三天它刚到，一条大鱼从河里跳出来，大叫：你要是再敢用胡萝卜当鱼饵，我就扁死你。

自己认为最好的并不一定就是对方想要的，若你给的都是你自己"想"给的，而不是对方想要的，这样的付出是不值钱的！

同理心既是人际交往的基础，也是个人发展与成功的基石。社会学家发现，同理心是人的社会化的一个重要环节，而社会化则是一个人发展与成功的前提。有同理心的人，善于体察他人意愿，乐于理解和帮助他人。这样的人最容易受到大家的欢迎，也值得大家的信任。人与人之间冲突通常起源于对彼此的误解，或是一方态度咄咄逼人，或是一方拉不下脸来，或是情绪过于激动，或是过于固执己见……破局之法就在同理心，站在对方立场上去思考一下，设想对方所需求的东西及对方看问题的角度，为彼此留下空间。这样，就少了一些挑剔、抱怨与责难；多了一些谅解、鼓励与赞赏。

有了同理心，信任慢慢随之而来。你有同理心，你在行动之前应从我的角度考虑过；我有同理心，我在做事之前也从你的角度思考过。有同理心，不仅能理解别人，也让别人理解自己。同理心并非一味迎合对方的感情，而是希望理解和尊重对方的感情，在行事时会充分考虑到对方的感情以及这种感情可能引起的后果。刘邦要人帮忙打天下，陈平需主子带着奔前程，妥妥的价值互换。刘邦从陈平的角度想过，陈平要权财，要自我实现感；陈平从刘邦角度想过，刘邦要天下，也要自我实现感。彼此交流后，价值的事心照不宣，然后彼此为对方做点事，展现自己的同理心。只要进入了一个良性循环，信任慢慢就有了，关系也就越夯越实。

## 2. 展示自己的能力

我有个苹果，他有个香蕉，她有个草莓。

他有沙拉酱。

切了，拌一块儿吃。

你也想吃啊？？

这段诗歌体的故事来自知乎。我搜索"人际交往的实质是什么"，一位知友如是描述。是的，你也想吃啊？拿个菠萝来！和谐的人际关系必然建立在某种价值交换之上。所以，要想获得信任，首先我们就需要展示我们有值得对方交换的价值。

一个人展现出很强的能力时，他就比较容易获得对方的信任，更容易达成合作关系。陈平在投奔刘邦之前，已是声名在外了，刚到汉营就被委任护军之位。而陈平也善于表现自己的能力，做了护军后就收点馈赠，即使并不动用。当主子问起来，居然理直气壮，"初来汉营，我身无一物，若不接受馈赠，连吃饭都是问题"。这大概不是为自己收受贿赂辩护，而是展示以我的能力有这些小毛病也是值当的。展示了自己的弱点，同时也是给主子一个把柄，更容易获得信任。

3. 展示温情

温情就是对他人表示关心，和他人分享自己的感情故事。

一个下雨天，火车站里行人如织。实验助理走向一位刚刚进站的路人，向他们借手机。（每一次借手机都会分隔一段时间，这样路人不会发现实验助理还询问了其他人。）在借手机的时候，实验助理用了两种请求方式。其中一种情境他会说："我可以借用你的手机吗？我需要打一通很重要的电话。"而另一种情境是："下雨了，真是抱歉。我可以借用你的手机吗？我需要打一通很重要的电话。"

第一种情境下仅有 9% 的路人愿意把手机借给他。而在第二种情境中，竟然有 47% 的路人愿意把手机借给他，比第一种情境的成功率增加了 4 倍。

"下雨了，真是抱歉。"明显是毫无意义的话，下雨这种事根本就不是人能管的，你抱歉有什么意义？但是，这种"多余的道歉"就有奇妙的效果！因为这种说话方式展示了你对他人的关心，展示了你的温情，从而赢得了信任。

这个实验说明适当地展示温情可以更好地取得信任，增加获得良好人际关系的概率（Brooks，Dai，& Schweitzer，2014）。其实，很多政客也熟悉这个套路，他们在竞选中会提起自己的童年，会在社交媒体上展示一家人其乐融融的照片，会在竞选时不经意地抱起了路边小孩。

4. 暴露缺点

纵使你能力超群，你总归还是会有缺点的，但那些缺点会让你成为一个活生生的人。所以，适宜地暴露一点弱点，会让他人认为你跟他是同类，增加他人对你的信任。在心理咨询中，来访者信任咨询师是咨访关系的起点，也是咨询效果的关键。怎样建立信任呢？咨询师经常用的办法是不经意间暴露一点自己的缺点，比如弄洒了咖啡，弄丢了铅笔，在一些小事上显得比较笨拙。

在以心理咨询为题材的电影《心灵捕手》中，马特·达蒙饰演的天才少年虐翻了好几个咨询师，最后却拜服在罗宾·威廉姆斯饰演的咨询师手下。其实罗宾饰演的咨询师一开始并没有使用什么专业的心理咨询技术，不催眠，也不做认知行为分析。但是他因为少年轻慢自己已过世的妻子而盛怒，用"叉喉神功"把少年摁在了墙上。之后他和少年聊起了妻子，聊起当年忙于跟女友谈恋爱错过了最盛大的棒球比赛。就是这样，这个暴露了一些缺点的人在少年面前显得立体、真实，可接近，然后少年慢慢在他面前解开了心结。陈平在刘邦面前也是暴露了缺点的，他一上任就贪小便宜了，甚至不就自己的传闻做任何辩解。常言道：人无完人。如果有一个完人站在我们面前，给人的感觉是有点恐怖的，就像电视广告里包治百病的药一定不是好药一样。但是若是明确地告知我们药的局限在哪里，让我们自己谨慎选择使用，就让人觉得可信多了。

总之，彼此明了人际关系是基于价值交换的事实，培养同理心，从对方的立场想一想，然后适度地展示自己能够给对方带来的交换价值，偶尔还展示一点温情，暴露一点缺点，人际信任就建立起来了。此外，我们还必须知道，信任是一个循环游戏，一旦上了正确的轨道，一切慢慢就好了，但若误入错误的轨道，修复起来就难了。因为我们有负面偏好，一句批评的或一个破坏行为造成的伤害，起码要用五个善意或者建设性的行为才能弥补过来。

## 利用博弈论，呵护亲密关系

人类是社会性动物，每个人拥有的社会关系是定义自己的关键因素，尤其是经常与自己相处的人。所以，亲密关系是人际关系中最重要的关系，也是社会支持最核心的来源。下文我们以婚姻关系为例阐述如何用博弈论的思想呵护亲密关系。

警方逮捕甲、乙两名嫌疑犯，但没有足够证据指控二人有罪。于是警方分开囚禁嫌疑犯，分别和二人见面，并向双方提供以下相同的选择：

若一人认罪并作证检控对方（"背叛"对方），而对方保持沉默，此人将即时获释，沉默者将判监 10 年。

若二人都保持沉默（互相"合作"），则二人同样判监 1 年。

若二人都互相检举（互相"背叛"），则二人同样判监 5 年。

二人刑期的情况如下表所示。

|  | 乙沉默（合作） | 乙检举（背叛） |
| --- | --- | --- |
| 甲沉默（合作） | 二人同样服刑 1 年 | 甲服刑 10 年，乙即时获释 |
| 甲检举（背叛） | 甲即时获释，乙服刑 10 年 | 二人同样服刑 5 年 |

这就是著名的"囚徒困境"博弈，起初是美国智库兰德公司提出来描述美苏冷战关系的。囚徒应该选择哪种策略才能将自己的刑期缩至最短呢？两名囚徒彼此都不知道对方如何选择，自利的理性选择是背叛对方，这样总比自己保持沉默的刑期短。因为我若背叛，要么获释，要么服刑 5 年；但是我若沉默，要么服刑 1 年，要么服刑 10 年。所以二人的理性思考都会得出相同的结论——背叛，这样也就达到了该博弈中的纳什均衡。

婚姻等亲密关系其实也是跟囚徒困境相似的博弈。人们为了价值交换而进行人际交往，婚姻是用自己的一生去交换对方的一生，算得上是一生中投注最大的价值交换。在这场价值交换中，夫妻双方均有合作或不合作两种选择。至少，单次活动可以用如下情景来描述。

夫妻俩一同去跟"上帝"①玩游戏，每人有一式两张牌，各印有"合作"和"背叛"。每一局夫妻俩各把一张牌的文字面朝下放在"上帝"面前，彼此不能让对方知晓自己的选择。然后，"上帝"翻开夫妻俩出的牌，根据以下规则支付夫妻俩快乐分数②：

一人背叛、一人合作：背叛者享受背叛快感，得5分（背叛诱惑），合作者上当受骗，得0分（受骗支付）；

二人都合作：二人分享合作的收益，各得3分（合作报酬）；

二人都背叛：二人均吞下背叛的苦果，各得1分（背叛惩罚）。

二人的收益矩阵如下表所示。

|  | 妻（合作） | 妻（背叛） |
| --- | --- | --- |
| 夫（合作） | 夫妻各获得3分 | 夫获得0分，妻获得5分 |
| 夫（背叛） | 夫获得5分，妻获得0分 | 夫妻各获得1分 |

与囚徒困境一样，仅从单方面来看，理性选择是背叛，因为几种选择的收益比是：背叛诱惑（5）＞合作报酬（3）＞背叛惩罚（1）＞受骗支付（0）。如果夫妻均是利己的理性选择者，他们的博弈很快就会进入纳什均衡，彼此都背叛，各自仅得1分的快乐体验。

但我们很容易就看出婚姻与囚徒困境博弈的不同之处：在婚姻中，双方不是利己的理性选择者，而是因为爱对方才走到了一起，甚至会为了对方的利益最大化而牺牲自己的利益。如果这样想，双方的选择都是合作，结局是双方都合作，夫妻各得3分，进入帕累托最优。还记得欧亨利的小说《麦琪的礼物》吗？

吉姆是一位薪金仅够维持生活的小职员，妻子德拉是一位贤惠善良的主妇。他们生活贫穷，但吉姆和德拉各自拥有一样珍贵的宝物：

---

① 上帝指一个外在力量，可以是自然，也可以是社会。
② 假设幸福和快乐是量化的，分数越大体验越好。

吉姆有祖传的一块金表，德拉有一头美丽如瀑的秀发。圣诞节到了，吉姆卖掉了他的金表为德拉买了一套"纯玳瑁做的，边上镶着珠宝"的梳子；德拉卖掉了自己的长发为吉姆买了一条白金表链。

这是一个含泪微笑的故事。双方为了给对方一个惊喜，在没有交流的情况下都选择了合作，达成了"帕累托最优"。从双方整体收益而言，结果是：合作报酬（3）×2＞背叛诱惑（5）+受骗支付（0）；或者合作报酬（3）×2＞背叛惩罚（1）×2。这就接近了婚姻的本质，婚姻虽然是一个博弈，但它有三点不同于囚徒困境：一是并非彼此均自利的零和游戏，而是旨在增加整体收益的正和游戏；二是并非一锤子买卖的单次博弈，而是持续很长时间，甚至一辈子的重复博弈（在重复博弈中博弈者会自动地从关注个人收益转变成注重整体收益）；三是婚姻的博弈是彼此有沟通的，至少起初是建立在沟通和信任的基础上的。

如果能信守如上三个原则，我们就能达成"帕累托最优"，享受亲密关系，获得强有力的社会支持。可是，现实中，我们一不小心就陷入了困境，遭遇"爱得最深，也伤得最深"的惨状。为什么会这样呢？如果从博弈的角度来看，就是阻塞了沟通，丢失了信任，以单次博弈的思维来对待重复博弈，把正和博弈弄成了零和博弈。

我们知道，我们的行为、情绪和思考方式都是受大脑控制的，而大脑的结构和运作模式又受到激素的调节。由于男性和女性的激素不一样，而且在大脑结构上也有所差异，因而男性和女性的行为和思考模式也是不同的。前些年有本畅销书《男人来自火星，女人来自金星》讲了男女之别：关于爱，女人认为既然爱我，就应该按照我希望的方式来爱我；而男人认为我都按照我的方式全力去爱你了，你还要我咋地？男人遇见问题，就想撸起袖子解决它，他是目标导向的；女人遇见问题，想的是先要倾诉一番，她是情感导向的。这些想法貌似都没有错，但是大家看问题的角度不同，沟通就容易出现偏差，偏差就会动摇彼此的信任。

再者，夫妻双方来自不同的家庭，在基因遗传上本来就有很大的差异，再加上后天环境的影响，特别是不同教养方式，造就了双方禀赋和性格的差异。比如丈夫关注目标达成和家庭生活的整体推进，为了实现目标就不计较眼下的一餐一饭的质量，认为吃饱就好；而妻子关注当下的体验，认为如果当下的一餐一饭都只能马虎对付，实现了目标又有何益？在婚姻的初期这些问题都睁一只眼闭一只眼就过去了，但随着时间的推移，彼此原生家庭打下的烙印就显山露水，渐渐妨碍了沟通，动摇了信任。

有了这些差异，婚姻的博弈中必然不是每一次双方都出了"合作"的牌，或者你出了你认为是"合作"的牌，但仍然不是对方想要的"合作"，那生活就肯定不会只有甜蜜，而是酸甜苦辣咸，五味俱全。

美国华盛顿大学心理学教授约翰·戈特曼（2014）在他的爱情实验室里研究了 3000 多个美国家庭，堪称史上最大规模的家庭关系研究。他在《爱的博弈》中讲，每对夫妻都会经历积极、中性和消极的事件，他们会把这些事件放入美好、中性和糟糕三个盒子。美好盒子里装的是那些浪漫的回忆、激情的时刻、快乐的日子。中性盒子里装的是柴米油盐，家长里短，不知不觉中慢慢流逝的日常生活，说不出到底是积极还是消极。而糟糕盒子里装的是猜疑与争吵，恐惧与愤怒，悲伤与烦恼，尽是生命中那些不想再记起的消极事件。

那该如何经营良好的夫妻关系呢？直观的做法是让美好盒子里装的东西多一些，糟糕盒子里装的东西少一些。但问题在于"美好"是一个相对的概念，曾经"爱她，就请她吃哈根达斯"，一杯哈根达斯就够格装入美好盒子了，现在十杯哈根达斯也不够格！另外，美好盒子只有那么大，总有一些东西会被挤出去。戈特曼发现即使是幸福的婚姻关系，美好盒子占的比例也不高，所以，别奢求把太多事情都装进美好盒子。

中性盒子才是最关键的。戈特曼发现，在 45 岁到 60 岁的伴侣中，那些幸福的伴侣即便发生争执，他们仍将 65% 的时间归于中性盒子，而那些不幸福的伴侣，仅把 47% 的时间归于中性盒子。把事情归入中性盒子，真正领悟平平淡淡才是真，是经营夫妻关系的关键。

当然，杀伤力最大的是糟糕盒子，一旦进入糟糕盒子，双方都有可能变得敏感，本能反应是要么攻击，要么逃避。而且人们认知的带宽降低，仿佛进入了思维的隧道之中，屏蔽了其他的信息，不管对方如何示好都没有用，都会做消极的解读。如果身体和思维都处于过载状态，大脑就会变得不清醒。人们会拒绝来自伴侣的安抚，甚至连自己都意识不到这点。如果能够事先不掉进糟糕盒子，让中性盒子的空间大一些，它就可以提供一种慰藉，这也是婚恋关系中信任的最终表达形式。

尽管所有伴侣都有跌进糟糕盒子的时候，但只有一部分会沉浸其间，以至于被消极情绪折磨得精疲力竭，戈特曼把这种情况称作"伴侣捕鼠器"。他认为是有几个关键的时刻没有处理好才会滑入"捕鼠器"的。

错过了"滑动门"时刻

看看下面的情景：

> 丈夫正窝在沙发里看电影，妻子走过来，盯着屏幕连声叹气："噢，巴黎在电影里总是这么迷人。"面对妻子的向往，丈夫可以做出多种可能反应，他可以看着妻子说："我希望有一天咱们能一起去。"他也可能不满地嘀咕："嘘，我在看电影呢。"

要是丈夫的反应是第一种，那就犹如拉开了"滑动门"，让妻子舒舒服服地顺了一口气。要是他采用第二种反应，那就好像背向妻子，生硬地关闭了"滑动门"。婚恋关系中所谓的"滑动门"时刻总会不断开启，那是一个人发出了寻求联结的信息。如果能面朝伴侣拉开滑动门，一切就会朝着积极方向前进，要是背离滑动门，缺乏积极的回应，就造成了一次伤害。如果"惹事"的一方能意识到这个问题，即刻道歉并承担应有的责任，事情或会得到修补。但若是选择逃避并且任由伤害和愤怒发展，那就可能在消极事件簿上记上一笔，即使双方眼下都放过了这件事，它仍然是双方关系中的"沙子"，一不小心就引起消极情绪的升级。

没有即时解决消极事件

咖啡厅的服务生可以不借助任何工具记下客人冗长而复杂的点单，但他们下完单就完全想不起来刚才客人的点单了。这就是记忆的"蔡格尼克效应"，指我们对那些"未完成事项"的记忆要比对那些已完成和终止的事件的记忆强大约两倍（Zeigarnik, 1938）。所以，没有及时回应拉开的"滑动门"，甚至争吵都不是大问题，遭遇了遗憾事件就主动承担责任，积极沟通消解误会与分歧，这段争吵很快就会被遗忘，甚至会促进亲密关系。争执本身不是问题，它或许是个沟通的契机，而终结争执的方式将决定关系未来的发展。

要是错过了"滑动门"时刻，并且没有利用好"蔡格尼克效应"把事情及时处理掉，那就越陷越深了，彼此心中都有了阴影，信任也会慢慢地消磨掉。更要命的是，这个时候人们倾向于把中性甚至是积极事件解读出消极含义，这导致他们更频繁地进入糟糕盒子。心理学家罗伯特·维斯叫做"消极诠释"。有了消极诠释，人们通常会忽略伴侣50%的积极姿态，比如：

丈夫宣布：今天晚上由我下厨做晚饭。

妻子撇撇嘴：怎么可能？这家伙肯定另有目的，要么是想在亲友面前表现自己，或想让他父母觉得他是个好丈夫。

如此这般，丈夫的示好也没有收到什么积极的反馈，那还有什么奔头呢？双方就开始了批评、蔑视、防御和筑墙，成功地把婚姻推入了囚徒困境，把正和博弈变成了零和博弈。

在婚姻的航程里，绝不会因为有爱就能一帆风顺。如弗洛姆在《爱的艺术》里所讲的那样：爱是一种需要训练的技艺，需要像其他技艺那样，有热情、有耐心地集中训练才能纯熟地掌握。怎么训练呢？拉波波特谈判法为我们呵护亲密关系提供了很好的参考。

1. 加固信任

初次交往的时候，展示自己的价值，显示一些温情，暴露一点弱点，均可以增加自己的可信任度。但在重复博弈里，彼此的能耐有多大，缺点有多少，彼此都一清二楚，这些小技巧的作用就有局限性了。而且像戈特曼讲的那样，事情一旦被归入糟糕盒子就是一次伤害，就会损耗彼此的信任。可是即便我们即刻解决问题，扩大中性盒子的容积，总有一些事情是会被归入糟糕盒子的。这个时候就需要真诚地重申为了一个共同目标而努力的意愿，同时用实际行动来支撑自己的合作意愿，双方都迈出合作的第一步。在这个过程中，还需要发挥同理心的作用：时时刻刻省察自己的内心，而不是为自己的行为找辩护的借口；认认真真地去了解对方，老老实实地从对方的角度思考；了解自己认识中的那些误区，尽量客观地评价自己、伴侣和彼此的关系。

此外，还应该就事论事，对事不对人。毕竟，没有人喜欢对自己进行人身攻击的人，但自己若是做错了事，那就应该承担责任。有分歧就意味着有的行为是不利于实现共同目标的，就应该有人为此负责。勇于承担自己的责任，努力在未来做得更好，就显得真诚，也能给人以希望。

### 2. 积极有效的沟通

囚徒困境中囚徒陷入双输结局的关键原因是警方阻断了囚徒沟通串供的可能。而在亲密关系中，没有人阻断彼此的沟通，但是要形成有效的沟通仍然会遇到挑战。

亲密关系中沟通不畅的原因可能是双方均以为自己是在就事实进行沟通，但其实只是在自己的世界里谈论自己的情绪和自我认知。斯通的《高难度谈话》里讲，沟通有三个层面的需求：一是事实，也就是到底发生了什么；二是情绪，也就是这个事件让双方感受到了什么样的情绪；三是自我认同，即隐藏在事实和情绪背后的自我认知。在沟通的时候，需要彼此都弄清楚这三个层面的需求：弄清事实，归责而不指责；认同彼此的情绪，不怀疑对方情绪的正当性；理解分歧中最深层的原因是自我认同，找到那些威胁自我认同的核心因素。

在理解沟通目的的基础上，就可从第三方的、彼此都能接受的角度开始沟通。诉说一方尽量客观地描述事实，再直截了当地谈自己的感受，但不要指责对方。比如应该说"我对繁忙的家务感到厌倦，这让我感到非常疲惫"，但避免说"你一天到晚不着家，从来不干家务，你是个自私透顶的家伙"。诉说一方可明确提出自己的愿望或积极的要求，而不是仅有消极的批评。比如说，"我希望你能承担一点洗碗的活儿，这样我就能在晚上有一会儿休息的时间。我只要喘一口气，就不会对家务感到厌倦了"，但避免说，"你看着我这么辛苦，居然一点理解和体贴都没有，这个家到底是我一个人的家，还是两个人的家？"而倾听一方要做到理解和无防御的倾听，努力去了解对方，不急于提建议，不要为自己辩护，先听懂对方的意思再说。

每一方都要在听完对方关于事件的全部看法、感受和需求后，再复述一下对方的观点，直到完全理解对方的立场。这一步的关键是不要想争出个谁是谁非。每个人都有自己看问题的角度，有自己独特的看法，我们不能奢望别人完全赞同自己的观点，但我们有义务把自己的理解和感受讲清楚，讲到对方能够理解。拉波波特认为：如果你不能陈述对方的观点并且令其满意，就不要妄想说服对方解决问题或者达成共识。因此，你要先把对方的观点陈述一遍，然后请对方反馈一下，你的理解是不是对方的真实想法。

在理解彼此对事实的看法、彼此的情感需求和彼此的自我认知之后，就基本消解了情绪的淤积，就可以为共同目标寻找解决方案了。解决方案需尽量满足双方最重要的观点和利益，并牢记互相照顾的准则，理解单向付出的关系通常都不会长久，逐步建立长期的建设性沟通的机制。

基于这样的方法，沟通就顺畅多了。但是每个人的遗传与环境都是有差异的，因而看问题的角度都不同，彼此表达爱的语言也不同。要想在亲密关系中沟通更流畅，就需要学会另一半的语言，并主动地去表达。

查普曼认为有五种爱的语言：

肯定的言辞（适当地用积极的语言鼓励对方，感谢对方的付出）；

精心的时刻（两人一起专注地做一件事，给彼此全部的注意力）；

接受礼物（用礼物来表达爱意）；

服务的行动（做你的另一半想要你做的事情，通过服务使对方高兴，表达你的爱）；

身体的接触（通过牵手、亲吻和拥抱等亲密行为来跟另一半沟通爱）。

这五种爱的语言，总有一种适合你。但是，人们常常很纳闷，为啥自己分明全心全意地爱着对方，千方百计地为对方好，却很难得到对方积极的回应。这主要是因为我们在表达爱的时候，习惯性地说自己的爱语，而这个爱语不是对方喜欢的。就像那只以胡萝卜为饵钓鱼的兔子，不管是如何地起早贪黑，也难逃被"扁"的宿命。

3. 温和的"以牙还牙"策略

其实，真正理性的人在亲密关系这种重复博弈中是不常用背叛策略的，但难免有的人会不合作，而且在不确定的世界里也偶有意外发生，一方的合作可能被对方理解为背叛，以至于将亲密关系推入零和博弈的困境。怎样破局呢？根据拉波波特的建议，那就是采用"以牙还牙"策略（Rapoport & Chammah，1965）。

这个策略很简单，分为两步。第一步是以合作开启博弈，也就是带着诚意为两个人的共同目标而努力。第二步是在后继的交往中，总是对方上一次怎么对待你，你就怎么对待他。比如上一次对方背叛你了，那你这一次背叛他；如果上一次对方跟你合作了，那么这一次你也选择合作。

但是这个策略对于亲密关系来说过于严苛了一些，没有为真实世界里的偶发事件预留伸缩的空间，有时候由于操作失误或是解读偏差，让双方陷入再也无法合作的死循环。所以，博弈论专家提出一个改进版的"以牙还牙"策略：对方背叛我一次，我继续合作，只有对方连续背叛我两次，我就报复。这个策略留下了一点容错的空间，在真实世界中应对囚徒困境的效果会更好，也适合亲密关系的构建。其实这也就是所谓的"退一步海阔天空"，但是退一步是宽容，退两步就是纵容，在亲密关系中也需讲究宽容而不纵容。

总之，基于博弈论的亲密关系讲究信任、沟通、宽容而不纵容。超越幻想，回归现实，以博弈思维处理亲密关系或是获取最核心社会支持的关键手段。

第三部分

练就跟情绪做朋友的胸怀

高效利用时间，以深度工作等手段利用有限认知资源建立事功，营建良好的社会关系获得坚实的社会支持，可让自己在适应世界的征程上有不俗的表现，让自己配得上那些优质的资源，也就积攒了和情绪做朋友的本钱。当"趟过一条河，攀上一座山"后回望，我们常以为走过的路不过如此，对自我的理解也会上一个台阶，不经意间就增加了心灵的自由度。

　　可是，追求名利的事最是消耗资源，若是太过在意名利，还会陷我们于求而不得的困境。所以，做一点认识自我、接纳自我、重构自我和放松自我的训练，减少认知资源的耗散，让我们更好地去征服现实，就可以帮我们练就和情绪做朋友的胸怀，也更好地走在追求事功，征服现实的路上。

# 第9章　认识自我，接纳自我

"人啊，认识你自己。"

希腊古城特尔斐的阿波罗神殿上镌刻着这样的神谕。有人认为正是这句神谕点燃了古希腊文明的火花。认识自己，是人类永恒的主题，古希腊哲学家苏格拉底把"认识你自己"作为自己哲学研究的核心命题。法国思想家蒙田说："世界上最重要的事情就是认识自我。"

自我也是心理学研究中最为活跃的领域，布朗等人（2015）专门著书《自我》介绍自我研究的进展，而积极心理学的奠基人之一塞利格曼（2010）也有专著《认识自己，接纳自己》专门论述认识自我和接纳自我的要义。

"我是谁？""从哪里来？""到哪里去？"这几个问题仍将困扰哲学界，而对于我们个人来讲，对这几个问题的理解和回答也将影响我们的认知、行为和情绪。

## 基因、大脑和社会

### 基因

康妮·赫尔布里彻和乌瑞卡·莱辛巴赫是一对德国同卵双胞胎姐妹。"二战"后随着柏林墙建起，她们被两个完全不同的家庭抚养成人，从小就被分开，直到26年后才重逢。重逢时，她们惊异地发现，她俩不仅长相相似，就连行为举止、兴趣爱好、幽默感以及人生观点都十分相似：穿着相似的衣服，用相同的化妆品，梳同样的发型，喜欢同样的房间布置，爱同样的音乐和书籍，都喜欢艺术和绘画，在学校选择同样的课程，毕业后从事相同的职业，现在都是业余艺术家，都在16岁时接受了阑尾炎手术，结婚都很早，19岁就有了第一个孩子，而且都是女儿……①

这是一则有关同卵双生子的报道，很好地展示了基因遗传对个体行为塑造的威力。同卵双生子拥有完全相同的DNA，即使他们在两个完全不同的环境里长大，他们在行为、爱好和价值观等方面仍有很大的相似性。

除了这种个案，严谨的科学研究也证明遗传基因在我们的心理和行为中扮演了极为重要的角色。布沙尔等人（Bouchard et al., 1990）在明尼苏达大学双生子收养与研究中心考察了56对同卵双胞胎在智力、人格和社会态度等方面的相似性。他们发现一同抚养的同卵双生子智力相似性高达88%，即使是分开抚养，在两个完全不一样的环境里长大，智力相似性也有70%。此外，分开抚养的同卵双生子的宗教信仰相似度为50%，兴趣爱好的相似度也有40%。这说明只要基因一样，即使后天成长环境非常不一样，人们在智力等方面也会表现出很大的相似性。基因给我们的心理与行为设置了初始参数，就像新买的电脑预装了操作系统。

其实，我们一度并不看重基因对我们心理和行为的影响，强调"事在人为"，以为后天的努力可以改变一切。英国哲学家洛克提出了"白板说"，认为我们每个人生来就是一张白板，可以任由我们随意着色。行为主义心理学家华生甚至声称：给我一打健康的小孩，我就可以塑造出医生、律师、银行家和乞丐。行为主义的后继者桑代克和斯金纳更是把华生的观点操作化，认为我们会根据自己行为的效果来选择行为，只要在我们的行为之后给以不同强化就可以让我们沿着不同方向发展。这些学说都强调后天环境的决定性作用，在一定程度上增加了我们积极求索的动力，但忽略了先天遗传为我们的求索设定了边界。

事实上，如前文有关同卵双胞胎的逸闻和布沙尔等人的研究所展示的那样，基因对我们心理与行为的影响是巨大的。就像鸽子天生用嘴啄食，

---

① http://news.cri.cn/gb/19924/2007/12/21/2585@1885775.htm

老鼠生来就用爪觅食一样，一个人如果没有音乐的基因，纵使长期训练，也难以弹出一首完整乐曲。演化生物学家理查德·道金斯（2012）在《自私的基因》中提出：人类并非演化的主体，基因才是，人类不过是基因得以存续的载体而已。人类就犹如载着基因奔向目的地的公交车，只要乘客能到达目的地，乘客并不在意公交车是否有自由意志、是否到站就抛锚。

有一种老年疾病叫亨廷顿舞蹈症，症状是手脚不受控制地舞动，就像跳舞一样。该病的主因是患者的基因序列里有一个突变的"亨廷顿基因"。这种基因会产生一种蛋白，该蛋白的持续累积会损伤老人的运动和认知系统，进而导致手脚运动的失控。这个基因为什么没有在演化中被淘汰掉呢？这是因为该基因在年轻时候还有一个重要功能：它可以产生一种蛋白用以提高妇女生小孩时的免疫力，使出生的小孩不容易夭折。看，这就是自私的基因，为了我们传宗接代（基因的延续），就不顾我们老年患病的风险。

基因还给我们设定了很多的东西，比如幸福感。美国心理学家索尼娅·柳博米尔斯基（2014）在《幸福有方法》中介绍说我们50%的幸福是由基因决定的。这就是说这部分幸福感就像身高长相一样，有些人生来拥有很高的幸福设定值，仿佛中了头彩，生就一幅阳光灿烂的性情，很容易看到生活中美好的一面；另外一些人则不太走运，幸福设定值比较低，无论生活条件多么优裕，仍然感到心情抑郁，常常放大生活中的缺憾和不足，终日生活在不满和抱怨当中。

尽管我们可能不喜欢自私的基因主导的世界，但是不考虑基因这个因素，脱离人类演化的背景去理解我们自己的行为和心理，也是有失偏颇的。请记住，在自然演化的尺度上看，我们来到这个世界上，最终不过是给基因做一回公共汽车，先接受基因的这些初始设定，是我们真正认识自己和做最好的自己的前提。

大脑

25岁的菲尼亚斯·盖奇在美国佛蒙特州铁路建设工地上工作，他负责爆破岩石。1848年9月13日，正当盖奇用一根铁棍把炸药填塞到孔中的时候，一颗火星意外地点燃了炸药。当时他的头正歪向一边，提前引爆的炸药将他手中的铁棍从他的左颧骨下方穿入头部，然后从眉骨上方出去，落在他身后二十几米远的地方。当他被铁棍击倒后，尽管颅骨的左前部几乎完全被损毁了，但他并未失去知觉。在外科医生的精心治疗下，盖奇在10周后出院了。此后，他的体力逐渐恢复，又可以工作了。工友发现他话语如常，思维清晰，而且并无疼痛的感觉，但行为和性格发生了巨大改变：他本是一个非常有能力、有效率的领班，思维机敏、灵活，对人和气、彬彬有礼，但现在变得粗俗无礼，对事情缺乏耐心，既顽固任性，又反复无常。他似乎总是无法计划和安排自己将要做的事情。

盖奇再无法胜任领班的职位，只好在一家出租马车行工作，负责赶马车和管理马匹。几年以后，他的健康状况开始恶化，1860年因癫痫发作而去世。医学和心理学研究者对他的案例进行了大量研究。在他去世几年后，经他姐姐的同意，他的头骨被研究者从墓穴里取出供研究用，至今仍保存在哈佛大学的医学博物馆。

盖奇的遭遇是神经科学中的经典案例，它生动地说明我们的心理与行为背后的生理机制。盖奇丧失了腹内侧前额叶皮层，这个区域参与复杂的决策过程，决定我们对风险、奖赏与惩罚的敏感性，利用我们的情感反应指导我们的行为。盖奇这个区域受损后，基本的认知能力无碍，但是体验社会情感的能力就缺乏了，难以抑制冲动，也无法规划未来。

事实上，神经心理学家已经找出了许多与行为对应的关键脑区。比如跟言语产生相关的布洛卡区，跟言语理解相关的威尔尼克区，跟恐惧情绪识别相关的杏仁核，跟疼痛相关的前脑岛等等。而且今天认知神经科学的研究已经超越了这种定位论的描述，认为大脑是以网络的模式编码我们的心理与行为。那些所谓行为的关键脑区，只是该行为对应的神经网络中的一个节点。总之，脑是我们心理和行为的生理基础，我们所有的心理和行为都是由我们的860多亿个神经元进行编码的。

除了这些基于脑损伤的研究证据，我们还可以从脑与行为在演化过程中的关联找到大脑是我们心理与行为的生理基础的证据。如果回顾从单细胞动物到高级灵长动物的演化历程，我们很容易就发现行为演进（单细胞动物仅能完成对环境的感应 —— 节肢动物有条件反射 —— 低等哺乳动物出现复杂行为 —— 高级灵长类使用工具）与神经系统发展（单细胞动物无专门神经细胞 —— 节肢动物出现神经节 —— 低等哺乳动物出现3层新皮层 —— 高级灵长类已有6层新皮层）之间的关联性。若把视角缩小到脊椎动物范围内，心理与行为和大脑演化的关联就更清楚了，我们可以用脑指数[①]来说明。如下表所示，动物的心理和行为越复杂，它的脑指数就越大。显然，相较于其他动物，人类的脑指数是最大的，是猫的6倍，是猩猩的2.54倍。

| 物种 | 脑容积（毫升） | 脑指数 |
| --- | --- | --- |
| 鼠 | 2.3 | 0.40 |
| 猫 | 25.3 | 1.01 |
| 罗猴 | 106.4 | 2.09 |
| 猩猩 | 440.0 | 2.48 |
| 人 | 1350.0 | 6.30 |

我们在前文已经讲过，人和其他动物在与基本的生理需要相关的心理和行为上具有很大的相似性，而人和动物的区别就在于人类的社会性，而这种区别是和新皮层的发展程度同步的。大脑的发展初期与动物嗅觉机能的发展有关，与嗅觉有关的皮层称为旧皮层，后来发展起来的称为新皮层。如果也像计算脑指数那样计算新皮层实际大小与期望大小的比值，那人类新皮层的容积是非灵长类动物新皮层容积的3.2倍。

除了跨物种之间心理与行为的对比，描述人类个体神经系统发展与其

---

① 脑指数是实际脑的大小与预期脑的大小的比值。预期脑大小是通过计算所有哺乳动物的体重和脑重的均值并锁定其对应关系，然后根据某个动物的实际体重倒推出其应有的脑重，即为脑的预期值。比如猫的体重和脑重均处于所有哺乳动物的均值上，所以猫的脑指数就是1。若是一个动物的体重是猫的2倍，那它的预期脑重也该是猫的2倍，若是它的实际脑重跟猫一样，那它的脑指数就为0.5。

心理行为的同步性也证明脑是心理和行为的基础。在胎儿孕育的过程中，最先发展的就是神经系统，初生的婴儿就基本具备了与成人相似的神经系统，因而婴幼儿的心理和行为，特别是一些基本心理和行为跟成人是相似的。但是与认知控制、社会情感等高级认知功能相关的前额叶要到20岁左右才完全成熟，所以青少年在认知控制和社会情感等方面的能力就比成年人差。也正是因为这个原因，青春期才是冲动行为的高发期。

总之，我们的脑为我们的心理和行为提供了生理基础，我们在省察自己时，除了应该考虑基因给自己设定的初始参数，还应该考虑神经系统为自己的心理和行为提供的物质基础。

### 社会

我们先来看一个社会心理学实验。

研究者在报纸上刊登广告，以每次试验4.50美元的酬金公开招募了40位市民作为被试参加实验，他们当中有教师、工程师、邮局职员、工人和商人，年龄在25～50岁之间。实验时，研究者告诉被试他们将参加一项研究惩罚对学生学习的影响的实验，两人为一组，一人当学生，一人当教师。谁当学生谁当教师，用抽签的方式决定。教师的任务是朗读配对的关联词，学生则必须记住这些词，然后教师呈现某个词，学生在给定的四个词中选择一个正确的答案。如果选错，教师就按电钮给学生施以电击作为惩罚。根据预先的研究设计，实际上每组只有一个真被试，另一个是实验助手，即假被试，抽签时真被试总是当教师，假被试总是充当学生。

实验开始后，假被试（学生）与真被试（教师）被分别安排在两个房间里，中间用一堵墙隔开。在"学生"的胳膊上绑上电极，以便在"学生"选择错误时，由"教师"施以电击惩罚。实验者还把"学生"用带子拴在椅子上，向"教师"解释说是为了防止他逃走。"教师"与"学生"之间不能直接看到，用电讯传声的方式保持联系。

给"学生"施以电击惩罚的按钮共有三十个，每个电钮上都标有它所控制的电压强度，从 15 伏特开始累计，依次增加到 450 伏特，每四个电钮为一组，共七组零两个，各组下面分别写着"弱电击""中等强度""强电击""特强电击""剧烈电击""极剧烈电击""危险电击"，最后两个用 XX 标记。事实上这些电击都是假的，但为了使作为"教师"的被试深信不疑，首先让其接受一次强度为 45 伏的真电击，作为处罚学生的体验。虽然研究者说这种电击是很轻微的，但已使"教师"感到难以忍受。

在实验过程中，"学生"故意多次出错，"教师"在指出他的错误后，随即给予电击，"学生"发出阵阵呻吟。随着电压值的升高，"学生"叫喊怒骂，尔后哀求讨饶，踢打墙壁，最后停止叫喊，似乎已经昏厥过去。"教师"不忍心再继续下去，问研究者怎么办。研究者严厉地督促"教师"继续进行实验，一切后果由研究者承担。

实验结果是，有 35 名被试（占总人数的 87.5%）选择了对"学生"进行 300 伏电击，有 26 名被试（占总人数的 65%）坚持到最后，对"学生"进行了 450 伏电击。仅有 14 人（占总人数的 35%）拒绝实施 450 伏的电击。

这就是著名的米尔格拉姆权力服从实验（Milgram，1963）。在社会权威的要求下，这些遵纪守法又助人为乐的银行职员、教师或律师成为了"变态杀手"。

阿道夫·埃克曼是米尔格拉姆实验的现实版。他是纳粹系统中的一名技术官僚，曾经负责驱赶在德国的犹太人和运送欧洲的犹太人、波兰人、斯洛伐克人和吉普赛人到死亡集中营。二战后他化名隐匿于阿根廷，1961 年接受审判。法庭上的埃克曼不具有任何"杀人魔王"的特质，他礼貌周全、毕恭毕敬、唯唯诺诺。其实二战期间埃克曼的工作跟今天的白领工作并无差异，只是跟电话、电报和文件打交道，在办公室里计划、协调、保证执行的效果与目标一致。但是在纳粹灭绝人性的制度要求下，他就成了杀人魔王，实际上他不过是纳粹理性化屠杀系统中的一颗螺丝钉。

若说米尔格拉姆服从实验的关键是对权威的服从，那津巴多监狱实验就没有所谓的权威了（Zimbardo, Haney, Banks, & Jaffe, 1972）。这个实验只是将随机招募的参与者随机安排为看守和狱犯的角色，这些参与者慢慢就表现得像他们扮演的角色了：看守疯狂地虐待狱犯，狱犯见着看守就瑟瑟发抖。有时候，人们之所以作恶，并非因为他有以人类为敌的恶魔天性，其实他只是普普通通的人，服从上级命令，忠于职守，不敢越雷池半步，他只是被社会规范所驯化的工具。

除了对权威和规范的服从，我们还希望通过服从的行为让自己被群体接受。我们每个人虽说是独立的个体，但是我们也是社会的人，只有在群体中我们才能定义自己的身份，找到自己的价值。如果我们被群体抛弃，那将是对我们最大的惩罚。心理学家用传球游戏来模拟社会拒斥对人们的影响。

> 实验让受试者和计算机共同参与一个抛球游戏，开始时电脑屏幕上的两个小人和受试者之间会互相传球，形成彼此合作的氛围，但慢慢的计算机里的两个小人就只彼此传球，不再传给被试了。这个时候受试者感受到被社会拒斥了，体验到痛苦等消极情绪，同时和疼痛相关的脑岛和前扣带回都激活了，说明社会拒斥对我们来说是一种痛苦（Slavich, Way, Eisenberger, & Taylor, 2010）。

所以，作为一个社会的人，我们无时无刻不在寻求与他人、与社会产生某种联系，因而社会对我们的心理和行为有重要的影响。我们需要在社会的框架下，在人与人的交互中才能真正地定位自己。在这种需要的驱使下，语言、观念、信仰、行为方式等的传递过程中就存在一些与基因在生物演化过程中所起的作用相类似的东西，理查德·道金斯（2012）把它称作模因。比如近年来新词迭出，比如"打call""不明觉厉""小鲜肉"等等，只要有人带个头，大家就会自觉或不自觉地跟着模仿起来，新词就传播开来，成为"人云亦云"的模因。模因也跟基因一样具有遗传性、变异性和选择性，它是传递人类文化和文明的基本单元。

概而言之，在"认识自己"的旅途中，基因给我们设定了初始参数，大脑给我们提供了物质基础的限制，社会用规范和模因无时无刻不在影响我们，所以，我们何尝能够有独立的自我？我们的自我不过是建立在基因、脑与社会之上的相对产物而已，只有把自我放置到演化、生理和社会的大背景之上，我们才能真正地认识自我。

## 认知偏差与非理性

认识自我需要放在演化、生理和社会的格局上去思考，此外，关于自我认知，我们还有哪些误区？

### 自我中心

假设你穿上一件上面大红、下面大绿的奇怪的T恤到人群里去走一圈，你认为会有多少人注意到你穿了一件颜色奇怪的T恤？

美国康奈尔大学的心理学家吉洛维奇（Gilovich）及其合作者（2000）做了这样的实验，他们招募一些大学生穿上一件令人尴尬的T恤衫参加一个群组讨论。他们让当事人估计有多少人会注意到自己的奇装异服，也调查其他人事实上是否注意到这名学生的奇装异服。结果是当事人事先估计会有50%的同学注意到他的奇装异服，但事后的调查显示事实上只有23%的人注意到了这一点。

我们以为无论自己在哪里，自己都是中心，聚光灯始终都打在自己身上，以为我们听见的就是别人听见的，我们看见的就是别人看见的，我们的观点也是别人的观点。比如那些认为自己30岁之前会结婚的大学生会认为70%的人都倾向于30岁前结婚，而那些认为自己30岁之后结婚的大学生则认为70%的人倾向于30岁后结婚，思维的参照点总是锚定在自己身上。

自我中心在儿童身上更常见，皮亚杰用三山实验证明了这一点。这对儿童来说是正常现象，因为他们的前额叶皮质还没有发育完全，所以还缺乏换位思考的灵活性和完备性。但是我们成人若还一味停留在这个水平，显然是难以真正认识自我的。心理是人脑对客观现实的主观反应，虽说客观现实是同一个，但人脑各异，每个人的主观判断也不相同，我们每一个人都拥有一个独特的心理世界。我们只有摆脱自我中心思维，从别人的角度去理解这个世界，才能挣脱单维的、非黑即白的思维方式的束缚，进而基于多向思维构建起更符合事实真相的精彩世界。

## 你了解你自己吗

还记得第 1 章里讲过的吊桥效应吗？在吊桥上接受调查的男生中有 65% 给女助手打了电话，而在石桥上接受调查的男生只有 30% 给女助手打了电话。那些打电话的男生是真的被女助手吸引了吗？未必，他们心跳加速，呼吸急促，肾上腺素大量分泌，或许不过是因为吊桥的危险而已。那些男孩并没有那么了解自己，所谓的"爱上了"不过是对生理唤醒的一厢情愿的解释而已。

虽然我们一向认为我们是最了解我们自己的人，但事实上未必如此。有时候你去超市买东西，你对同一类商品进行了仔细比较，你以为你会根据自己的需要做出理性的选择。其实，大多数时候你会选择货架上那些你拿起来更顺手的商品。商家也会根据这个规律，把那些价格贵的东西放在右手容易触碰的地方，而便宜的东西则放到左侧了。

"生命诚可贵，爱情价更高。若为自由故，两者皆可抛。"我们一向重视自由意志，但我们有自由意志吗？

加州大学旧金山分校的利贝特（Libet，1985）运用我们在自发运动之前会产生一个准备电位的特性做了一个实验。他要求参与者观看一个黑点扫过的钟面，并在想要动手指时记下黑点的位置。这样就可以锁定两个重要的时刻点：大脑想动一下手指的时间（自由意志）和准备电位出现的时间。结果发现，准备电位出现于真正动手指之前的 535 毫秒，而动手指的想法产生于实际动手指之前的 204 秒。也就是说，在我们产生自由意志之前的 300 多毫秒，我们的大脑已经产生了一个电活动准备驱动我们的行为。

如此看来，我们所谓的自由意志并没有决定我们的行动，它不过是我们产生的行为的观察者和解释者。

海恩斯与其合作者用功能核磁共振技术重复了利贝特的研究。他们让被试观看屏幕上随机显示的字母，并告知被试可以随意在某个时刻用左手或右手食指按下对应的按钮，并记住在做出这个决定时屏幕上出现的字母。结果发现，有意识地按按钮的决定通常是在做出按按钮这个行为之前约一秒做出的，前额叶和顶叶的一种活动模式可以在10秒之前就预示决定行为的发生！也就是说，早在主体意识到他做出这个决定之前，大脑就已经做出了决定（Soon, Brass, Heinze, & Haynes, 2008）。

我们往往认为我们的决定是在自己的意志的作用下产生的，也就是说我们拥有"自由意志"。其实，很多时候我们没有什么独立的自我，就像电影《头脑特工队》所展示的那样，乐乐、忧忧、怕怕、厌厌和怒怒在头脑里轮流坐庄，她们在我们还没有意识到之前就已经为我们做了决定。事后，我们才意识到自己做出了这个决定，然后我们的叙事自我给这个决定编了个理由。

做出决定的意识仅仅只是一种生理上的"后知后觉"，所谓"自由意志"，不过只是一种幻觉。这样说来，我们哪里能够真正了解自己呢？

### 自我提升

研究者在德克萨斯大学奥斯丁分校招募了一些大学生，要求他们就一些积极和消极的人格形容词进行5点评分。评分的方式是你认为你和本校那些与你同性别同年龄的学生相比，你得多少分？–2代表低于平均水平很多，0代表和平均水平持平，2代表高于平均水平很多。结果是大学生们对积极形容词的评分接近1分，显著高于平均水平，而对消极形容词评分接近–1分，显著低于平均水平（Beer & Hughes, 2010）。

也就是说，人们倾向于认为自己在积极人格品质上多于同伴，在消极人格品质上少于同伴。可是，如果谁都比平均水平要好的话，谁来拉低分数形成平均水平呢？现实生活中，我们在对自我进行知觉时，很多人都会高估自己，这种个体在自我知觉过程中产生的积极自我偏见现象叫自我提升（董妍 & 俞国良，2005）。有一些研究表明这种自我提升的倾向有利于个体的心理健康，因为自我提升的积极错觉能使个体更好地适应社会（Taylor & Brown，1988）。但是有一种观点认为，自我提升在短期内对个体的心理健康有益，但从长远看个体会因此付出代价（Robins & Beer，2001）。

在家庭婚姻咨询中，咨询师通常会让夫妻做这样一个实验：先请夫妻俩把家里所有家务事列举出来，比如做饭、扫地、买菜等等；然后再让夫妻俩各自估计一下自己承担了多少。结果是夫妻估算的比例之和高达120%，远大于100%。为什么呢？一定是有人高估了自己的贡献，甚至是双方都高估了自己的贡献。对于积极的事情，我们一向倾向于认为自己贡献很多。此外，由于自我中心思维作祟，我们很容易记住跟自己相关的一两个事例。比如谈到做饭这事，我们能清楚地回忆起自己曾经做过的那一两次早餐，自己评价在家做饭的概率时自然就高了。但是，也许你就只做过那两次早餐而已，总体概率还是很低的。这样，我们就高估自己的贡献，低估对方的贡献了。

总之，我们以为我们很客观地了解自己，还以为我们是世界的中心，周围的人都在关注我们，但是事实上，我们并没有那么神奇，我们不是世界的中心，在宇宙尺度上我们实在是微不足道的微粒。我们也远没有那么客观，我们时刻都可能在自我的偏见里打转，甚至我们信奉的自由意志也是虚幻的，我们的意识不过是对我们的行为给了一个我们相信的解释而已。

框架效应

假如我们正准备对付一种罕见的亚洲疾病，预计该疾病的发作将导致600人死亡。现有两种与疾病作斗争的方案可供选择。对各方案所产生后果的科学估算如下所示：

情景一：

如果采用A方案，200人将生还。

如果采用B方案，有1/3的机会600人将生还，而有2/3的机会无人将生还。

你将选择 A 方案还是 B 方案？我想你大概率会选择 A 方案。因为在特韦尔斯基和卡尼曼（Tversky & Kahneman，1981）的实验中有 72% 的人选择了方案 A。我们再看看情景二。

情景二：

如果采用 C 方案，400 人将死去。

如果采用 D 方案，有 1/3 的机会无人将死去，而有 2/3 的机会 600 人将死去。

这下你选择了方案 D 了吧？特韦尔斯基和卡尼曼的实验中有 72% 的人也是这么选的。

实质上情景一和二中的方案是一样的，只是改变了描述方式而已，情景一说的是"收益"，情景二说的是"损失"。在收益框架下，你希望选择确定的，而在损失框架下时，你希望赌一把，选择了风险性大的选项。面临收益时人们会小心翼翼选择，表现为风险规避；面临损失时人们甘愿冒风险，倾向于风险偏好。

这就是著名的亚洲疾病问题，它很清楚地说明了框架效应的道理：相同的客观问题，通过变换框架，我们就会做出不同的选择。这种选择在我们生活中并不少见。有个笑话讲一个吝啬的财主掉到坑里了，路人甲说"把你的手伸过来，我救你出来"，财主纹丝不动。而路人乙说"来，抓住我的手，我救你出来"，财主马上就把手伸出来了。在"给予"和"获得"两个不同的框架下，财主的行为判若两人。

**控制错觉**

假设你参加这样一个博弈游戏，任务是在两个不规则的图形间选择一个，若选对了即可获得 10 元奖励，选错了就什么都没有。在正式博弈时，你可以自己选择，也可以让基于大数据的人工智能代替你选择，人工智能选择的准确率在 0 到 100% 之间不等，而且如果它选对了，还要收取一定的佣金（比如某个人工智能的准确率是 80%，收取佣金 2 元）。这个时候你是选择自己动手呢，还是选择让人工智能代理选择？

你或许选择自己决策吧？毕竟自己决策有可能获得 10 元，而代理决策的话收益确定是 6 元。如果真是这样，你就和实验中的被试一样，喜欢自己亲自选择，即使为了这个选择权付出了一定经济利益（陈煦海，吴茜，2019）。比如上述这个例子中，你自己选择的实际效用是 10 元 × 50%=5 元，而让人工智能代理的收益是 10 元 × 80% – 2 元 =6 元。

人们为什么要做这样的非理性决定呢？一种可能是人们以为自己亲自操作就有控制感，即使是在不可控情境下，个体也会不合理地高估自己对环境或事件结果的控制力，产生一种判断偏差，称作控制幻觉（Langer，1975）。

掌控感对于我们来说是个好东西，人人都喜欢掌控感，它甚至是长寿的秘诀。

心理学家兰格和罗丁（Langer & Rodin，1976）在临终关怀的养老院做了一个著名的心理学实验。他们去拜访养老院的老人，结束时给每位老人送了一盆植物。不过，实验人员对其中一组老人说："老人家，我们走了，这盆植物送给你。但是你不用管它，护士会每天给它浇水，你负责欣赏就可以了。"但对另外一组老人说："老人家，我们走了，这盆植物送给你。你需要给这盆花浇水，如果你不浇水的话这盆花就会死掉。"

一年之后，心理学家回到这个养老院，来看看有多少老人还在世。他们发现由护士来浇水照看植物的那组老人的死亡率是 30%，和没有收到植物的老人没有任何区别。但是，奇迹发生在自己能掌控植物生死的那组老人身上，他们的死亡率从 30% 下降到了 15%！

这就是控制感的威力。事实上，人们时刻在追求控制感的路上，牙牙学语的小孩儿捡球扔球，是在寻求自己行为与球的状态间的关系，进而获得对世界的掌控感；有些老人到退休年龄，却不愿退休，并非贪恋物质收益，他们丢不开的是那一份掌控感。但是，过分追求控制感也可能让我们做出非理性选择，比如有些领导贪念掌控感而拒绝将决策权让渡给专业人士，即使知道这样做会付出代价。很多家长在教育子女时也希望保有掌控感，因而阻止了孩子去自由探索与成长。

概率谬误

如果你去买彩票，你认为彩票上的号码是"99999"的中奖概率更大，还是"21473"的中奖概率更大？

我想你会认为"99999"的中奖概率更大，直觉告诉你，这个号码太巧了。但是从统计学的角度来看，这两个号码中奖的概率是一样的。如诺贝尔经济学奖获得者卡尼曼所说的那样，人们会认为自己的思维是理性的，但是事实上人们的大多数行为都是非理性的。

我们来看看下边的例子。

有一位叫尼赫鲁的教授在美国一所大学任职，他精通梵文，每天晚上在家里写诗，他的癖好是收集佛像。请问：尼赫鲁教授更可能是一个印度文学教授呢，还是一个细胞生物学教授？

我们大多数人会猜尼赫鲁是一个印度文学教授。因为他具有一个印度文学教授该有的典型特征，但没有几个细胞生物学教授精通梵文，会在家里写诗，还收集佛像。

但事实上，如果我们猜尼赫鲁是一个细胞生物学教授，我们赢的概率更大。为什么呢？因为在美国，只有100个印度文学教授，但是有50000个细胞生物学教授，这就是基础概率。如果尼赫鲁和印度文学教授的特征匹配度高达90%，而与细胞生物学教授的匹配度仅为5%，算上基础概率之后，符合上述特征的印度文学教授有90人，但符合上述特征的细胞生物学教授却有2500人。

在这个例子中，你或许会说由于你不知道准确的基础概率，所以你犯了忽略基础概率的错误。那么我们再看下边这个例子。

琳达是一位31岁的单身女性，直率并且非常聪明。在大学期间，她主修哲学，对种族歧视问题和社会偏见非常关注，同时也参加过反核示威游行。请问下列选项的哪个概率更高?

A. 琳达是一名女权主义者;

B. 琳达是一名银行出纳员;

C. 琳达是一名女权主义者和银行出纳员。

特韦尔斯基和卡尼曼(1983)的研究发现,有85%的被试会选择C。这显然是没有什么道理的,但是我们就喜欢选择C,因为我们轻易就犯了合取谬误(即认为多重条件"甲且乙"比单一条件"甲"更可能发生的认知偏误)。但从概率层面讲,这个合取谬误荒唐得厉害。

人们往往会认为自己的思维是理性的,但是人的大多数行为是非理性的。我们既可能受事件叙事框架的影响,还可能对自己的掌控感存在幻觉,在概率面前,我们更是常常仅凭直觉就做判断。直觉思维曾经有利于我们做出更优的决策,比如在狩猎时代,看到有斑纹状的物体就立即逃跑,根本不去考虑那物体是否是猛兽。这样的直觉思维让我们做出了快速高效的行为,有利于我们的生存与繁衍。但是随着社会的高速变迁,曾经的直觉思维就有极大的局限性了。要认识自我,就需要克制直觉思维的冲动。

## 心理的反作用力

前两节我们讲人类不过是基因、脑和社会共同限制下的生物,在自我认知上存在着诸种偏差。这似乎把我们推入了消极被动的深渊,也许你不愿承认这样的事实,可事实就是事实,但是我们也不必那么悲观,我们还是能主动做一些努力的,而且正是这些努力才是我们生命的意义所在。

### 自我实现的预言

还记得我们前边讲的"罗森塔尔效应"吗?

美国著名心理学家罗森塔尔和雅格布森(Rosenthal & Jacobson 1968)来到一所小学里,他们给学生们做了一个智商测试,然后告诉老师：其中一组学生的智商非常高，这些学生会在来年的学习中取得很大进步；而另一组学生的智商平平，他们在未来一年中不会有太大变化。一年后心理学家再次回到学校，老师们报告说真如专家所预测，那些被认定为"高智商"的学生确有很大进步，而另一组就表现平平了。为了验证老师们的报告，心理学家再次测量孩子们的表现，结果发现，那些被认为是"高智商"的学生的学习成绩确实突飞猛进了，比其他学生高出很多。

可是，所谓的"高智商"是并不存在的，两组学生都是随机选取的。为什么那些被认为"智商高，会有进步"的学生真的就进步了，心理学家有点石成金的能耐吗？这个真没有。事情的机妙在于老师，当他们得知某些学生有潜力时，他们增加对这些学生的期望值，花了更多的精力关注这些学生，给予了更多鼓励。老师的这些态度和行为引导学生朝着期待的方向发展，同时老师的态度和行为也被这些学生感知到，形成了自我期待图式，这样他们就把更多的注意力放在与这些图式相符的信息和特征上，并自动过滤掉那些与图式不一致的特征和信息，逐步向着自我期待的方向前进，成就了点石成金的"神话"。

当我们期望某件事情发生的时候，这件事情往往就会真的发生，这就是心理的作用力，或者叫做自我实现的预言。

罗森塔尔效应是积极的，因为给学生的是一个积极的预期。那要是给出的预期是消极的呢？是不是也会陷入自我实现的预言，真正实现那个消极的预期呢？

答案是：会的。我们先来看知名心理学工作者武志红讲的一个案例：

> 有一位四十多岁的女士，长得很漂亮，事业也很成功，可是，她却总是遭遇家暴，第一任丈夫如此，第二任丈夫依然如此。这位女士常说的一句话就是："男人没一个好东西。"还好，有一位性格脾气特别好、从来没跟女性吵过架的男士一直在她身边，并在她离婚两次后追求她。他们结婚了，好脾气的男人来了，家暴的事应该再也不会发生了。

可是，突然有一天，这位女士居然又遭到了她这位好脾气丈夫的家暴。当时她立刻打电话召集朋友到她家里主持公道。她所有的朋友都很激动，指责她的现任丈夫，"你太过分了，明明知道她经历了什么，居然还这样对她！"朋友中有一位心理咨询师，他冷静一些，问：你们能告诉我具体发生了什么吗？

知道真相以后，在场的人都沉默了。

原来，他们就为做菜盐多盐少的小事情发生了争执，后来越吵越凶，这时候，这位女士突然指着她的丈夫歇斯底里地说："你是不是想打我，我知道你想打我，就像XX（其父亲的名字）打我妈一样，你打啊，打啊，不打你就不是男人！"刚喊的时候，丈夫还是冷静的，但妻子反复喊这样的话的时候，他脑袋一片空白，不知哪来的力量，一拳就打过去了，将自己心爱的女人打倒在地，嘴角流血。

丈夫打人后很懊悔，这不是自己的风格啊。他本来有一个积极的自我实现的预言，"我是一个好男人"，但在妻子歇斯底里的呼喊中失去了理智。再次被家暴的女士虽然忍受着疼痛，但是在朋友们的关切中，她体验了精神层面的胜利——你们看，男人没有一个好东西嘛。

这就是自我实现预言的消极表现。这位女士见惯了父亲的家暴，相信"男人没有一个好东西"，她潜意识里就会努力把事情向所认为的方向推进，以此证明自己的想法是对的。这样她就进入了一个怪圈，要么证明自己的观点是对的，激起深爱自己的男人家暴；要么就得承认自己的观点是错的。身体或精神，总有一个要受伤，而自恋常常让我们不愿意承认认识上的错误，不愿意忍受精神上的失利，因而我们不自觉地就陷入了消极的自我实现预言中。

心理是人脑对客观现实的主观反应，所谓的"主观"就有很多"自证预言"，它们仿佛是一个过滤器，不自觉地过滤掉对预言不利的因素，只留下对预言有利的因素。这样一来，我们看到的世界就符合自己的预言。比如在生活中，难免有一些遭遇引起我们的抑郁情绪，比如事业上的挫折、亲人的离世，甚至是怀孕生产。一旦你认为这些事情给你造成了很大的伤害，自己遭受了极大的痛苦，它慢慢就会成为你的自证预言，你就会不自觉地屏蔽与你的自证预言不符的证据，仅留下消极的感受去佐证自己的预言，这样就很容易在消极体验里循环，慢慢陷入抑郁症的深渊。要打破自证预言的怪圈，那就是丢掉自恋，不要在意自己那些判断的对错，不给潜意识去自证预言的机会。

自我实现的预言的另一个推动因素是社会互动。若你以积极快乐的态度对待别人，多数情况下别人也会以积极快乐反馈给你！如罗森塔尔实验中，教师认为某个学生是有潜力的，不自觉地就给予更多关注，学生也会随之给予正向反馈，形成一个积极的循环。如果你粗暴地对待他人，那么多数情况下他人也必将粗暴地对待你！像前例中的女士，就是因为童年的见闻和曾经的遭遇，固化了自己的看法，不经意间就用歇斯底里激起了一通暴力。

我们需要铭记理查德·怀斯曼（2012）在《正能量》一书中的洞见：

> 当你认为你的周围是一片鲜花的时候，环绕你的就是一座花园；当你认为你的周围充满了冷漠与无情，那你终将被沙漠所掩埋；当你以善意的眼光去看待周围的人，你会发现，即便是盗贼，也会有人性的闪光。

### 启动效应

研究人员招募了一些纽约大学的本科生来参加实验，实验的任务是将一列单词重新排列成有意义的句子，比如"宾果游戏"（bingo）、"佛罗里达"（Florida）、"针织品"（knits）、"皱纹"（wrinkles）、"痛苦"（bitter）和"单独"（alone）这样的一串单词，并告知他们实验的目的是研究人们的语言能力。当这些参与者完成了单词重组任务离开实验室时，他们通过实验室门口10米左右走廊的时间会由另外一名假装等着开会的研究者记录下来。

事实上，实验的目的跟语言能力并无关系，实验参与者重组的句子也不相同，一组参与者重组的句子就是上面那些跟老人相关的词，容易产生跟老年相关的联想，而另一组重新排列的单词没有偏向性，不会让人产生特定的联想。

结果发现，那些重组跟老人相关单词的参与者走完10米走廊平均需要8.28秒，而重组中性、无特别联想单词组的参与者仅需7.30秒。这说明人们一旦被启动了跟老人相关的联想，他们的举止就有点像老年人，走得更慢了（Bargh，Chen，& Burrows，1996）。

这就是著名的启动效应，我们的记忆系统是一个相互连结的网络，启动其中一个念头可以影响个体的另一个念头，甚至是行为。这种启动未必需要让个体在意识层面觉知到，即使是快速呈现启动刺激到意识无法捕捉，也会出现启动效应，称作阈下启动，就像爆米花实验所描述的那样：

销售研究者维卡瑞1957年在一家电影院做了一个实验。他准备了一部特别的放映机，在放电影时两部机器同时工作，用很弱的强度在银幕上映出"喝可口可乐"或"请吃爆米花"字样，并每隔5秒钟以1/3000秒的速度插入。如此一来，人们根本无法意识到这些叠印在电影情景上的这些广告信息。可是结果发现，可口可乐的销售量上升了16%，爆米花则超过了50%。

虽然维卡瑞的研究没有正式发表，但后续有严谨的学术研究证实了这种阈下启动对人们消费行为的影响，阈下启动某个品牌的饮料会增加人们对该品牌的购买倾向（Karremans，Stroebe，& Claus，2006；Smarandescu & Shimp，2015）。启动效应证明我们一旦有了某个想法，不管是意识层面还是潜意识层面，我们的行为就有可能沿着这个方向靠近。虽然行为启动还存在一些争议（Doyen，Klein，Pichon，& Cleeremans，2012），但是证实行为启动确实存在的研究也层出不穷（Yuan，Ding，Liu，& Yang，2015）。对于我们个人来讲，启动效应的研究至少应该让我们明白，心理是会影响我们的行为的，在基因、生理和社会的限制下我们可以用心理去主动改变这个世界。

正能量的作用

这些年来从政府到个人都强调正能量，因为正能量真是个好东西。理查德·怀斯曼（2012）著有一本基于许多严谨心理学研究的畅销书《正能量》，讲正能量的要义、作用和修习之道。正能量对人们生活的影响也证明人们心理对行为的强大作用。朗达·拜恩（2017）的《秘密》中阐述了吸引力法则，说明正能量发挥作用的原理：你想要什么，就会吸引什么，最终就会过上什么样的生活；你想要什么样的人生，你就多去跟什么样的人接触，这样你会感受到这种体验。

在头脑里想象自己想要的生活会让你逐步靠近它，这里有"自证预言"的原因，还有一个原因是这种积极的想象可以让我们获得更多的积极体验。但是，若是只沉迷在这种积极体验里而拒绝付诸行动，并不会真正地获得我们想要的生活。

雪莱·泰勒（1999）曾做过样的实验。他把招募来的大学生被试随机分成三组。第一组每天花几分钟想象自己"已经"取得好成绩之后的感觉；第二组每天花几分钟想象自己在什么时间、什么地点和如何准备考试；第三组没有想象任务，该怎么复习就怎么复习。结果发现第一组的考试成绩最低，他们为考试做准备所花的时间也是最少的，但是考试前他们的情绪体验比其他两组都好。考试成绩最好的是第二组，他们想象准备考试的过程让他们花了更多时间去准备考试，也就取得了更好的成绩。

正能量是有用的，至少它可以增加我们的积极情绪体验，如果我们能够在这种积极的情绪体验下多一些积极行为，我们真的就可以逼近我们想要的结果。但是如果只是沉浸在积极情绪体验里，没有相应的进取行为，想要的结果还是会渐行渐远。

总之，尽管遗传给我们设定了初始参数，大脑给我们确立了生理基础，社会环境限制了我们发展的空间，我们自己也有许多认知偏差，我们仍然可以用自己心理层面的努力，反作用于所遭遇的客观现实。

## 接纳与改变

当我们了解了基因、生理和社会对我们的限制，明了自我认知的偏差和非理性，还知晓心理对外在环境也有强大反作用之后，我们大概就成为了一个明白人。我们明白生活中有些事情，比如出身、身高、性别、民族以及生活中的种种意外等，是我们不能改变的；而有些事情，比如固化的思维方式、不合实际的观念等，是我们可以改变的。

怎样判断是否可以改变呢？美国心理学家塞利格曼认为取决于问题到底有多深，表层的东西容易改变，而深层的东西改变起来就要难得多。而问题的深浅可从生物遗传、证据多寡和信念强度三个角度进行判断。比如有些人的超重是由遗传基因决定的，这就属于生物层面的深层问题，他们就很难瘦下来，或者短时间瘦下来后一不留神也会胖回去。如果某个问题的支撑证据越多，否定该问题的证据越少，那就不容易改变，反之则容易改变。比如惊恐症患者，往往是因为陷入了"过度认同"的陷阱中，不断为自己的惊恐加深证据，但只要后退一步，在远景当中客观地观察这个问题，就可以看到更多不支持的证据，也就可以得到更多回旋和调整的余地，进而解决问题。此外，如果信念强度越高，就越难改变，比如二战期间犹太人被纳粹关进了集中营，不久后他们就会产生一种观念，认为集中营生存率很低，因而他们大多数人在严酷的环境中死去。但有一个心理学家弗兰克，他不断强化自己的信念——我还有很多有意义的事情要去做，最终他就挺过了集中营的摧残，成为著述颇丰的心理学家。

有些东西是无法改变的，执念无益，那就接纳它。如身高、性别和幸福初始值等，很大程度上均有生物基因层面的原因，就好像我们已经拿了一手牌，埋怨无益，骄傲无用，不管好坏，只有接纳它，努力去打好手里的牌。叔本华说："能够顺从，就是你在踏上人生旅途中最重要的一件事。"只有接纳和坦然地面对不能改变的部分，才能从怨天尤人的负性体验里抽离出来，集中精力去做好自己有能力改变的那一部分。

> 假如生活欺骗了你，不要悲伤，不要心急！忧郁的日子里需要镇静；相信吧！快乐的日子将会来临。

没有行动则无法逼近目标，空想无用，那就改变它。生活中有些东西是可以改变的，比如幸福，即使有50%由遗传基因决定，10%由环境决定，但有40%是由我们的思维和行为决定的。我们接纳了50%我们完全没有发言权的，忍受了10%掌控感不大的，最关键的是用行动去掌控那40%由我们自己决定的。事实上，如柳博米尔斯基所说，幸福的秘诀就在这40%里。其实，我们想要的生活、成功、幸福，从来都不是靠忍受、空想或等待来成就的，接纳只是开启行动的第一步，只有行动才能带来改变。

接纳与改变的智慧向来有之，近年兴起的接纳承诺疗法把这种智慧发挥得淋漓尽致。这种疗法与辨证行为疗法、内观认知疗法一起被称为认知行为治疗的第三浪潮（曾祥龙，刘翔平，& 于是，2011）。这是一种以提高心理灵活性为目的，不局限于针对狭窄的心理问题的具体认知内容进行反驳，努力寻求建立更宽广、更灵活、更有效的应对方式的心理治疗方法。这种疗法对于我们认识自我和接纳自我有较好的参考价值。

这种方法可以分成两个部分，第一部分是正念与接纳。接纳不仅仅只是容忍，而是对此时此刻经验的一种积极而非评判性的容纳。试图通过无条件接纳，认知解离，关注当下，减少主观控制和主观评判，减弱语言统治，避免经验性逃避，更多地生活在当下，与此时此刻相联系，与我们的价值相联系，使行为更具有灵活性。第二部分是承诺与行为改变，通过关注当下，观察自我，明确价值观，承诺行动，以此来帮助来访者调动和汇聚能量，朝向目标迈进，过一种有价值和有意义的人生。

# 第10章 放空自己，善待他人

认识自己、做最好的自己是人生最重要的主题。然而，亚里士多德在《政治学》中有如下的论述：

> 从本质上讲，人是一种社会性动物；那些生来离群索居的个体，要么不值得我们关注，要么不是人类。社会从本质上看是先于个体而存在的。那些不能过公共生活，或者可以自给自足不需要过公共生活，不参与社会的，要么是兽类，要么是上帝。

可见，人类是社会性动物这一事实决定了我们的生活要处于个人价值取向与社会要求遵从的价值取向的紧张冲突之中（阿伦森，2007）。为此，法国哲学家萨特在其著名的哲理剧《禁闭》中喊出了：他人即地狱。意指当你和周遭的人相处不愉快，难以调和之时，他人对你而言就是地狱。他人是地狱，但也是天堂，因为我们一生的幸福很大程度上源于他人。

哈佛大学从1938年起进行了一项研究，持续至今（Vaillant, 2012）。他们追踪记录了724位男性，从少年到老年，年复一年地询问和记载他们的工作、生活和健康状况等。原先的700多位受测者中，至2015年还有60%的人活着，大多数人都已经90多岁。第四任项目主管、哈佛大学医学院教授罗伯特·沃尔丁格（Robert Waldinger）在TED上介绍了他们的研究发现[①]：

孤独不利于身心健康。那些跟家庭成员更亲近、更爱与朋友邻居

---

[①] https://www.ted.com/talks/robert_waldinger_what_makes_a_good_life_lessons_from_the_longest_study_on_happiness

交往的人，比那些不善交际、离群索居的人，更快乐、更健康、更长寿。那些"被孤立"的人，在中年后健康状况、大脑功能都快速下降，寿命也相对更短。

良好的人际关系可以保护人的大脑。如果在80多岁时，你的婚姻生活还温暖和睦，你对自己的另一半依然信任有加，知道对方在关键时刻能指望得上，那么你的记忆力就不容易衰退。反过来，那些觉得无法信任自己另一半的人，记忆力会更早表现出衰退。

综合起来看，社会性动物的基本属性让我们无法回避与他人的交往，而他人既可以是我们幸福的根本，也可能成为我们痛苦的源泉。那么，我们该如何对待他人呢？

## 真 诚

如道金斯（2012）所言，我们每个人不过是自私的基因的载体。即便是做点利他的事①，也有可能是为了减轻内心的紧张和不安，其动机仍是为自我服务，希望通过助人行为来减少自己的痛苦，使自己感到有力量，或者体会到一种自我价值，这顶多只能称作自我利他主义（Batson，2014）。那些不受外部动机的驱使，仅因为看到他人处于困境就产生移情，从而做出助人行为以减轻他人的痛苦，纯粹为了他人幸福的行为才是纯利他主义，这仅占人类行为的很少一部分。所以，与他人交往时，我们难以放下自己，总是希望在与他人的交往中获得一些物质或精神的回馈，至少，我们希望他人喜欢我们，与我们建立良好的关系，让我们获得归属感和尊重感。

怎样让他人喜欢我们呢？卡耐基（2014）在其著名畅销书《人性的弱点》中给人们的劝告是：如果你希望人们喜欢你，就要让人们感到愉快，做出喜欢他们的样子，对他们感兴趣的问题表现出兴趣，毫不吝啬地赞扬他们，对他们的观点表示欣然同意。这些建议是有道理的，我们怀有自利

---

① 利他行为是指对别人有好处，而对自己没有任何明显益处的自觉自愿行为。

的目的对待他人，他人也同样带着自利的动机对待我们。所以，我们怎么对待他人，他人就怎么对待我们。

莱曼和所罗门（Lemann & Solomon，1952）的研究也证明了这一点：与那些具有令人不愉快特征的人相比，我们更喜欢那些具有令人愉快特征的人；相较那些反对我们、不喜欢我们、批评我们、与我们竞争的人，我们更喜欢那些赞成我们、喜欢我们、表扬我们以及与我们合作的人。

不过卡耐基的建议还是有些"套路"的味道，有时候你未必会收获你想要的东西。

琼斯（Jones，1964）做过这样一个实验：他招募一些被试来参与实验，并跟他们进行面谈。面谈结束后，给这些被试听一些事先准备好的反馈：一些被试听到的是正性评价，另一些被试听到的是负性评价，还有一些听到的是中性评价。此外，告知一部分被试，对他们进行评价的人是主持这项实验的一个研究生，她需要他们参与她的这项实验，并希望他们是自愿参加的。而另一部分被试听到的则没有评价者有求于他们的桥段。然后，要求被试就对这个评价者的喜好程度进行评分。结果发现，与那些给予自己负向评价的人相比，被试们更喜欢那些赞扬自己的评价者；但是，当赞扬后面还存在一个隐秘动机时，他们对赞扬者的喜欢程度便会大大降低。

这个实验说明，尽管人们喜欢得到赞扬并倾向于喜欢赞扬者，但他们并不喜欢被操纵，如果赞扬过于慷慨，或是赞扬者可以通过迎合他人而从中获利，那么这个赞扬者便不会受到欢迎。

此外，若是对方为了某个隐秘的动机为我们提供帮助，我们也未必会喜欢他。

布雷姆和科尔（Brehm & Cole，1966）曾做过这样的实验：他们邀请一些大学生参加一项研究，并声称实验非常重要。当被试来到实验室，研究者会和另外一个被试（实际上是实验助手）一同在等待室等待实验开始。就在这时，实验助手请求离开一小会儿。在一种条件下，实验助手很快就回到房间，重新入座。在另外一种条件下，他带回了一瓶饮料，并迅速地交给被试。随后，要求每位被试帮助那位实验助手完成一项枯燥的任务。结果发现，与没有收到饮料的被试相比，那些收到饮料的被试更不大可能提供帮助。

这个实验的意思是：你以为，一瓶饮料就能把我收买了？

这些实验说明，卡耐基的"套路"不足以时时得到他人的积极回馈。在这些"套路"的后边，缺少的是真诚，缺少真心实意、坦诚相待、以从心底感动他人而最终获得他人信任的涵养。真诚意味着行为建立在事实之上，时刻呈现真实的自己，无需费力去猜测他人的动机或是担心自己的企图暴露。

卡耐基的建议事实上是高情商的表现，有同理心，能够认识和管理自己与他人的情绪。这确实可以助力我们的成功。有研究表明人们58%的成功都要归功于情商，高情商者的年均收入比低情商者多出29000美元（Bradberry & Tasler，2011）。但是，如果你缺少真诚，就算情商再高，它也无法助你一臂之力。华盛顿大学福斯特商学院的一项新研究发现，若情商的体现只是一种表面现象，那么人们并不会接受，仅仅看到情商的迹象并不能使他人信服，人们还得知道这种迹象是否真实，人们很在意你表现的情感是否真实（Eberly & Fong，2013）。

所以，真诚才是对待他人的第一要务。怎样做到真诚呢？

第一是坦诚、直接、公开。上述的几个实验研究已经证明了坦诚和公开的重要性。其实，我们都知道，我们是怀有"自私之心"——希望他人喜欢我们，与我们建立良好的关系，让我们获得归属感和尊重感——去与人相处的。这一点，人我相同，毫无二致。如果故意把这个事实隐藏起来去与人相处并无多大益处，特别是在深度交往的亲密关系中。

在亲密关系中进行有效的交流，情感的表达必须是直接、公开的。如果爱人之间不能坦率地说出他们的负性情感，而是将它们隐藏起来，并且诉诸一些素质和能力层面的归因，一些微小的分歧便可能升级为争吵。卡尼和布兰德伯里（Karney & Bradbury，2000）对130对新婚夫妇进行了长期追踪研究发现，那些在结婚初期就进行素质性归因的夫妇，会与自己的配偶相处越来越不愉快。相反，那些进行情境性归因并且对配偶偶尔出现的一些无意伤害举动予以谅解的夫妇，则在婚姻中感到越来越幸福。坦率的谈话可能是通往完美之爱的捷径。

坦率交流时应当分离看法和情感。"亲爱的，你不帮我做家务，让我感到很累、很孤独、很伤心"，这样述说的是情感体验，本身就是一个事实，无所谓对错，也无可厚非。把体验表述出来，能够让彼此看见，可以让情感流动。"你就是个自私的懒东西，不帮我做任何家务，你口口声声说的爱我，那爱到哪里去了？"这样述说的就是自己的看法，有大量的推理，个人看法一定有对错的空间，一不小心就可以成为辩驳的对象，因为对方可以列举几条事例来证明他帮你干过家务，不干家务也不代表他自私，更不代表他不爱你。在这样的争论里，双方均容易陷入第9章谈到的自我认识偏差，如果没有一方妥协，很容易就陷入永无止境的争执。

不必时时把自己的脆弱之处掩藏起来。这个社会给我们的一般训诫是绝不能暴露自己的脆弱之处。然而，适当地暴露自己的弱点是有用的，在某些情况甚至是必不可少的。比如，跟某个不共戴天的敌人掩饰自己的脆弱之处，或许是明智的；但是对一些喜爱你的朋友和关心你的人掩饰自己的脆弱之处，那就是个错误。

做到坦诚和公开是个技术活，但只要有笃定的自我，又能放空自我，言行一致，能够在保持独特自我和融入群体间找到平衡（Goffee & Jones，2005），就可以向"真诚的人"逼近。著名的情绪智力研究者布拉德伯里（Bradberry）曾撰文讨论了真诚的人的习惯，以下总结了他的洞见[①]：

1. 不用刻意去取悦他人，坚持走自己的路。有些人会喜欢我们，有些人不会，这是我们无法强求的。这并不意味着你要对别人的爱恨毫不在意，只是不要让这些想法妨碍我们做正确的事。我们应当有自己的原则和价值观，有笃定的内心，能暂时屏蔽外在的影响而获得纯

---

[①] https://www.forbes.com/sites/travisbradberry/2016/05/10/12-habits-of-genuine-people/

净的空间去追寻自己心中的指南针，坚持走自己的路，只做自己认为对的事情，不会因别人的不赞成而摇摆不定。

2. 不必极度渴求他人关注，无需炫耀，切勿吹嘘。以友好、自信、干练的姿态与人相处，他人是否感兴趣、是否与你同步那是他们的事，但你拿捏准确的交流态度会吸引他们沉浸在你的话题中。自夸或是因为缺乏安全感，担心如果不向大家表明自己的成就，就没有人注意他们了。如果真的对自己的成绩充满自信，那事件本身就熠熠生辉。

3. 别着急下判断，开放地面对他人。消除脑子里既定的想法和判断，尝试通过别人的视角看世界。对他人的想法和行为可以求同存异，但一定要停止判断，用一段时间去真正理解他们的想法。无需隐瞒你掌握的知识和资源，多一些分享，努力营造合作共赢的局面。

4. 不受"自我中心"的裹挟。有强大的自尊心、自信心，但也明了自我认知中的种种偏差，能认识到自己的错误，及时修补自己的问题。不要把他人的消极反馈简单地往攻击、侮辱这些方面想，没有必要鲁莽地下结论，觉得受到了侮辱，而是从这些反馈中寻找意义，形成有建设性的改进方案，并付诸行动。

5. 不要完全受物质的驱使。占有物质和资源的多寡自然是攀爬食物链的关键，但绝不是全部，还有智识链和幸福链两个阶梯等着你，而且后两条阶梯或许来得更久长，让你的幸福由内而发，来源于最简单的乐趣，如朋友、家人和追求目标，这些使生活变得充实。

第二是真诚地求人帮助。俄国大文豪托尔斯泰曾说：我们并不是像喜欢我们曾经帮助过的人那样，喜欢给我们提供帮助的人。这就是说，如果你希望某个人喜欢自己，你就要努力让他向你提供帮助，而不是去向他提供帮助。让他人帮助自己，是增加个人吸引力的可靠途径。

杰克尔和兰迪（Jecker & Landy, 1969）的研究招募了一些被试完成一项实验任务，并可以赢得一些钱。实验结束以后，研究者向三分之一的被试解释说实验使用的是自己的积蓄，但现在钱用光了，这就意味着他不得不停止实验。然后请求：你能帮帮我，把你赢的钱还给我让我继续做实验吗？向另外三分之一被试提出帮助请求的是系里的秘书，问被试能否把赢的钱还给她，以便补充即将耗尽的研究基金。剩下的三分之一则没有要求归还这些钱。最后，所有的被试都要求填写问卷，让他们就对研究者的喜好度进行评分。结果发现，那些给研究者提供特别帮助的人对研究者更为喜欢。也就是说，由于这些被试曾经帮助过研究者，他们成功地使自己相信研究者是一个值得帮助的人。

所以，如果你需要某人帮助，那就坦诚地向他寻求帮助，只有他帮了你，他才会更为喜欢你。据说美国前总统富兰克林就曾经用这个策略将一个政敌争取了过来。

本来，富兰克林和宾夕法尼亚州的议员是彼此对抗、颇有敌意的对手，但富兰克林换了个策略：听说对方的图书馆有本相当罕见的书籍，富兰克林就给对方写了封信，表达自己十分想阅读那本书，并请求对方把书借给自己读几天。对方马上就把书送过来，大约一周后富兰克林把书还了回去，并附上一封感谢信，表达了自己对这次帮助的感谢。当他们再次相遇的时候，彼此就有礼貌地打招呼了，并成为了名副其实的朋友，他们的友谊一直持续到对方去世。

第三，真诚意味着把自己的交往策略透明地摆在他人面前。还记得第8章讲的"以牙还牙"策略吗，虽然这个策略听来有些负面，但其实这个策略包含了基于真诚的人际交往原则。你总是带着一颗合作的心去与人交往，表现了你的友善；你敢于报复，不做没有原则的老好人，在对方背叛你的时候毫不犹豫地背叛对方，这让对方清楚地看到你坚定的不妥协态度，展现的是你的原则。不管对方曾经背叛了你多少次，只要对方这次选择了合作，下一次你一定选择合作，宽恕对方以前的背叛。在优化版的"以牙还牙"策略中，你甚至在对方两次背叛后才报复，这表现的是你的宽容：我带着合作的诚意而来，你现在的选择就是我下次的选择。不绕弯子，不搞复杂推理，让自己的行为可以预期。概而言之，在拉波波特的"以牙还牙"策略里包含了无欲则刚的智慧：彼此的目标就摆在那里，我的策略简单得犹如一张白纸，只用真诚和原则来寻求你的合作。

## 感 恩

*感恩即是灵魂上的健康。*

——尼采

中华民族自古就倡导感恩，或以动物行为来侧面引导（鸦有反哺之义，羊知跪乳之恩），或用警句直接训示（滴水之恩，当涌泉相报）。这些倡导固然有助于感恩美德的传承，但缺少的是从个人角度对感恩行为进行由内而外的解析。事实上，如哲学家尼采所言，感恩即是灵魂上的健康，在与情绪做朋友的征程上，感恩是必不可少的处世之道。

在心理学上，感恩是指个体用感激情绪回应他人的恩惠或帮助，从而使自己获得积极的体验或结果的过程或特质（喻承甫，张卫，李董平，& 肖婕婷，2010）。懂得感恩的人，不为自己的得失斤斤计较，也不一味索取，纵容自己的私欲膨胀，而是感恩生活的赐予，感恩他人的合作，感恩自己的坚持。有了感恩之心，我们就会放空自己，在得失面前能心态平衡，能用善良之心对待他人，回馈社会。

感恩作为一种积极人格特质能促进个体幸福感，其证据来自埃蒙斯和麦卡洛（Emmons & McCullough，2003）的研究。

> 研究者将被试随机分成三组：第一组被试需要在记录本上写下前一周所发生的 5 件需要表达感谢的事情，称作"表达感谢组"；第二组被试需要在记录本上写下前一周所发生的令自己感到生气或苦恼的 5 件事情，称作"表达烦恼组"；第三组被试仅需在记录本上列出前一周所发生的 5 件事情，且未被告知是否应关注所发生事情的积极或消极方面，称作"控制组"。结果显示，与"控制组"及"表达烦恼组"相比，"表达感谢组"被试的幸福感水平上升了 25%，他们普遍对未来更为乐观，对各自的生活也更为满意，他们还会每周进行大约 1.5 小时的体育锻炼。

后续的研究证明表达感恩对幸福感的提升并非源于积极的社会比较，因为"表达感谢组"的幸福感提升水平仍高于"积极比较组"——该组被试被要求列出他们感觉优于其他人的事情。感恩表达对提升幸福感的作用也适用于神经肌肉疾病患者，他们在为期21天的研究之后发现，"表达感谢组"的被试整体生活满意感更高，对未来更为乐观，睡眠质量更好。

埃蒙斯等人的研究引起了许多后续研究，也证明了感恩对个体心理健康的积极促进作用。费罗等人（Froh et al., 2008）以青少年为研究对象，将他们随机分配进入"盘点幸运组"、"盘点麻烦组"和"控制组"，结果发现"盘点幸运组"自我报告的感激、乐观、生活满意度的水平都更高，负性情绪体验则相对更低。这种效应在实验结束3周后仍然存在，特别是被试的感恩与学校生活满意度水平之间的关系极为稳定。基于日常经验取样的研究也发现个体日常的感恩感受和他们的幸福感正相关，而且前一天的感恩感受可以预测第二天的幸福感（Nezlek, Newman, & Thrash, 2017）。近年来，有关感恩的元分析研究也证实了感恩对于个体幸福感具有独特的预测作用（喻承甫等人，2010），而且另有研究证明感恩干预疗法的效果优于控制组（Davis et al., 2016）。

感恩是通过何种机制促进了心理健康，提升了幸福感呢？

伍德等人（Wood et al., 2010）总结了感恩促进幸福的可能机制：感恩可以改变人们的认知图式。感恩高的人认为他人没有帮助自己的义务，他人的任何一点帮助都有很高价值，他人为此付出很多，而且他们都是从利他主义角度出发提供帮助的。相反，那些感恩低的人，会认为他人提供的帮助价值不大，他人也没有为此付出多少，而且他们可能是为了一些自利的动机顺便提供了一点帮助而已。后一种归因方式若与事实不符，且差距太大，就是一种心理疾病表现了，哪还有幸福可言？

此外，感恩对幸福的促进还可能与积极情绪相关，感恩本身是一种积极情绪的体验，与高兴等日常积极情绪体验正相关，感恩还可以促进消极情绪向积极情绪体验转换。感恩还是一种应对机制。感恩的人更有可能寻求和使用工具性、情绪性的社会支持，以积极的方式应对生活事件，对遇到的情境做积极的解释，能够发现生活事件中的发展点和生长点。感恩的人较少使用诸如逃避和药物滥用等消极应对策略。感恩还可以增强个体的社会连接。人们都喜欢跟知恩图报的人交往，因而感恩的人拥有更强的社会支持系统，遭遇逆境时会得到更多的社会支持。

感恩，于人于己都是个好东西，那我们如何训练感恩呢？

关键的一点是要放空自己，理解乔斯坦·贾德在《苏菲的世界》说的那句话：没有人天生该对谁好，所以我们要学会感恩。

甲不喜欢吃鸡蛋，每次发了鸡蛋都给乙吃。刚开始乙很感激，久而久之便习惯了。习惯了，便认为理所当然了。直到有一天，甲将鸡蛋给了丙，乙就不爽了，找甲大吵一架，从此绝交。乙忘记了这个鸡蛋本来就是甲的，甲想给谁都可以。

其实很多时候，一开始我们对他人的善行是感恩的。可是，慢慢地我们就习惯别人对我们的好，认为那些是理所当然的。有一天，他人对我们的好稍微少了一点，我们就觉得是他人对我们不好了，甚至就开始怨恨和争执。其实，感觉适应是我们的本性，所谓"入鲍鱼之肆，久而不闻其臭；入幽兰之室，久而不闻其香"，对他人善行的感受也会自然适应，逐渐被我们认为是理所当然。而且，对善行的感觉适应更多地发生在亲密的人之间，比如父母、伴侣、手足之间。有的人对陌生人提供的细微帮助往往感恩戴德，却对身边亲密者提供的日常帮助毫不在意，因而不经意间就伤害了亲密的人。更有甚者，一旦进入这个状态，还要使尽浑身解数证明是对方有愧于自己。如此这般，感恩自然是很难了，亲密的人也成了"地狱"。所以，回过头来想一想，用乔斯坦·贾德的话——没有人天生该对谁好——警醒自己，放空自己，是我们用感恩去营造幸福生活的第一环。

理解了"没有人天生该对谁好"的要义，感恩基本就有章可循了。比如使用感恩记录法，这个办法最早见于埃蒙斯和麦卡洛（2003）的研究。具体操作方法很简单，就是一周记录下5件你觉得值得感恩的事件。已有的研究均证明，采用这种简单的方法可以促进我们的感恩行为，也可以提升我们的幸福感。

还可以实施一些感恩行为，比如感恩拜访，或是写感谢信等等。赛利格曼等人（2005）让实验组在一周之内书写一封早期感恩事件及感恩原因的信件，并寄送给施惠者，控制组则书写早期记忆。结果表明，相较于控制组而言，实验组干预后的即时测量和一月后的测量均报告了更多的感恩和幸福感，更少的抑郁。

## 宽 容

> 当我走出囚室，迈过通往自由的监狱大门时，我已经清楚，自己若不能把悲痛与怨恨留在身后，那么我其实仍在狱中。
>
> ——纳尔逊·罗利赫拉赫拉·曼德拉

南非国父曼德拉在讲获释出狱当天的心情如是说。他因为领导反种族隔离运动而入狱，在罗本岛上被关押了27年，吃尽苦头，受尽虐待。但是，曼德拉却在1991年总统就职典礼上邀请当初在罗本岛监狱看守他的3名看守到场，并隆重地介绍给大家，还恭敬地向3个曾关押他的看守致敬。曼德拉向朋友们解释说，是这些牢狱岁月给他时间与激励，使他学会了如何处理自己遭遇的痛苦与磨难，并以极大的毅力来训练自己。

这就是宽容，也就是放弃对冒犯者的消极情绪、认知和行为，反而形成积极情绪、认知和行为的过程，是以对冒犯者的共情为基础的一个动态变化过程（McCullough，2000）。生活中，有人一不小心就妨碍了我们目标的达成，让我们遭受诸多痛苦和不如意。不过，我们遭遇的苦难肯定难以与曼德拉的27年牢狱之灾相比，他用宽容华丽地转身，在事业和精神上走上更高的台阶，为我们树立了借用宽容助力成长的典范。

宽容并不意味着将别人所做的都看作是好的，我们仍然很清楚地知道，他们的行为是有害的、不恰当的，并希望尽自己的力量让社会上减少这样的行为，最重要的是不要让别人的错误使自己的一生都沉浸在愤怒和怨恨之中。就像《宽恕是一种选择》一书的作者罗伯·恩莱特（2009）指出的那样：宽恕最终是一种自由，而不是压制。如果你真正的宽恕，你会得到情绪的释放和精神上的持久快乐。

宽容仿佛跟前文所述拉波波特的"以牙还牙"策略有些矛盾，但事实并非如此，因为"以牙还牙"策略，特别是温和的"以牙还牙"策略更是留下了宽容的空间。原始的"以牙还牙"策略没有留下容错的空间。在这个不确定的世界上，人是很容易犯错的，特别是基于个人的立场，对行事者有利的行为，很有可能对另一个人就是伤害。再加上人与人之间有理解偏差，即使存心为了对方好也难免会伤害对方。理解了这一层，我们就会明白需要用宽容给"以牙还牙"留下容错的空间。而正是这种宽容，可以让我们不计较一时一地的得失，向外促成长效的合作共赢，向内让自己不再受愤怒与怨恨的折磨。

宽容可以促进心理健康。已有研究发现个体的宽容与抑郁和反刍（McCullough，Bono，& Root，2007）显著负相关，与主观幸福感的提升（Bono，McCullough，& Root，2008）、人际关系的改善（Worthington，2005）和愤怒反应的降低（陈晓，高辛，& 周晖，2017）显著正相关。宽容促进身心健康的现象也得到元分析的支持：伦达尔等人（Lundahl et al.，2008）报告宽容水平高的人群积极情绪体验和自尊水平更高，而负性情绪体验更少；付伟等人（2016）也发现宽容与积极心理健康指标存在正相关，与消极心理健康指标存在负相关。

宽容的力量也得到了认知神经科学的支持。里恰尔迪等人（Ricciardi et al.，2013）让被试想象诱发痛苦情绪的社会情境，然后分别想象宽容或想象记恨冒犯者，同时扫描其大脑激活状况，结果发现想象宽容时有更多积极情绪体验，楔前叶、顶下小叶和背外侧前额叶等与心理理论、共情和认知情感调节相关的脑区激活更多，说明宽容可以增进积极情绪体验和心灵的灵活度。

总之，宽容能让我们放下那些伤害我们的人和事，将我们有限的认知资源从无效的愤怒与怨恨中解脱出来，增强了自信心，也给我们带来了希望感。懂得宽容的人，身心健康问题较少，而沉浸在愤恨中的人则持续活在负性情绪中，更容易出现焦虑症和抑郁症等心理疾病，遭受高血压、溃疡和偏头疼等躯体疾病。宽容还能重构社会关系，使我们不再停留在负性情绪里彼此伤害。生活中我们难免犯错，伤及他人，如果我们恪守和谐共处的本心，用同理心互换一下角色，原谅生活中的不顺心和伤害，就能重构良好的社会关系。

与感恩相似，宽容促进身心健康的关键机制在于改变我们的认知图式和情绪体验。抓住过往的伤害不放的重要原因是我们的认知图式——我们不应该也不能被冒犯和伤害。这样的认知似乎无可厚非，但是事实是人难免都会有意无意地犯错，伤及他人。如果固守我们的认知图式，后果就是我们珍贵的认知资源在伤痛中耗散，不能做出积极的改变。与其沉浸在被伤害的负性情绪里，还不如像拉波波特的"以牙还牙"策略所描述的那样，适当地宽容，然后该惩罚就惩罚，但从心理上宽容对方，把自己的认知资源解放出来，投入到更有意义的事情中去。正所谓放过了他人，也就是放过了自己。

诺贝尔和平奖获得者、南非开普敦大主教图图（2015）在其著作《宽恕》一书中详细讨论了实现宽容的方法。

首先是把事情说出来，正视、理解伤害本身，并找出伤害的意义。具体的方法既可以是跟他人倾诉，也可以用文字描述。把事情说出来，而不是假装已经发生的事没有发生，让真相以它本初的原貌示人，把事情的来龙去脉拼起来，甚至连小细节也回忆起来，这样才能在过去和未来之间取得和解，真正接受现实，并释放积压的受伤情绪。

然后是正视内心的感受。一旦明确了所发生的事，我们就需要超越事实本身去正视伤害给我们带来的情绪感受。尽管我们不愿意面对那些负面情绪，但这却是平复过来、继续向前的不二法门。若是不愿触碰痛处，这些情绪可能会在心里堆积，最终迸裂并渗透到生活中的各个领域。当我们遭受任何一种痛苦煎熬后，总会伴随着以下几个阶段：否认、愤怒、追悔、忧郁和接受。当一份痛苦让我们无法承受时，否认是自然而然的反应。但持续处在否认状态中可能导致自我毁灭，就像每一位上瘾或酗酒者的悲惨挣扎下，都深埋着一份对痛苦的否认。追悔是另一种形式的不接受，也无法抚平我们的伤痛。一旦明白痛苦无法改变，人们就会变得忧郁，接下来怎么办，希望在哪里？希望与契机就在最后一个阶段——接受。我们接受既定的真相，接受自己的痛苦，接受自己的脆弱，正视它，感受它。从伤痛中穿越过去，是走出伤痛的唯一办法。

接下来是宽容。宽容并非易事，但若体认到生而为人的共通本性，就可为宽容开启窗口。审视一下任何一位施害者，去发现不分彼此的共通人性：没有人生来满腹仇恨，没有人生来充满暴力，如果受到相同的压力，置身一样的环境，我们也很有可能犯下一样的错误。这种对于自身弱点的认知，帮助我们获得同理心、慈悲心和宽容力。通常来说，当你不再诅咒施害者，感觉卸下重担，内心获得平静，感觉到新的自由时，你就已经宽容了。即使你要用温和的"以牙还牙"的策略，对对方的背叛施以惩罚，也是在宽容之后，是高于情绪驱动的理性选择。

最后是重建或放下这段关系。若你和施害者之间的关系是由创伤而维系的，这会让伤痛渗透你的人生。你必须选择重建或放下这段关系，唯有这样，才能拥有不被过去束缚的未来。放下，是在说出自己的故事、正视自己的内心感受、予以宽容之后，就此了结，不再与施害者保持关系，让自己从受害者的处境和创伤中彻底释放出来。而重建是受害者和施害者体认到彼此共同的人性后，彼此合力，穿越伤害，创建一份新的关系。一般来说，想要和亲近的人断绝关系比较困难，因为将你们绑在一起的回忆与情感比较牢固，所以面对亲近之人的伤害时，我们一般会努力选择重建关系。和不那么熟悉的人放下关系比较容易，因为他们在你心中的分量往往较轻，因此，在被陌生人伤害的情境中，选择放下就更为容易。

# 第 11 章　认知重构，知行合一

## 认知图式与扭曲

两个人在荒芜贫瘠的沙漠里寻找出口，可是无论怎么走都无法走出去，在绝望之余他们看到了一个小小的白色帐篷。他们向帐篷的主人乞讨一杯水喝。主人很慷慨，给他们一人一杯水。要知道，水在沙漠里就像生命一样宝贵。他们小心翼翼地捧着水上路了。一根枯枝把一个人绊倒了，而这个人又撞倒了另一个人。摔了一跤不说，两人杯子里的水都洒掉了一半。两个人都望着自己手中的半杯水，有着不同的想法和感言。

第一个人说："哎，真倒霉，就剩下半杯水了，我怎么走出这无边无际的大沙漠呀？"

另一个人则说："真幸运，没有全部洒掉，就靠这半杯水，或许我就能走出这大沙漠了！"

这是我们耳熟能详的"半杯水"的故事。我们常听的解释是第一个人是悲观的，第二个人是乐观的。悲观者看到了消极与痛苦，就得负着痛苦前行；而乐观者看到了积极与希望，有一种知足的喜悦，就能带着快乐前行。不过这仅是从结果的角度去看这个故事，或可以有点导向作用，若从原因的角度去分析，对我们就更有启发意义。

在东方，南宋词人辛弃疾词云：叹人生，不如意事，十常八九。在西方，罗马哲学王奥勒留则用这样的句子提醒自己开始每一天：我必然会遭遇负义、无礼、背信、恶意和自私自利之人。可见，生活中遇到"半杯水"的情况本是常事，怎样面对这种"半杯水"情景是人生永恒的课题。

其实，面对这种"半杯水"的情况时，人们无需主观努力，会自动化地进入积极或消极的思维模式，因为每个人都有其独特的认知图式。认知图式是由著名瑞士心理学家皮亚杰（1980）提出的，指的就是人们对客体的认知方式，包括对客体的选择、表征、组织和解释的方式。在遗传和环境的共同作用下，个体往往会形成自己的认知图式，遇到事情就自动启动自己的认知图式进行解释，打上自己的烙印。

图式的形成跟遗传相关。如柳博米尔斯基（2014）所讲，50%的幸福是由基因遗传决定的，不管遇到何种情景，幸福潜力高的个体就常用易于幸福的认知图式去认识这个世界，而那些幸福潜力低的个体，不管物质条件等外在环境是何等优渥，都难免用不易幸福的认知图式去解释这个世界。乐观与悲观的认知方式也跟基因相关。

福克斯（Fox）与其合作者（2009）采集了111人的DNA样品，再让他们完成点探测任务实验[①]，以便观察他们对不同情绪图片的关注程度。结果发现那些具有两个"长版本"启动子基因的人更关注积极的图片，倾向于忽略消极的图片，因为这种基因组合减少了神经细胞中血清素的含量。相反，那些具有一长一短，或者两个"短版本"启动子基因的人就没有这种保护性的偏爱，因为这种基因组合可能使得神经节中的血清素含量更高。

这就是说，先天遗传可能让我们形成积极或者消极的认知图式。除了先天因素可能会导致我们形成某种认知图式，后天环境也有可能是我们形成某种认知图式的诱因。最好的例证就是著名的"湿猴理论"（Hamel & Prahalad，1996）：

---

[①] 点探测任务是心理学研究中常见的实验任务，具体任务是让被试观看一些照片，如果照片上出现一个点就尽快按键反应。实验的机关在于背景照片有不同属性，比如积极、消极或者中性的照片。如果被试对某类图片（比如消极的）更关注，那么这类照片就会更多吸引其注意力，导致点探测的反应速度变慢。

把五只猴子关在一个笼子里,在笼子的上方放有一串香蕉。实验人员还安装了一个自动探测装置,一旦探测到有猴子要去拿香蕉,就马上向笼子里喷水,五只猴子都被喷湿一身。

首先有只猴子想去拿香蕉,结果每只猴子都淋湿了。之后每只猴子在尝试几次后,发现结果莫不如此。于是猴子们达到一个共识:不要去拿香蕉,拿香蕉就会被水喷湿。后来实验人员把其中的一只猴子带走,换进去一只新猴子A。猴子A看到香蕉,马上就去拿。结果,被其他四只猴子暴揍了一顿,因为其他四只猴子认为猴子A会害他们被水淋湿,所以制止它去拿香蕉。A尝试了几次,虽被打得满头是包,依然没有拿到香蕉。当然,这五只猴子也没有被水喷到。

后来实验人员再把一只旧猴子带走,换了另一只新猴子B。猴子B看到香蕉,也是迫不及待要去拿。当然,一如刚才所发生的情形,其他四只猴子胖揍了B一顿,尤其是猴子A打得特别用力(这或许可谓老兵欺负新兵,或是多年媳妇熬成婆)。猴子B试了几次也被打得很惨,只好作罢。

慢慢的,一只一只,所有的旧猴子都换成新猴子了,谁都没有被水淋湿过,但大家都不敢去动那串香蕉。它们只知道动香蕉会挨打,对背后的原因则一无所知。香蕉不能动,就成了猴子们的认知图式,也成了它们的社会规范。

这个出自《Competing for the Future》一书的故事常常用来描述社会规范的起源,认为我们为了适应生存,在头脑里形成了无数的规则和思维方式,并用这些思维方式快速地、有效地指导我们的行为。这些规则和思维方式就是我们的认知图式。

哈梅尔等人(Hamel et al.)用生动的故事说明了社会规范和认知图式的形成,我们已经提到过几次的积极心理学创始人塞利格曼更是用严谨的实验展示了认知图式的形成(Maier & Seligman,1976):

塞利格曼的实验由三组狗组成:第一组的狗处在可以逃避电击的

穿梭箱中，一旦提示灯亮起，狗在箱子的一边就会被电击，到另一边就不会被电击，这样，狗只要从箱子的一边跳到另一边，就能逃离电击（是否被电击是由狗自己的行为决定的）；第二组的狗和第一组的狗一一配对，只要第一组的狗受到了电击，就给第二组相应的狗施加同样的电击，反过来，倘若第一组的某只狗逃脱了电击，第二组配对的狗也避免了电击（是否被电击跟第一组的狗完全一样，但不是由自己的行为决定的）；第三组的狗是控制组，不会受到电击。在进行电击和学习之后，实验者把所有的狗都转移到了可以逃脱电击的环境中，看看几组狗在提示信息出现后是否会跳跃栅栏逃避电击。

结果显示，第一组的狗可以充分利用已经学会的逃避策略，一旦提示灯亮起就迅速跳到箱子另一边，避免被电击；第三组没有电击学习经验的狗也慢慢注意到了亮灯和电击的关系，学会了逃避电击；悲催的是第二组，那些以为电击跟自己的行为努力无关的可怜蛋，它们完全放弃了逃跑，提示灯亮后不等电击出现就先倒在地上开始呻吟和颤抖，绝望地等待痛苦的来临。

对第二组的狗而言，由于是否被电击不由自己的行为决定，它失去了对场景的掌控权，就形成了努力也无用的认知图式，即使进入了可以有掌控权的场景，它依然采用消极等待的策略。这叫习得性无助，一种因为重复的失败或惩罚而造成的，对现实无望、听任摆布的行为和心理状态。如塞利格曼所论述的那样，习得性无助是抑郁症成因之一，而这种现象也常常发生在人身上。

塞利格曼研究组重复了习得性无助实验（Hiroto & Seligman，1975）。实验把学生分为三组：让第一组学生听一种噪音，但他们通过努力可以使噪音停止；第二组学生也听这种噪音，不过他们无论如何也不能使噪音停止；第三组是对照组，不给他们听噪音。当被试在各自的条件下进行一段实验之后，即令他们进入另外一种情景：把手指放在"手指穿梭箱"的一侧会听到一种强烈的噪音，但是放在另一侧就听不到这种噪音。实验结果表明，那些能够通过努力使噪音停止的被试，以及未听噪音的对照组被试，都很快学会把手指移到箱子的另一边，使噪音停止。而那些无论怎样努力也不能使噪音停止的被试，他们的手指仍然停留在原处，听任刺耳的噪音响下去。更要命的是，这种"习得性无助"还会对后续的学习有消极影响：那些在实验中产生了无助感的被试在完成单词重组任务时（如把 ISOEN，DERRO 重新排成 NOISE 和 ORDER 两个单词）正确率更低。

习得性无助也常常出现在我们的日常生活中。因为"人生不如意十之八九"，不由我们控制的场景也比比皆是：哄不好的孩子，教不好的学生，达不到领导的要求……我们在一项工作上失败，难免就会放弃努力，甚至还会因此对自身产生怀疑，觉得自己"这也不行，那也不行"，进入破罐破摔的境地。而事实上，未必就是我们"真的不行"，而是陷入了"习得性无助"的认知图式中，自设藩篱，把失败的原因归结为自身不可改变的因素，丧失了尝试的勇气和信心。

认知图式是自然适应的结果，在很多时候都利于我们生存，有利于我们在特定情景下快速、有效地决策和行为。但是，有些认知图式是建立在假象、谬误及违背生活事实的臆断之上的，或者已经背离真实的情景，难以满足现代社会的需要，成为了一种认知扭曲。这些认知扭曲甚至会简单地代代相传，妨碍我们去探究其背后的逻辑和使用情景，导致我们的思维固化，成为人们消极情绪体验的根源之一。

如果我们是塞利格曼的狗，那大概就只能在"习得性无助"的消极体验中了此余生，因为狗的前额叶等新皮层还不够发达，难以抽离情景用理性思维对情景进行认知重构。好在我们是高级灵长类动物，已经有了十分发达的前额叶皮层，可以适度地从那些陷我们于无助的情景中抽离出来，对那些认知图式进行重构，解救自己于水火之中，重新走上积极进取之路。

认知重构是指识别出那些引起功能失调的思维和观念，质疑它们的正当性，并将消极的、自我击败的思维换为积极的、自我肯定的思维的过程。在格罗斯（Gross，1998）的情绪调节系统中，认知重构被称作认知重评，指个体对情绪事件的理解、情绪事件对个人的意义进行重新评价，试图以一种更合适的方式理解情绪事件，进而改变特定情境中的情绪体验、生理反应和行为表达。不管是认知重构还是认知重评，均是对我们自动化思维中的某些认知图式进行再评估，把自己暂时从既有情景中抽离出来，站在相对客观的角度再认识，从而增进思维灵活度，更好地面对情绪事件。

认知重评是被研究得最多的情绪调节策略，也被证实为效果最好的策略之一（Buhle et al., 2014; Gross, 1998）。在格罗斯开创性的研究中，他们让被试在观看消极电影片段的时候采用认知重评（从情节中抽离，给自己强调这只是电影而已）、表达抑制（把自己的情绪反应压抑下去，不要表现出来）和简单观看的策略，结果发现认知重评、表达抑制这两种情绪调节策略都可以减少个体的情绪反应，但两种策略的作用模式可能不同（Gross, 1998）。许多后续研究都证明了认知重评对情绪调节的有效性，而且认知重评的效果可能持久（Gan, Yang, Chen, & Yang, 2015）。坎斯克等人（Kanske et al., 2010）还报告了认知重评和表达抑制的神经基础，这两种策略均可以降低杏仁核等情绪关键脑区的激活，但是只有认知重评激活了眶额回，显示了认知重评策略中高级新皮质对皮层下组织的调控作用。最近有关情绪调节脑成像研究的元分析也证明了这一点，认知重评更多地激活了执行控制区域，并对杏仁核等情绪区域有显著的调控作用（Buhle et al., 2014）。

假如我们生活的世界好比塞利格曼的穿梭箱，箱子的上边悬有我们深爱的"香蕉"，足底也有我们惧怕的"电击"，面对命运的无常，我们怎样做到不被无常的命运伤害呢？曾经有人在两个极端游走：一个极端是享乐主义，"花开堪折直须折"，珍惜眼前，让欲望飞；另一个极端是犬儒主义，着破衣敝履，以地为席，视荣华富贵为浮云，惟有放弃物欲，才能得到真自由。两个极端都没法让我们挣脱认知图式的局限。

我们需要增加一点灵活度，不妨学习一下斯多葛主义，"物物而不物于物"，既享受现实美好，又洞察其转瞬即逝，尽人事，知天命。要修行斯多葛主义，就要对自己的人生多一点认知重构，平静地接受发生在自己身上的种种事情。当你自己的碗打破时，要像别人的碗打破了一样，不抱怨，不执念，把精力投入到那些意义更重大的事务上去。要理解伤害我们的或使我们恐惧的，不光是事情本身，还有我们对事情的看法，我们思考事情的方式。要明了并正视人生中有些事情是我们能控制的，而另一些则是我们不能控制的。我们需要接纳不可控制的，改变可以控制的，在接纳与改变间寻得平衡。

## 认知重构与心理治疗

消极的认知图式和不合理的认知解读往往是我们消极情绪体验的重要根源。如斯多葛主义者所声称的：困扰我们的不是事情本身，而是我们对这些事情的看法、诠释和思考方式。不过，我们并不容易认识到这一点，我们容易看到的是情绪与诱发事件的关联，以为情绪仅是由诱发刺激引起的。面对这样的境遇，我们需要谨记于心的是直接影响我们情绪和行为结果的往往并不是事件本身，而是我们对这件事的想法和解释。

Y老师走在大街上，昨天想跟她调课却被她拒绝的同事从她身边走过，没有跟她打招呼，连看都没朝她这边看一眼。Y老师想，这个同事真小气，私下调课不是被学校明令禁止了吗？不跟她调课也不能怪我嘛，况且我也有我自己的安排呢。唉，这样的人际关系真糟糕，以后同在一个办公室里太难受了。

迎面而过的同事没有打招呼是事实，但真正让Y老师产生负性情绪的并不是这个事件本身，而是她对该事件的解读。我们虽不能认定她的解读就是错误的，但仅仅因为单方面的解读就陷入负性情绪而难以自拔，至少是不划算的。其实，迎面而过不打招呼的事还有很多其他的解读，比如对方正沉浸在思考中，根本就没有注意到Y老师。若Y老师坚持第一种解读，自然就会往更坏处想，但若能想到第二种解读，至少不会径直走向负性的情绪体验。

已然发生的事实改变不了，赋予意义的事件与情绪间的关联也不大容易改变。相对而言，容易操纵的就是我们对这些事情的看法、诠释和思考方式，因为我们有发达的大脑皮层，以及由此而形成的反省和控制的能力。

一方面，正是高级皮层的认知解读影响了我们的情绪；另一方面，解铃还需系铃人，从思维过程入手，也就是认知重构，这是我们调控和管理情绪的突破口。只要我们明了自己的认知图式，知道自己有时难以保持理智思考，因而观点难免有失偏颇，在对事件进行解读时就可能多一个角度思考，这样就为发现那些不合理信念提供了可能。

怎样识别不合理信念呢？所谓不合理信念就是那些经不起理智思考和逻辑检验的信念。比如，"我一定要得到学生和同事的认可"，这种想法就不合逻辑，因为没有谁能保证你总是被人欣赏，而且也没有证据表明，仅仅因为你想这样，就一定能得到普遍的欣赏。不合理信念有如下一些特征：

一是"绝对化的要求"。人们常常以自己的意愿为出发点，产生某事物必定发生或不发生的想法。这种想法把"希望""想要"和"可能"绝对化为"必须""应该"或"一定"。例如，把"我努力才取得了成绩，我**想要**得到领导的承认与鼓励"绝对化为"我努力才取得了成绩，领导**必须**承认和鼓励我"；把"我上学时成绩在班上名列前茅，在工作岗位上也**能**名列前茅"绝对化为"我上学时成绩在班上名列前茅，在工作岗位上也**应该**名列前茅"；把"我**希望**别人对我好"绝对化为"别人**必须**对我好"等等。事实上，客观事物都有其自身的发展规律，不可能依个人的意志为转移，绝对化要求的不合理性是显而易见的。对于个人来说，周围的人或事物的表现及发展也不太可能按照他的意愿来改变。因此，若是信奉绝对化思维，当事物发展与我们对事物的绝对化要求相悖时，我们就会感到难以接受，从而陷入情绪困扰之中。

二是"过分概括的评价"。这是一种以偏概全的不合理思维方式，常常把"有时""某些"过分概括化为"总是""所有"等，其典型特征是以某一件或某几件事来评价自身或他人的整体价值。例如，有些人遭受一次失败即会认为自己"一无是处、毫无价值"，这种片面的自我否定往往导致自暴自弃和自责等不良情绪。而这种评价一旦指向他人，就会一味地指责别人，产生怨怼、敌意等消极情绪。

三是"糟糕至极的结果"。这种观念认为如果一件不好的事情发生，后果将非常可怕和糟糕。例如，"期末考试考砸了，我就彻底完蛋了""今年的教学成绩搞不上去，一切都完了"……这种想法是非理性的，其实对任何一件事情来说，往往会有比之更坏的情况发生，所以没有一件事情可被定义为糟糕至极。但如果一个人坚持这种"糟糕至极"观点时，往往会在挫败感里打转，要是真遇上他所谓的百分百糟糕的事时，就难免陷入绝望之中，一蹶不振了。

四是"永久性、普遍性和人格化"。对于一个情境，我们可以在事情发展的时间维度上给予解释，看其是永久的或是暂时的；也可以就当前事情的状况是否会泛化到其他事情中去，确定它是普遍性的，还是局限于某一事例；还可以从人格特点上来看，考察它是固有的人格特征还是特殊时刻表现的特点。比如下面这个事例：

A兴致勃勃地来到健身房，只见里面有很多正在练习瑜伽的人，这些人身材匀称，基本功看起来也很棒。A低头看看自己那粗壮的大腿，隆起的小肚子，大脑中的"叙事自我"开始说话了："我干吗来这里，她们个个身材都那么好，腿细腰软的，我夹在里面就像两条腿的啤酒桶，真是太丢人现眼了。我什么事都做不好，生性就是个慵懒的人，我看还是趁别人没有看见我之前，先回去算了。"于是，她在门口转了个圈，就跑回家去了。

身材跟A相似的B也来到健身房。B看了健身房里的情景后，她的"叙事自我"也开始发话："瞧，这些练习者的身材多好，技术这么棒，估计他们一定花了很多的时间和精力，这是苦练的结果，我应该早点来这里练习，如果我能像他们一样坚持练习，不久我也能甩掉这一身的肥肉。我在身体锻炼上确实付出不够，但我的工作做得还是不错的嘛。只要我多努力点，我在身体锻炼上也可以做得跟工作一样棒。"想到这里，她马上就走向健身教练去寻求指导，开始了健身之旅。

两位女士遭遇的情景是相似的，但是A对自己肥胖身材的解释是永久的，还泛化到其他事情上去了，并把这种不佳的状态内化为自己的人格特征。这样，她就认为自己的状态不会因为努力而改变，而且把一个领域的逆境普遍化、人格化，认为自己就是某种类型的人。在这种不合理信念的推动下，若是 A 女士真能甘于现状，大概也还能相安无事，但若是不能安抚好躁动的爱美之心，那就得在负性情绪体验里煎熬了。而 B 对自己肥胖身材的解释是暂时的，认为身材会因自己的努力而改变，而且身材上的弱势没有泛化，也不是自己的人格特点，只是以前这个方面疏于投入。这样她就容易选择迎难而上，加强锻炼，会享受锻炼带来的快乐，假以时日也可能会拥有好的身材。

基于不合理信念的四个特点，有心理学工作者总结了一些常见的不合理信念，我们不妨参照检查一下自己：

1. 我们应该得到生活中所有对自己很重要的人的喜爱和赞许；
2. 有价值的人应在各方面都比别人强；
3. 任何事物都应按自己的意愿发展，否则会很糟糕；
4. 一个人应该担心随时可能发生灾祸；
5. 情绪由外界控制，自己无能为力；
6. 已经定下的事是无法改变的；
7. 碰到的每个问题都应该有正确、完满的答案，找不到它便是不能容忍的事；
8. 对不好的人应该给予严厉的惩罚和制裁；
9. 要有一个比自己强的人做后盾才行；
10. 生活要么阳光灿烂，要么漆黑一片；
11. 我务必赢得重要人物的好感，不然我就是个没能力的人；
12. 他人务必要公正、体贴地对待我，不能随便拒绝我的要求。

一旦我们识别出了自己的不合理信念，重构这些不合理信念就显得相对简单了。艾利斯（2015）创立的理性情感行为疗法（简称 REBT）颇有参考意义。理性情感行为疗法秉承"情绪并非事件本身引起的直接反应，而是事主对这一事件的认识引起的反应"的理念，认为事件（A）本身并非情绪反应或行为后果（C）之原因，人们对事件的非理性信念（B）才是真正原因所在。因此要改善人的情绪及行为反应，就要识别出那些非理性信念并加以劝导干预（D），取而代之以理性的观念，这样人们就会产生正向情绪及行为，心里的困扰也会消除或减弱（E），人也会有愉悦充实的新感觉（F）。

　　A：发生的事情（activating event）

　　B：人们对事件抱持的信念（belief）

　　C：情绪及行为后果（emotional and behavior consequence）

　　D：劝导干预（disputing intervention）

　　E：咨询的效果（effect）

　　F：咨询后的新感觉（new feeling）

　　理性情绪行为治疗法的目标在于帮助当事人培养更实际的生活哲学，减少其情绪困扰与自我挫败的行为，形成自我兴趣、社会兴趣、宽容、弹性、接纳不确定性、科学化思考、自我接纳、自我负责等特质。

　　与这种心理疗法相似，贝克在20世纪60年代发展出的认知行为疗法（简称CBT）也把着眼点放在来访者不合理的认知上，希望通过改变来访者对自己、对他人或对事件的信念和态度来改变心理问题。不过它的教育性没有那么强，强调咨访关系是疗效的基础，咨询师和来访者是合作关系。咨询师会使用开放的、苏格拉底提问式的手段帮助来访者查找自己的不合理信念，并帮助他们建立理性信念，实施理性的行为。

　　基于认知重构的心理治疗方法是健康领域中首个遵循循证原则，并使用最严格标准（比如采用随机试验，设置对照组）的心理疗法，也是首个被大多数临床治疗指南所公认的基于科学循证的治疗方法（Hofmann, Asnaani, Vonk, Sawyer, & Fang, 2012），被视为心理治疗的金标准（Leichsenring & Steinert, 2017）。参照这两种心理疗法，自行做好认知重构是我们和情绪做朋友的重要策略。即使没有咨询师帮助，我们也可以参考如下步骤进行认知重构，让自己的思维回归理性，更符合现实。

　　1. 觉察。用深呼吸等放松技巧让自己平静下来，然后识别出那些令人困扰的情境，描述困扰自己的问题，再记录自己的情绪，用《积极和消极情绪量表》评分。

　　2. 捕捉自动思维。找出事件引起情绪时你的看法和观点是什么，标注你的相信程度，然后用理性逻辑去质询这些自动思维，看它们是否有违常规，是否过于绝对化，是否过于泛化。

3. 构建现实而平衡的思维。基于对非理性信念的分析，用更现实、客观和平衡的思维去替代非理性思维，逐步增加思维的灵活度。

4. 再评估。对新的信念、态度和情绪体验进行评估，确定重构的信念的价值，追随新的感觉并开启新的征程。

## 思维是起点，行动是关键

尽管这一章的主题是认知重构，但前文介绍的两种心理治疗方法——理性情绪行为疗法和认知行为疗法——都含有"行为"。为什么是这样呢？我想其中的奥妙在于认知重构是思维层面的功夫，但是要解决心理困扰或是情绪问题，思维仅是起点，我们的努力不能止于思维，只有思维之后的行为和体验层面的努力，才能真正获得深度的改变。

事实上，在我们的传统文化中有不少有关"认知重构"的智慧，比如"吃不了葡萄说葡萄酸""阿Q精神——精神胜利法""塞翁失马，焉知非福"等等。可惜的是，我们很少将这些智慧推到行动的层面去。或许正因为如此，"精神胜利法"成为了批判的对象——阿Q心里想着"儿子打老子"，因而在挨打的时候稍微舒服了一点，可从来没有用行为去改变挨打的状态，直到杀头时仍然停留在"我画的圆比别人画得更圆"这样的自我安慰中。始于思维，又止于思维，甚至不曾想过要为自己一时的认知重构负责任，结局就会是个悲剧。

所以，需要强调的是，认知重构的目的是拓展思考的角度，增加思维的灵活性。在任何一个困境中，都涉及情绪过程、行为过程和思维过程。情绪过程和行为过程会给身体带来实在的感受，或是形成物质的实体，而思维过程只是前两个过程的抽象，有时只是"叙事自我"对前两个过程给出的解释。第9章曾提到过，所谓自由意志或许也只是个虚幻，所以仅有思维层面的努力很难为幸福和快乐铸就坚实根基，它顶多只是走出了我们走向幸福快乐的第一步。所以，我们的努力不能停留在思维层面的认知重构，而应以思维作为突破口，用更多的思维灵活性在行为和体验层面上努力,才能为我们的改变铸就坚实的基础。

运动心理学研究者提摩西·加尔维(2013)致力于探索体坛顶尖选手最终制胜的心理秘密。他发现赛场上选手的身体在进行激烈的外在比赛时,他们的头脑还进行着一场内在比赛——它一心想要赢得比赛,对身体做出的动作进行评判,嘀咕着"这样做是对的,那样做是错的,对的就去做,错的就要避免"。如果头脑的评判工作做得过多,还要强行指导身体,身体就会变得紧张,就切断了身体能量的自然流动,阻碍了潜能的发挥。

所以,顶尖高手的制胜秘诀就是不要过于执念,赛前用头脑进行分析,比赛时就放下头脑里关于对错的评判,信任身体,将注意力专注于行为上,身心合一,就可以释放出全部能量,实现惊人的突破。譬如他训练网球运动员时,要求运动员在打球的时候将目光聚焦在网球的接缝处,然后把意识放空,不去有意识地指挥身体,让身体自然发挥就好,这样运动员往往就会有超常的发挥。篮球运动员在放下头脑、身心合一时,也会觉得球筐好像变得更大了,怎么投怎么进。

加尔维的身心合一理论讲的就是"始于思维,然后放下思维,让身体和行动去解决问题"。在这种状态下,我们十分专注,但头脑和身体又非常放松,就进入了米哈里所讲的心流。心流是我们最快乐的时刻,也是我们幸福的关键来源。遗憾的是我们很容易迷恋头脑和思维,也就难以进入身心合一的状态。加之教师从事的是脑力劳动,更是容易进入思绪乱飞的内在失序状态。需要清楚的是,一旦我们以为"我"的意识和思维就能代表"我",而忽略了身体和潜意识里的"我",陷入"对和错"的判断里,我们就会紧张,就会裹足不前。其实,这和前边讲过的深度工作和心流是一致的,要求我们在适度的思维评判之后就放下它,全身心投入当下的行为活动中,这样我们就会走进不可思议的高峰体验之旅。

所以,认知重构是一项务虚的技艺,它可以作为务实的突破口,但我们不能在虚无里徘徊不前。一旦启程,就应该用行为来为我们的改变保驾护航。如果想到"塞翁失马,焉知非福"让你好受了一点,接下来就得赶快去加固你的马厩了。

# 第 12 章　合理宣泄，重拾平衡

教导处 Z 主任违章停车被交警逮了个正着，罚款 200 元，扣 3 分，心情颇为不爽。一到学校，发现下属 W 老师交来的科室年度总结竟然有错别字，于是叫来 W 老师训斥了一通。

W 老师心想我虽然打错了字，但起早贪黑干了那么多，再怎么也不至于像 Z 主任说的那样"毫无责任感"嘛，但敢怒不敢言。回家后妻子在做晚饭，突然厨房里"哐当"一声，一个盘子摔了，碎了一地，W 老师气不打一处来："你这个败家娘们儿，知道现在挣点钱有多不容易吗？"妻子操持家务，忙里忙外，不小心打碎一个盘子就被斥为"败家娘们儿"，顿时一肚子怨气。

饭做好了，可上学的儿子迟迟没有回来，等儿子一进门，妈妈劈头盖脸就来了："又到哪里玩去了？人家小明早就回来了，你看人家，学习好，还体贴妈妈。"

"你们不是讲锻炼身体很重要吗？我就跟同学在放学后踢了一会儿球，咋就要训斥我呢？"儿子喜爱的小猫正在用毛茸茸的背蹭小主人的腿。"喵"一声惨叫，小猫被儿子一脚踢开了。猫从窗口跳了出去，正好落在 Z 主任新车的挡风玻璃上……

这是心理学中常说的"踢猫效应"，描绘的是人们有了负性情绪，喜欢找个弱于自己或者等级低于自己的对象发泄出去，从而形成负性情绪的连锁反应（McGowan, 2005）。当人的情绪变坏的时候，心中积攒的压力就会越来越大，心态也会失去平衡，继而对事件的认知也失去理性。当压力超过一定界限的时候，就容易向外发泄。可能源于演化的原因，人们还是跟黑猩猩、恒河猴一样，不自觉地就找比自己弱势的群体发泄：找个借口就训斥下属，有个托辞就责备家人。到头来，最亲近的人也就伤得最深。

情绪宣泄本无可厚非。情绪犹如洪水，加固堤防只是权宜之计，开闸泄洪才是万全之策。负性情绪充斥大脑，消耗有限的认知资源，心理就不再平衡。若任由情绪累积，就好比往气球里充气，无论气球质量多好，总有爆裂的时候。所以，我们应当以适当的方式把情绪宣泄出去，减缓或释放心理压力，重新达到心理平衡。不过，宣泄不等于发泄。宣泄只是把情绪释放出去，行事不会极端，也不会伤及他人，而发泄则是不顾后果，行事极端，会伤及他人，甚至会助长负性情绪。

早在20世纪70年代，尼科尔斯（Nichols，1974）就比较过情感宣泄疗法和洞见分析疗法的效果，发现前者导致的情感宣泄更多，行为目标改变更多，个人满意度提升也更大。韦罗纳和沙利文（Verona & Sullivan, 2008）则用严谨的实验证明人们宣泄自己的情绪可以降低压力引起的心跳加速，缓解紧张情绪。此外，哭也是心理宣泄的有效途径，只是哭的宣泄效果受到哭时获得的社会支持、哭的原因等因素的调节（Bylsma, Vingerhoets, & Rottenberg, 2008）。适宜的情绪宣泄对我们来说是有益的，关键在于找到合适的宣泄途径。像"踢猫效应"中的宣泄是不妥当的，这种方法只在弱者身上发泄，往往害人害己，还可能另起事端。所以这一章我们介绍几种合适的情绪宣泄途径，帮助大家在情绪失衡之后重拾平衡。

## 倾 诉

倾诉是指把内心的秘密或苦闷告诉别人以取得帮助和维持心理平衡的行为（于海波 & 张进辅，2000）。这在心理咨询中极为常见，像精神分析和人本主义等心理治疗理论都认为倾诉是心理咨询和心理治疗的核心。

作为一种情绪宣泄手段，倾诉对于我们的心理健康有重要意义。已有研究发现那些把压抑的情绪诉说出来的大学生寻求专业的心理咨询的频率更低（Pennebaker，1990）。倾诉本身就是一种自我需求，有研究发现人们乐于披露自我的相关信息，甚至会为获得自我暴露的机会支付金钱，而且自我暴露行为会激活大脑中的奖赏脑区——腹侧纹状体（Tamir & Mitchell，2012）。倾诉还是建立社会联系的重要手段，人们会根据分享秘密的多少来评价彼此的关系，第8章曾讲到适当的自我暴露可帮助构建良好社会支持就是这个道理。有研究者以家庭关系为研究对象，发现家庭关系的满意度与家庭成员认为他们之间相互隐瞒信息的数量呈负相关，越是不满意的家庭，家庭成员就认为他们之间相互隐瞒的信息越多（Vangelisti，1994）。

找到一个合适的倾诉对象是倾诉的关键。一个良好的倾诉对象往往是倾听的高手，会以接纳的心态去听倾诉者的诉说，无条件关注倾诉者，有同理心却又不加评判。这种不加评判的倾听是人本主义心理治疗所推崇的方法。人本主义心理学家罗杰斯提出心理咨询师的基本职能就是为来访者提供一个安全、宽松的环境。如果心理咨询师对来访者提供无条件的积极反应，那么来访者便会发展他的自我实现和自我成长的潜能。

不加评判的倾听并不是每个人天生就可以做到的。比如，我们在第8章曾讲过，"来自火星"的男人总是自然而然地为对方寻找解决方案，往往忽略了单纯倾听的价值。事实上，那些没有言语能力的对象有时候是个不错的倾诉对象。在金庸先生的《笑傲江湖》中，仪琳就选择跟哑婆婆倾诉自己的情感困扰，哑婆婆对仪琳的倾诉不加评判，却对仪琳的困惑感同身受[①]，哭笑皆同步。有意思的是，如果在世间并不存在关心你的"哑婆婆"，动物也可能是个不错的倾诉对象：

> 据报道，俄罗斯动物园曾开设过一个特殊的心理诊所，坐诊的医生是一只猕猴。凡是来诊所里就诊的人均可以无所顾忌地暴露痛苦，或絮絮叨叨地倾诉自己的心声，哭泣，甚至大喊大叫。由于这只猕猴见了任何人都做出十分同情而又认真聆听的样子，使来诊所的人感到舒心与放松。据称，来诊所的人普遍感到满意，而且来向猕猴倾诉的人络绎不绝（徐东，2006）。

"猕猴医生"成功的秘诀就在于不加评判，而且还能做出十分同情和认

---

① 事实上，哑婆婆是仪琳的生身母亲。

真聆听的样子。还有一个原因是跟猕猴倾诉苦闷和秘密不会对自己造成威胁，还能带来掌控感和安全感，妥妥地熨帖我们那颗寻求慰藉的心。事实上，这可能也是喂养宠物能够促进心理健康的原因之一。

虽然得到不加评判的倾听是倾诉者的第一诉求，但有时候我们还是希望倾诉对象能够有新观点，甚至能够给出一些建议性的意见。有研究让倾诉者在倾诉之后报告自己从倾听者那里听到的内容和自己的满意度，结果发现如果倾诉者能够从倾听者那里得到一些启发时他们感觉更好（Kelly & McKillop, 1996）。所以，一些受过专业训练的倾听者往往是个不错的倾诉对象，因为他们在倾听的同时，还能从更高的格局给你提供洞见，不经意间就扰动了你的心，让你遇见未知的自己。所以，如果你不介意支付咨询费的话，训练有素的咨询师是你倾诉的首选。当然，你的社会支持系统中也会有不同的人，有的人擅长接纳性地倾听，给你无条件的支持；有的人擅长透过现象看本质，用深刻的洞见给你提示。你可以有选择地跟不同的人倾诉不同的内容。

需要注意的是，这一节讲的倾诉是要把自己的秘密或苦闷讲给他人（猴儿也行）听，寻求的是社会互动和社会连接。即使我们看的是猕猴诊所，或是讲给"哑婆婆"听，我们最在意的是他们那感同身受、认真聆听的样子。当然，在这个基本需求之上，我们有时候还希望倾听者给出独到的洞见，让我们重拾心态平衡，走上自我实现之路。

要达成这样的目标，我们倾诉者也需要做出一些主观努力。首先需要掌握好倾诉的度，要是把自己弄成了祥林嫂，逢人就说"我真傻，真的"，不厌其烦地述说自己的伤悲，顶多也只能获得瞬时的平衡，甚至成为他人的谈资。我们应当清楚，并不是所有的困扰或秘密都可以或值得跟人倾诉。有些困扰，比如一时的孤独，挺一挺就过去了，或许享受其中就是一个成就自我的契机。人们一方面喜欢自我暴露（Tamir & Mitchell, 2012），一方面也看重个人隐私。有研究显示不向别人公开个人的秘密会提高自己对别人的吸引力（Wegner, 1994）。此外，并不是所有人都愿意听你的倾诉，毕竟你倾诉的只是你个人的世界，对一个没有准备用他的世界来包容你的世界的人来说，你的倾诉只会引起他的负面体验。

凯利和麦基洛普（Kelly & McKillop，1996）曾建议，只有内心的困扰和秘密已让自己压抑和焦虑，再无力独自承受，而且自己也有适合倾诉的倾听者时，才应该实施倾诉行为。而且，倾诉也不宜不厌其烦地重复进行，一次倾诉应该是一次成长，应该借着倾诉与既往的困惑切割，让重拾平衡的心灵驱动行为去开始新的征程。

## 表达性写作

"All sorrow can be borne if you put them in a story"，这是自传体小说《走出非洲》①的作者、丹麦女作家卡伦·布里克森的名言，意思是"如果把悲伤放进故事中，那我们就可能承受所有的悲伤"，说的就是表达性写作能够消解我们的情绪困扰。

前文所讲的倾诉是将我们内心的困惑或秘密讲给他人听以寻求情绪宣泄，布里克森所讲的把悲伤放进故事就是把自己的困惑或秘密变成文字写给自己。写日记是其中最常见的形式，把自己每天遭遇的喜怒哀乐变成文字存于纸上，既完成了与自己情绪的分离，又是一次"省吾身"，何乐而不为呢？

历史上有不少名人都精于此道，比如曾国藩、胡适、季羡林、竺可桢等等。把困扰自己的情绪写出来有何威力呢？让我们先看一个发表在著名期刊《科学》上的研究（Ramirez & Beilock，2011）。

> 第一个实验中，研究以高斯模块化算术作为测试任务，选取20名大学生随机分成两组，前测时告知他们尽力做好即可。但后测时则设置了金钱奖励、同辈压力、社会评估等因素，以诱发学生的压力感。在后测前，控制组的学生仅静静地坐在座位上，而实验组的学生被要求尽可能开放地将他们对接下来要面临的数学测试的感受写下来。结果发现，实验组的后测成绩显著提升，而控制组的成绩显著下降（如

---

① 以此为蓝本改编的同名电影《走出非洲》获第58届奥斯卡最佳影片，第43届美国金球奖剧情类最佳影片。

图 12-1 左所示）。这就是说，在测试前花一点时间写下对考试的想法和感受，可以缓解高压情境带来的压力，提高考试成绩。

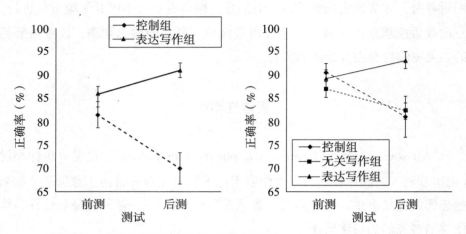

图 12-1　表达性写作可以提高考试成绩（Ramirez & Beilock，2011）

那是不是随便写点什么都有效果呢？实验二中控制组依然是什么都不写，无所事事地等待考试；感受表达组则与第一个实验一样，写下对考试的感受和想法；无关写作组则要求学生写下与考试无关的事情。结果发现感受表达组后测相对前测仍有提高，而另外两组在高压面前成绩显著下降（如图 12-1 右）。也就是说乱写是没用的，必须认真写下对当前考试的感受和想法才能减轻压力给我们带来的负面影响。

其实这种写出我们对当前事情的想法和感受以提高我们行为表现的做法早有研究（Spera，Buhrfeind，& Pennebaker，1994）：

把 63 名失业 5 个月的电脑与电子产品公司的专业人员随机分配成 3 组（书写表达组、书写控制组和无书写组），各组在年龄、性别和种族等方面均无显著差异，并测量所有被试体重、血压、心率和过渡期的感觉寻求行为。实验要求书写表达组围绕失业、对自己生活的影响以及自己内心最深的情绪和想法，连续 5 天内每天花 20 分钟写日志；书写控制组也要求连续 5 天内每天花 20 分钟写日志，但只写一些找工作过程中发生的事情，避免涉及自己的情绪和想法；无书写表达组则不进行书写活动。5 天后，再次测量被试的体重、血压、心率和过渡期的感觉寻求行为。随后几个月的追踪结果发现，书写表达组 68.4% 的人重新找到了工作，书写控制组的再工作比例是 47.6%，而无书写组仅为 27.3%。

除了集中于当前焦点事件相关的情绪和感受的写作，连续四天就未来最好的自己进行描写也能提高个体的幸福感，降低生病的几率（King，2001）。贝基和威廉（Baikie & Wilhelm, 2005）总结了表达性写作对身心健康的促进作用，包括就医频率降低，免疫系统功能增强，血压降低，心肺功能增强，幸福感提升，抑郁症状降低，工作倦怠降低，工作记忆提高等等。

表达性写作为什么能有这样的效果呢？

首先，表达性写作是个很好的情绪宣泄方法。通过自我表达式的写作，可以把在脑中盘旋的思想写出来，使情绪得以释放，并延伸和扩展了自我的界限。当想法被转移到纸上的时候，我们就能够转换视角，以局外人的角度来审视自己的遭遇，获得情绪失衡时难以获得的洞见。另外，从长期来看，当我们阅读自己写下的连续性作品时，就可以发现平时难以发现的思想、感知、行为的模式和习惯，能够将自己从所描述的内容里抽离出来，以更宏大的视角审视自己的人生。

其次，表达性写作能让我们对自己的情绪郁积和困扰进行重新组织，形成更贴近现实、更具有适应性的认知图式。第 9 章和 11 章中讲过，我们的许多认知不仅有偏差，而且也不理性，甚至有些被扭曲了。正是我们对这些认知偏差和认知扭曲的执念让我们产生了许多负性情绪体验，一旦我们郁结于负性情绪体验中，就难有深层的内部审视和自我反省。表达性写作可以让我们的理性与心灵重新交流，从混乱的感官信息中整理出头绪。

当思绪和情绪从头脑中转移到纸上的时候，我们往往就冷静下来了，用文字来重构我们的情绪体验，此时就不再是皮层下组织的自发活动，更多的是新皮层主动参与。这些高级脑区的参与，可能会在更大的空间尺度和时间尺度上去审视自己，也容易发现诱发情绪事件的症结所在，从而增加了思维的灵活度。从这个角度看，生活中的那些情绪冲突均是有益于我们长远发展的,只要我们在冲突之后能够冷静下来重新审视它们,并由此获得更深层次的洞见,我们就会变得更加强大,如尼采所说"那些杀不死我们的,终将让我们更加强大"。

表达性写作也可以让我们直面那些被我们压抑进潜意识、不敢面对的情绪。生活中有些困扰是我们无力承受的,默认的应对方式是把它们打入潜意识,形成创伤性的记忆。虽然平时我们不一定能觉知它们,但是关键时刻它们就出来,阻碍我们前行。根据前述的"蔡格尼克效应",我们只是把它们压抑下去了,并没有跟它们完成了断。而表达性写作就提供了了断的机会,数次直面那些伤痛,就像暴露疗法那样,慢慢就脱敏了,了断了。然后,我们就可以轻装上阵,将所有的心力投注在更为重要的事情上了。

要让表达性写作发挥其应有的作用,有几个关键点是需要注意的:

首先,尝试明确那些引起情绪的事件,包括压力事件和积极经历,不带情绪地客观描述这些事件。就像看邻家小孩摔坏了碗一样,不带情绪地看待自己摔坏了自己的碗,告知自己"这个事情发生了"。在表达性写作时,我们自己就是我们倾诉的对象,我们应该分离出两个我("倾诉我"和"倾听我"),"倾诉我"告知"倾听我"发生了什么,"倾听我"不加评判地倾听,顶多以简短的问话帮助"倾诉我"理清事实。把事实抽离出来了,我们就更容易理解困扰我们的不仅仅是事件本身。

其次,记述自己面对这些问题时所产生的情绪是什么,让情绪自由流动,无需回避,是什么体验就记下什么体验。还记得前面讲的情绪产生的底层逻辑吗?欲望总要投进现实,如果我们生理健全,那一切情绪体验就会来得自然而然。而且,从个人层面讲,这些情绪无所谓对错,只有从社会层面考量时,才有合适与不合适之分。不要停留在记述愤怒、恐惧和伤悲等表层的情绪,还应该去看看这些表层情绪背后隐藏的东西,比如缺乏耐心、嫉妒、罪恶感和担忧等等。

再次,表达性写作的目的不是抱怨,仅在微博、朋友圈等社交媒体写两句抱怨性的话,或是骂人等,是不利于情绪宣泄和问题解决的,有时候甚至会增加负性体验。在明确事实和让情绪自由流动之后,我们的表达性写作还应当指向问题解决。纵使现状一塌糊涂,我们仍要心怀希望,在明确事实和玩味情绪之后重构我们的认知，查找情绪产生的根源，寻求切合实际、行之有效的问题解决途径。

最后，你无需为你的写作技巧担忧，这种写作并非文学创作，写作的目的也不是供外人欣赏。这是相当私密的活动，我们只需要让自己的情绪自由流动，让自己的思想自由流动。当然，若你确有写作才华，你大可以放大你的创作过程，写作散文或诗歌。事实上，许多文学经典作品正是这种表达性写作的结晶。像卡伦·布里克森和夏洛蒂·勃朗特那样的作家，生性敏感又遭遇了太多伤悲，不把它们统统写入故事，她们如何承受呢？

## 幽 默

传说大哲学家苏格拉底有位脾气异常暴躁的妻子。有一天，当苏格拉底正在跟一位客人谈话时，妻子忽然跑进来大骂苏格拉底，苏格拉底没有听进去，接着与宾客谈话。妻子突然拿来一桶水倒在苏格拉底的头上，将其全身都淋湿了。这时，苏格拉底一笑，对着客人说："我早就知道，打雷之后，一定会下雨的。"

多么难为情的场面，却被苏格拉底的一句话大事化小，小事化了了。苏格拉底运用的妙计就是幽默。幽默是通过象征、讽喻、双关等修辞手法揭露生活中矛盾、乖戾、不通情理之处，使人情不自禁发笑的机智言语或行为的现象（林崇德，杨治良，& 黄希庭，2003）。它比滑稽含蓄，比讽刺温和，带来快乐的色彩，常使人产生微笑、苦笑或会心的笑（陈煦海 & 黄希庭，2007）。

幽默也是一种重要的情绪宣泄手段。弗洛伊德就认为幽默和笑是压抑的宣泄，特别是攻击和性的宣泄，并且在此过程中体验到轻松和快乐。按照我们常人的逻辑，被妻子淋湿了一身的苏格拉底体验到的应该是愤怒，随之而来的行为可能是攻击，那就应该有一场家庭战争上演。可苏格拉底是大哲学家，心智的高度不是我等常人能及，找一桶水泼回去的粗鄙行为自然是不会有的，但至少不快应该是有的，或许还有攻击的欲望。情绪宣泄是需要的，怎么宣泄呢？幽它一默啊！找到妻子的怒吼、淋水与打雷下雨的共性——"我早就知道，打雷之后，一定会下雨的"。在这一瞬间发现了与别人的弱点或自己的过去相比较而来的优越感，获得了一种突然的荣耀，随之而来的就是苦笑或会心的笑。笑过之后，愤怒就消解了，攻击欲望也满足了。但妙就妙在这种宣泄人畜无害，既消解了自己的攻击欲望，又留住了自己的优越感，还没有给对方造成实质性的伤害。更有甚者，若是对方尚不愚钝，存有认知重构的能力的话，也能从这个过程中学到点东西。

人生不如意十之八九，情绪宣泄当属必然。若是我们均能像苏翁那样敏锐地找到生活中那些矛盾、乖戾、不通情理之处，制造一点温和的认知违反（McGraw & Warren，2010），用幽默来宣泄情绪，那就多了许多和谐，少了许多纷争。但并不是所有人都能像苏翁那样，这需要幽默感，一种不过于严肃地看待自己，敢于对自己的弱点发笑的能力。有的人幽默感强，人生态度质朴达观，立足于现实，敏于发现和创造滑稽有趣的东西让自己和他人快乐；而有的人幽默感低，或悲观失望，或好高骛远，呆板地对待生活，难以主动地创造幽默愉悦自己和他人。

幽默的作用早就广为人知。自从卡曾斯（Cousins，1976）在《新英格兰医学杂志》上报告他用幽默疗法把自己从死神手里拉了回来之后，笑和幽默还作为药物之外的另一种治疗手段被广泛运用。研究者认为幽默感可以通过诱发欢笑，调节心理压力，增进积极情绪，构建社会支持而促进身心健康（Martin & Lefcourt，2004）。不过，幽默感也并不是单一的，马丁等人（Martin et al.，2003）把幽默感分为适宜和不适宜两大类，前者包括以乐观态度面对人生、用幽默应对压力却不损伤他人的自我提升幽默，以及以幽默促进人际关系协调、减少矛盾和鼓舞士气的人际增进幽默；后者包括为提升自我而损毁他人的攻击幽默，以及不当的贬抑自我来求得他人支持的自贬幽默。最近的元分析发现心理健康与自我提升幽默正相关，与自贬幽默负相关，与攻击幽默相关不显著，提示培养适宜的幽默感有益于心理健康（Schneider，Voracek，& Tran，2018）。

工作场景中使用幽默也大有好处：员工的幽默和工作表现、满意度、健康和应对有效性等正相关，与倦怠和压力负相关；而领导的幽默与下属的工作表现、满意度、对上司的满意等正相关，与下属离职负相关（Mesmer-Magnus，Glew，& Viswesvaran，2012）。

该怎样培养合适的幽默感，用幽默来宣泄情绪呢？

### 不要把生活看得过于严肃

我们时常躲在一个人的世界里看世界，以为个人目力所及就是世界的全部，生活的每一段旅程都是百米赛跑，吃饭加速，走路加速，连睡觉也加速，一切都变得行色匆匆。但是，如若我们跳出自我那窄窄的视角，在宇宙的尺度上，从空间上看我们不过是微不足道的一粒尘埃，从时间上看我们不过是顷刻的一瞬，从生命演化上看我们不过是自私的基因的免费公交车。何必那么严肃？就是在个人的尺度上，一生的几十年也不是由N个百米赛跑组成的，而是一个长程的马拉松，太严肃地在意于一时一地的得失，未必能让我们赢得比赛，也不一定让我们前程通畅。如果你过于严肃，比较确定的是那会收窄你的认知带宽，忽略生活中的美好，减少你灵光乍现的几率。没有了创造，何来会心一笑的幽默？所以，我们的做法是严肃地对待工作，轻松地对待自己。即便如此，也别把所有的鸡蛋都放在职业这一只篮子里，以防如若有一天工作不顺，就自觉一切全毁。我们既渺小，又伟大，我们是完整的人，具有多层次的属性，我们需要在渺小与伟大之间游刃有余。

### 培育自尊，敢于拿自己的弱点开涮

如第9章所述，自我永远是我们难过的关：真正地认识自我不容易，要么自我感觉良好，自信心爆棚；要么卑微到尘埃里去，自卑感扎心。可偏偏很多人还要极力地掩盖着自己的缺点，呵护自己的脆弱。真正的自尊者，能够较为客观地认识自己，既认可自己的价值，也承认自己的不足，即便有缺点也觉得自己值得别人和自己尊重。自尊者相信自己的长处可以承载起自己的弱点，所以敢于拿自己的弱点来开涮：

林肯的脸较长，不好看。一次，他和竞选对手斯蒂芬·道格拉斯辩论，道格拉斯讥讽他是两面派。林肯答道："要是我有另一副面孔的话，我还会戴这副难看的面孔吗？"

林肯自知不是靠脸吃饭的，所以，自嘲一下自己的"长脸"又何妨呢？既驳斥了对手，又展示了自己的实力，还能感受一下瞬时的优越感，何乐而不为？只有在完全的自我接纳的基础上，我们才能拿自己寻开心，而正是这种自尊才能成就我们的幽默感。其实，我们不必担心拿自己开涮会损害自己的形象，所谓"大智若愚，大巧若拙"，恰恰是真正有本领的人，才敢暴露出自己的弱点。

提高想象力和创造力

幽默需要发现生活中那些矛盾、乖戾和不通情理的点，并且以一种创造性的方式把它们生动地揭露出来，这需要智慧和胆识，也需要想象力和创造力。同时，欣赏幽默也需要我们用想象力和创造力去识别那些温和的认知违反，进而会心一笑。幽默和想象力、创造力密不可分，所以，我们需要打破习惯性思维的束缚，保持好奇心，常常试着问自己——是否能以不同的方式完成同一件事情？慢慢地在心理上形成这样的态度——"总有另一种方法"。这样的法子用得多了，自己就慢慢地能解构世界，创造快乐了。

寻找和积累幽默的点子，并跟朋友分享，形成幽默的氛围

幽默感，和其他的人格特点一样，也是遗传和教养的共同作用的结果。我们初始幽默值已由天定，若我们天天浸润在一个幽默的环境里，那就会让我们的幽默潜能变成现实。所以，如果你真想变得幽默一点，看点相声，读点笑话，在不经意间记住那些有趣的段子，熟悉那些段子的套路，也用那些段子和段子的套路去解构你自己的生活，幽默慢慢就会上身附体。当然，幽默更多是在人际互动中展现的，在你的朋友圈中分享那些幽默的点子，形成幽默的氛围，用幽默的环境为自己的幽默之路加持。

## 运 动

美国前总统小布什酷爱运动,他的习惯是在健身房利用健身器材及跑步机健身,还包括坐姿推举、扩胸与扩背运动。作为总统,工作繁忙,压力巨大,他经常利用空隙时间进行运动。在访问墨西哥途中,他就在空军1号会议室里跑了起来。可以说,布什是走到哪里就跑到哪里,在总统套房里,在戴维营的林间小道上,白宫顶楼的健身房内……迄今为止,布什个人跑步的最好成绩是6分钟45秒跑完1英里。

"生命在于运动",伏尔泰如是说。许多像布什这样的名人也深谙此道,将运动作为自己毕生的爱好。在狩猎采集时代,运动本来是智人的生活常态,采集靠手,移动靠脚,娱乐靠舞。虽然我们仍在使用跟狩猎时代的人类相似的神经生理系统,但是有很大一部分人已无需以运动来获取生活资料和娱乐。挣钱不再靠手,用脑思考;移动不再靠脚,有车代步;娱乐不再靠舞,有电视和网络……于是运动就跟我们渐行渐远了。

但是,我们的身心健康仍然需要运动,运动也是我们宣泄情绪、维持身心健康的重要途径。著名医学期刊《柳叶刀》就曾报告运动会帮助塑造体形,还可以降低心脑血管疾病、肥胖、中风等疾病的风险(Lee et al., 2012)。已有研究的元分析也证明运动者相较不运动者在对抗抑郁症状上表现更好(Stathopoulou, Powers, Berry, Smits, & Otto, 2006),经常运动的人群相较不运动人群在多项生理健康指标和情绪状态上更好(Penedo & Dahn, 2005)。

最近一项研究发表在权威期刊《柳叶刀·精神病学》,研究调查了美国50个州120万名成年人,并从2011年持续到了2015年,结果发现:无论性别,无论年龄,也无论家庭收入状况,运动的群体普遍都有更良好的心理健康状况,心理压力更小,更不容易抑郁。整个人群(包括运动的和不运动的人群)平均每个月有3.36天心情不佳,但是运动人群只有1.49天,比不运动的人群少了足足43.2%;经常运动的抑郁症患者平均每个月抑郁的天数比不运动的要少 3.75 天（Chekroud et al.，2018）。

为什么运动可以达到情绪宣泄、调节身心健康的效果呢？首先，运动可以促进神经肽，特别是内啡呔的释放（Heijnen, Hommel, Kibele, & Colzato, 2016）。这种多肽物质可以降低疼痛的感觉，使人产生持续的快感和镇静作用，并使人感到心情愉快。内啡呔在身体运动（比如跑步）中，尤其是自发性的、非竞争性的运动中，就会大量释放，起到镇定剂的作用（Boecker et al., 2008）。打太极拳、慢跑、长距离的步行、游泳、骑自行车、射击等，这些缓慢、需要耐心的运动能帮助调节神经活动，增强自我控制能力，稳定情绪，使容易急躁、冲动的弱点得到改善。

其次，运动可以增进我们的成就感、掌控感和自信心。在本书第二部分提到人类喜欢即时反馈，并依据及时反馈形成某种掌控感和成就感，建立自信。但是在社会高度分工的现代社会，我们的工作往往不提供及时反馈，这容易让我们迷失在工作中。我们做教师的，如果不用心去发现，也不容易获得即时反馈。比如教学效果往往需要一段时间才能真正显现，对学生的培养和塑造更不是立马就能看到结果的。但是，我们的大脑仍然渴求即时反馈，而体育运动就能给我们即时反馈，让我们体验自己对身体的控制感。比如，昨天做 50 个俯卧撑，今天做了 51 个，进步十分明显；昨天沿球场勉强跑了三圈，今天跑了三圈半，还有余力，变化的感受清清楚楚。甚至还能把这种掌控感和成就感迁移到我们的工作和生活中，慢慢就提高了自信心，我们的那些情绪困扰慢慢就消散了。须知，成功才是成功之母，当我们被工作或生活虐得一塌糊涂的时候，不妨在运动上找回一点成功的感觉，让它作为"母"去驱动生活和事业上的成功。

再次，运动可以增进大脑的认知能力。运动让我们的大脑有东西聚焦，暂时丢开思绪纷扰，不再处在"精神熵"里，给自己一个与自我对话的机会。比如，有研究报告，散步可以让人的思绪流动，生成更多的创造性想法（Oppezzo & Schwartz, 2014）。新近的研究还发现每天 10 分钟的轻微运动（如慢走、瑜伽或太极）就足以促进大脑中负责记忆形成和存储区域之间的连通性，减缓甚至阻止记忆丧失和认知能力下降（Suwabe et al., 2018）。最近发表在《科学》期刊的研究还报告运动可以促进大脑神经再生，延缓老年痴呆（Choi et al.，2018）。

最后，运动可以提高睡眠质量。睡眠的重要性毋庸置疑，事实上，许多去心理咨询机构求助的来访者均有睡眠障碍，而且睡眠障碍是他们求助的主要动因之一。有的来访者甚至称"只要能让我睡舒服了，一切就好了"。里德等人（Reid et al.，2010）报告有氧运动可以促进失眠症患者的睡眠质量和情绪状态。杨等人（Yang et al.，2012）对中老年睡眠困扰者的综述性分析也证实了运动对睡眠的促进作用。前文提到，运动会促使内啡肽等多种激素的分泌，内啡肽作为一种镇静物质可以起到催眠的作用。有规律的运动可以调节人体的"生物钟"，帮助人们在既定的时间段内迅速入睡。运动还可以使体温升高，在体温升高表现为"微微出汗"的状态时，人们的睡眠质量更高。

我们怎样用运动来宣泄情绪，重拾平衡呢？

### 逐步建立起运动的习惯

如前文所述，对我们身心健康作用更大的是持续的、有规律的运动。所以，应当有持续的运动计划，形成运动的习惯。刚开始运动时，可以从简单易行的开始，循序渐进。刚开始可以一周运动三天，每天几分钟到10分钟就够了。之后逐渐增加运动量，到第三周增加到每次运动15分钟或半小时，每周四天。而且运动时没有必要一次性把每天的健身计划做完，可以把每天的健身计划安排在不同时间去完成。譬如对于45分钟的慢跑，分三次每次15分钟比一次跑完45分钟的效果要好。

### 选择自己喜欢的、适合自己的运动

运动分为有氧运动和无氧运动，前者指人体在氧气充分供应的情况下进行的体育锻炼，比如瑜伽、步行、慢跑等，强度低、有节奏、持续时间较长，可以提升氧气的摄取量，消耗体内多余的热量。后者是指人体肌肉在无氧供能代谢状态下进行的运动，比如举重、百米冲刺、摔跤等，机体在瞬间需要大量的能量，有氧代谢不能满足身体此时的需求，于是糖就进行无氧代谢以迅速产生大量能量。运动的方式很多，我们应该选择自己喜欢的锻炼模式。如果喜欢热闹，并享受团体合作的感觉，那就可以选择球类的团体运动。如果希望多燃烧点卡路里，并希望听点东西或是沉浸地思考，那就不妨选择散步一类的有氧运动。如果想重塑体型，那就选择撸铁一类的无氧运动。总之，可以尝试不同的运动方式，找出自己最喜欢的一种，让运动成为一种自发的爱好，这样运动才会促进内啡肽的释放，让我们享受运动的快乐。

把运动作为一个版块融进生活，坚持下去

大多数人都知道运动的重要性，偶尔运动我们都能做到，但是工作繁忙，家事琐碎，运动的时间被工作和家事一挤，往往就被搁置了。根据我们第5章讲的"四象限法则"，运动应该处于第二象限，属于重要但不紧急的事件，所以这需要我们花额外的心力去坚持。最好的方法是给运动一个专门时间，若没有特别的原因都必须坚持下去。也可以将日常生活略作一些改变，使其成为运动的一部分，譬如回家的时候不乘电梯而改爬楼梯，上班的时候把车停远一点好让自己能多走一段路程等等。另外，找个运动伙伴，或是加入一个瑜珈或健身操的培训班，成为一个运动团体的成员，彼此监督，这样会更容易坚持下去。

要注意的是，不要为了排遣不良情绪临时抱佛脚去运动。有不少人在情绪抑郁时去健身房锻炼半天，或到野外长跑数小时，或参加其他激烈的比赛。他们以为剧烈运动出一身大汗，把自己虐得精疲力竭，压力和不良情绪就宣泄了。但事实是剧烈运动会加强血液循环，促进大脑神经活动增强，不仅不能调节心情，反而会加剧情绪的波动，使原有的抑郁情绪加重。研究发现，当运动持续90分钟以上，对心理健康的益处就微乎其微。一旦超过3个小时，甚至会对心理健康产生负面影响。研究者专门指出，每次运动30到60分钟能有效降低心理压力，45分钟是最佳的运动时长。同时，运动频率也不是越高越好。无论何种类型的运动，每周3到5次的频率能使心理健康达到最佳状况。要想收获一份好心情，关键是让运动成为习惯，每周运动120到360分钟（Chekroud et al., 2018）。

# 结语　让两种相反的思想同时存在

> 测验一个人的智力是否属于上乘，只看脑子里能否同时容纳两种相反的思想，而无碍于其处世行事。

《了不起的盖茨比》的作者，美国著名作家菲茨杰拉德在其散文集《崩溃》中这样写道。情绪是我们的欲求照进客观现实时我们的主观感受和行为表现，当客观现实满足了我们的欲求，我们就产生积极情绪，当客观现实没有满足我们的欲求时，我们就得体验消极情绪。主观的欲求总要经受客观现实的检验，二者矛盾在所难免；支撑这个过程的神经生理基础也在自发和受控之间博弈，二者意见时有相反。所以，在和情绪做朋友时，我们需要胆识和智慧，容忍两种相反的思想在头脑中同时存在。

## 接纳与改变

接纳是消极的，需要忍受生活的不完美，但这意味着不执念于那些无法改变的东西，将有限的认知资源从怨天尤人的负性体验中抽离出来，获得一份坦然与笃定。改变是积极的，有一种战天斗地的豪气，是支撑起我们欲求的主观能动的力量，是我们控制感和成就感的核心来源，是我们追求幸福的关键手段。可是一味地寻求改变，总有些东西是我们改不了的，因而我们难免陷入失落、沮丧的深渊。

我们常常想把情绪管理起来，声称要做情绪的主人，不做情绪的奴隶。这是多么美妙的设想！可是，欲求无止境，资源总稀缺，杏仁核和伏隔核等自动情绪系统时刻待命，情绪这事我们又能管多少呢？算了吧，不谈什么主人与奴隶，还是多一点接纳的胸怀，跟情绪做朋友吧！这就需要我们练就一些务虚的本领：认识自我，接纳自我，放空自己，真诚待人，认知灵活，知行合一，适度宣泄，保持平衡。这些务虚的本领虽不能直接增加我们的资源，但可以为积极进取节约认知资源，增加思维灵活度，是我们积极进取的起点。

如果我们完全被情绪所驱使，那也不符合世界本初的特点。欲求可以调节，资源可以争取，还有背外侧前额叶等高级认知系统在时刻调控杏仁核等自动情绪系统的作用方式，我们岂能任由情绪杀伐攻略？和它做个朋友刚刚好。朋友是个独立自主的存在，它可以为我们好，也可能对我们坏。"谁用得最好就归谁"，科斯定律如是说。所以，如果想要情绪对我们好一点，我们首先要配得上它的好。这就要求我们积极进取，主观能动地去改进自身欲求与稀缺资源的配比：时间不够让我们压力山大，那我们就高效地利用时间；脑力有限让我们有心无力，那我们就深度工作，提高工作效率；精神熵让我们注意力涣散，那我们就活在当下，求得心流体验；孤独无援让我们坠入"他人地狱"，那我们就构建良好的社会支持系统。这些都是务实的技艺，能提升我们在食物链、智识链和幸福链上的位次，让我们获得实实在在的成就感和掌控感，真正配得上情绪的好。

接纳以务虚，改变以务实，务虚为务实准备认知资源，务实为务虚积攒事实本钱。在和情绪做朋友的路上，我们需要软硬结合、虚实相生，在接纳与改变间游刃有余。我喜欢柳博米尔斯基有关幸福方法的论断：接纳那50%由基因遗传决定、我们完全没有发言权的部分，忍受那10%由既有环境决定、掌控性不大的部分，用行动去改变那40%由我们思维和行为决定的部分，我们就能趋近我们所能享有的幸福。

## 实用逻辑与道德逻辑

布鲁克斯（2016）在《品格之路》中讲：幸福是我们在追求道德目标和培养高尚品格的过程中意外收获的副产品，同时幸福也是一个必然结果。我们会在"简历美德"与"悼词美德"之间穿梭犹疑，我们的自我中有一个追求"简历美德"的"亚当一号",希望自己的一切都可以写在简历上跟他人炫耀,遵从经济学中直言不讳的实用主义逻辑:有投入,有产出;下了功夫,就必有回报;不断练习,就会熟练掌握;追求私利和效用最大化,想让全世界记住自己。在这条路上,教学我要最优,职称我要最高,工资我要最多,家庭我要最好……总想生活在聚光灯下。但是,这条路走得远了,我们常常忘记了原本要去的地方,一不小心就成了钱理群先生所谓的"精致的利己主义者",精于算计却没有大格局;或是成了威廉·德雷谢维奇所谓的"优秀的绵羊",技能优秀却没有一颗勇敢的心。

还有一个追求"悼词美德"的"亚当二号",希望自己的一切美好能在悼词中被人真诚地提起,却不在乎眼下人们的评价,遵循道德逻辑:要收获,必先付出;要加强内心的精神世界,必先向外部世界作出某种妥协;要使自己渴盼的事情得以实现,必先战胜自己的欲望;成功会导致最可怕的失败——骄傲;失败会带来最大的成功——谦虚;要实现自我,必先忘记自我;要找回自我,必先失去自我。这条路走得远了,我们可能会拥有较大的格局,但需要牺牲眼下的名利,这不是一般的胆识所能做到的。事实上,为了不把名利当作一回事,我们可能需要先得到一点名利,因为只有这样我们才能真正地超脱名利。

在与情绪做朋友的路上,我们需要用实用逻辑求得现实的名利,获得成就感和掌控感,在趟过名利之河后再超脱名利;我们也需要用道德逻辑让我们保有初心,让我们在更大的格局上去追求我们的目标。实用逻辑让我们做一个尊重现实的人,脚踩大地;道德逻辑让我们做一个有梦想的人,仰望星空。

## 时钟与罗盘

资源不够,时间有限,这是世界的本来面目。为了在这样的世界里过得好一点,我们有了时钟这种指引工具,它代表我们的承诺、目标和时间表。我们常以为有了目标和时间管理,我们就能够利用有限的时间争取到更多的东西,就能功成名就,幸福圆满,然而成功却未必给我们带来预期的满足感。我们就着时钟逻辑，心无旁骛地埋头攀爬学历、升迁等阶梯，殊不知付出的代价是糟糕的健康和破碎的人际关系，错失了生命中几多美好。

除了时钟，我们还需要罗盘，因为比速度更重要的是前进方向。我们需要罗盘来指引我们的价值观与生活方式，让我们保有自己的愿景、原则、信念和良知。只有这样我们才为自己而活，不为其他人或琐事所困，被动地应对突发状况，做个救火队员，无法遵循本心有所作为。

时钟让我们做事更快捷、更努力、更直接，但也容易让我们的人生机械化，一个动作接一个动作，浑浑噩噩的，浑然不知生活的重心何在。罗盘让我们有愿景，有信念，有良知，但有时候难免让人觉得虚无，因为看不到实实在在的实体。所以，在和情绪做朋友的路上，我们既要携带时钟，还要备好罗盘，在理想、现实与责任之间找到平衡点。

## 认知与行动

在物种演化的阶梯上，我们人类拥有最复杂的神经系统，这让我们有了超强的认知能力。我们可以回首过去，也可以展望未来；我们可以反思自我，也可以揣度他人；我们仅凭抽象的符号就可以勾画头顶的天空，也可以描摹脚下的土地……认知与思考的能力，让我们与其他动物区别开来，成为"万物之灵长"，但也让我们沉浸其中，不能活在当下，备受"精神熵"的煎熬，难以像非洲大草原上的狮子那样，一顿饱餐之后，就静静地躺着享受温暖的阳光。

行动，就是做点实在的事情，比如吃一餐美食，跑一段路，画一幅画，唱一首歌……跟其他动物比起来，我们的行动并无多大高明之处，也是受相似的神经生理基础驱动，但正是这些行动给我们带来最深的感受，让我们获得实实在在的成就感；也是行动让我们翻过人生的一座座山丘，逐步向上攀爬人生的阶梯。

认知与行动并非彼此独立。认知常常是行动的起点，当陷入困境之后尤其需要依靠认知打破困局；认知也决定行为的高度，所谓"看得远，走得远"。所以，认知是一种重要的软实力。行动是真切体验的提供者，也是认知愿景的实现者，还会反过来强化认知。所以，行动是一种硬功夫。在和情绪做朋友的路上，我们可以认知为起点，用认知促进我们的行动，用行动强化我们的认知，在知行合一的框架下软硬兼修。

## 自我与他人

如道金斯所言，我们不过是自私的基因的载体。除非你能超脱，否则基因就决定了我们把自我放在最重要的位置，所以，我们会有自我中心、自我提升、控制错觉等等。虽然它们本身是一种偏差，但它们却勤勤恳恳地维护着我们的身心健康。而另一些与自我相关的因素，比如自尊、自信、自立、自强，更是我们与情绪做朋友时的关键本钱。

人类是社会性动物，这一事实决定了我们只有在一个有他人构成的社会体系中才能真正成为自我（阿伦森，2007）。所以，虽然我们喜欢我们自己，但我们也不能贬低了他人，我们需要真诚地对待他人，并时不时用同理心体察一下他人的世界，努力做到"和而不同"，这样才能为自我创设一个积极和谐的社会环境。虽然萨特曾说过他人即地狱，但如果在我们的头脑里只有自我，没有他人，那他人的头脑里也只有他自己，如此一来，我们就成了彼此的地狱。

## 有限游戏与无限游戏

假设人生是一场游戏，那也有两种游戏：一种是有限游戏，其目的在于赢得胜利，它有确定的边界，有时间限制，有终点，有输赢的游戏规则，比如社会中的权力、头衔、战争等等都是有限游戏。另一种是无限游戏，其目的在于让游戏永远进行下去，它没有确定的边界，没有终点，没有输赢，也不可重复，比如提升智识、钻研文化、追求美德和探索自我等等都是无限游戏。有限游戏在边界内玩，无限游戏玩的就是边界（詹姆斯·卡斯，2013）。

詹姆斯·卡斯（2013）的名著《有限与无限的游戏》提示我们：人类

社会往往很容易将自己囚禁在有限游戏中而不自知。事实上，我们绝大多数人的人生就是在进行着一个接一个的"有限游戏"：我们从小生活在父母和老师的期望里，"好好学习，努力考第一"，小升初，初升高，趟过高考，进入大学，又开始为考研与找工作作准备。即便是工作，看似我们独立了，自己养活自己，其实我们还是在有限游戏里：看谁的业绩更好，看谁升职更早，看谁住房更大……在这样一轮又一轮的"有限游戏"里，耗尽了自己对这个广袤世界的好奇之心，彻底迷失在了有限游戏之中。慢慢地，我们发现有限游戏变得越来越难玩，不得不体验与日俱增的痛苦与迷茫。最后，我们逐渐妥协，不再关注什么梦想与快乐，只是让自己在一个不太会输也未必能赢的有限游戏里轮回。

不要忘记，我们还可以玩无限游戏。无限游戏不为输赢，也没有边界，在我们去开启一项永无止境的事业时，其本身就是从玩乐开始的，其中必定拥有有限游戏所没有的快乐。正如詹姆斯·卡斯所说："只有意识到边界不过是我们的视域，边界才能被打破，如果我们所凝视的，是有限的，必定不能打破边界。"只有在无限游戏中，才能让人生充满乐趣与享受。

在与情绪做朋友的路上，我们大多数时候都是在玩有限游戏，因为有限游戏往往是获得面包与牛奶的前提，是我们安身立命的基础。这种游戏让我们接受世俗的评判，或享受成功的快乐，或遭受失败的落寞。作为一个世俗世界的人，我们基本无法逃避，只能尽力玩好这些有限游戏。但是如果我们只在有限游戏中了此一生，难免有些可惜，最好是要再试试无限游戏，比如追求智识的提升，知识的创新，把自己放在更宏大的格局上去丈量，体验永无止境的求索之感。最好是能够把那些逃不掉的有限游戏放入一个无限游戏中去，使每一个有限游戏不过是完成无限游戏的一环。至少，我们应当用无限游戏的乐趣去"润滑"有限游戏的功利。

最后，愿我们能让两种相反的思想同时存在，而无碍于我们处世行事。愿我们有本钱、有胸怀去和情绪做朋友。

# 参考文献

查找本书的参考文献,请扫描以下二维码: